面向 21 世纪本科应用型经管规划教材

现代商务礼仪

（第 2 版）

金继宏　主编

张卫东　武冬莲　副主编

电子工业出版社

Publishing House of Electronics Industry

北京·BEIJING

内 容 简 介

本教材立足现代商务人员工作实践，围绕现代商务人员学礼、懂礼、用礼、行礼的需要，纵向上介绍了现代商务人员仪容仪表礼仪、服饰礼仪、商务交际礼仪、商务交谈礼仪、商务办公与文书礼仪、商务会议礼仪、商务仪式礼仪、商务旅行与舞会礼仪、商务宴请礼仪、涉外商务礼仪和个人求职礼仪等12章内容；横向上遵循应行和应忌两条主线组织教学内容，具有较强的实用性、应用性和实践性。

本教材在内容编排上使用了学习目标、任务驱动、案例、知识拓展、课内实训、知识测试、案例分析、例文与技能训练等职业教育特色明显的模块，使教学内容形象生动、具体直观，既是一本便于任课教师开展实践教学的"教材"，也是一本适合学生自学商务礼仪知识的"学材"。

本教材适用于应用型本科院校及高职高专院校市场营销、国际商务、工商管理等各种商务贸易类专业教学使用，也适用于在职商务人员自学使用。

未经许可，不得以任何方式复制或抄袭本书之部分或全部内容。
版权所有，侵权必究。

图书在版编目（CIP）数据

现代商务礼仪 / 金继宏主编. —2版. —北京：电子工业出版社，2017.7
面向21世纪本科应用型经管规划教材
ISBN 978-7-121-32043-9

Ⅰ. ①现… Ⅱ. ①金… Ⅲ. ①商务—礼仪—高等学校—教材 Ⅳ. ①F718

中国版本图书馆CIP数据核字（2017）第146534号

策划编辑：姜淑晶
责任编辑：张　京
印　　刷：北京虎彩文化传播有限公司
装　　订：北京虎彩文化传播有限公司
出版发行：电子工业出版社
　　　　　北京市海淀区万寿路173信箱　邮编100036
开　　本：787×1092　1/16　印张：16.75　字数：428.8千字
版　　次：2010年7月第1版
　　　　　2017年7月第2版
印　　次：2021年8月第6次印刷
定　　价：45.00元

凡所购买电子工业出版社图书有缺损问题，请向购买书店调换。若书店售缺，请与本社发行部联系，联系及邮购电话：(010) 88254888。
质量投诉请发邮件至 zlts@phei.com.cn，盗版侵权举报请发邮件至 dbqq@phei.com.cn。
本书咨询联系方式：(010) 88254199，sjb@phei.com.cn。

前 言

应用型本科院校商务类专业承担着为社会培养应用型高等技术专门人才的责任。在竞争日趋激烈的就业形势下，社会生产实践对毕业生职业能力与素质的要求也越来越高。加强商务礼仪基本知识的教学，并通过与社会需求高度契合的商务礼仪实践教学，可以使商务专业学生掌握与职业形象相关联的礼仪技巧，使他们在仪容仪表、仪态服饰、行为举止、人际交往上注重礼仪修养，在待人接物上养成礼仪习惯，在商务活动中做到"通情达理、知礼懂仪"，从而在求职时有效凸显个人竞争力，以获得更多的就业机会。

本书的特色在于立足现代商务人员工作实践，围绕现代商务人员学礼、懂礼、用礼、行礼的需要，纵向上从商务人员仪容仪表、仪态服饰等个人礼仪，到商务交往、商务沟通等人际礼仪，再到商务人员办公、办文、办会、仪式、宴请、旅行及涉外商务等组织礼仪，系统地介绍了现代商务礼仪包含的基本内容。横向上则循着应行和应忌两条主线组织教学内容，使学生有效明了礼仪优劣的具体标准，具有较强的实用性、应用性和实践性。

本书在内容编排上使用了学习目标、任务驱动、插图、案例、知识拓展、课内实训、知识测试、案例分析、例文与技能训练等职业教育特色明显的模块，使教学内容形象生动、具体直观，具有极强的实践性与训练性，既是一本便于任课教师开展实践教学的"教材"，也是一本适合学生自学商务礼仪知识的"学材"。

本书由金继宏主编，太原学院张卫东、武冬莲任副主编。张卫东负责全书篇章设计和内容通纂，并编写了第1章，武冬莲编写了第2章，第3~12章由金继宏编写。由于商务礼仪规范约定俗成，作者创新的空间只能体现在内容体系如何更好地适应职业教育的需要上，在编写过程中，参考引用了大量相关文献，我们对这些文献的原创者表示真诚的感谢。由于作者学识、经验之局限，书中差错定然不少，真诚希望读者能够提出宝贵建议与意见。

编著者

目 录

第1章 商务礼仪概述   1

    1.1 礼仪的基本概念 1
    1.2 现代礼仪的发展演变 7
    1.3 商务礼仪 11
    知识测试与技能训练 17

第2章 商务人员仪容、仪态礼仪   20

    2.1 商务人员仪容礼仪 20
    2.2 商务人员仪态礼仪 27
    知识测试与技能训练 44

第3章 商务人员服饰礼仪   47

    3.1 商务人员服饰礼仪概述 47
    3.2 男性商务人员西装着装礼仪 51
    3.3 女性商务人员套裙着装礼仪 59
    3.4 商务人员配饰礼仪 64
    知识测试与技能训练 71

第4章 商务交际礼仪   72

    4.1 商务介绍礼仪 72
    4.2 商务拜访与见面礼仪 80
    4.3 商务接待礼仪 88
    4.4 商务馈赠与接受礼品礼仪 94
    知识测试与技能训练 98

第 5 章 商务语言礼仪 … 99

5.1 商务语言的要求与技巧 … 99
5.2 商务电话礼仪 … 106
5.3 商务演讲语言礼仪 … 112
知识测试与技能训练 … 117

第 6 章 商务办公与文书礼仪 … 119

6.1 商务办公礼仪 … 119
6.2 商务文书礼仪 … 122
6.3 商务信函文书礼仪 … 123
6.4 商务致辞类与商务帖类文书礼仪 … 131
知识测试与技能训练 … 136

第 7 章 商务会议礼仪 … 137

7.1 洽谈会礼仪 … 137
7.2 新闻发布会礼仪 … 140
7.3 赞助会礼仪 … 144
7.4 展览会礼仪 … 146
7.5 茶话会礼仪 … 149
知识测试与技能训练 … 153

第 8 章 商务仪式礼仪 … 155

8.1 签约仪式礼仪 … 155
8.2 开业仪式礼仪 … 159
8.3 庆典仪式礼仪 … 165
8.4 剪彩仪式礼仪 … 167
8.5 交接仪式礼仪 … 171
知识测试与技能训练 … 174

第 9 章 商务宴请礼仪 … 176

9.1 宴请礼仪 … 176
9.2 中餐宴会礼仪 … 186
9.3 西餐宴会礼仪 … 194
知识测试与技能训练 … 201

第 10 章　商务旅行与舞会礼仪　　203

- 10.1　商务交通礼仪 203
- 10.2　商务旅行住宿礼仪 211
- 10.3　舞会礼仪 213
- 知识测试与技能训练 218

第 11 章　商务求职礼仪　　220

- 11.1　书面求职与电话求职礼仪 220
- 11.2　面试礼仪 226
- 知识测试与技能训练 231

第 12 章　涉外商务礼仪　　233

- 12.1　涉外商务礼仪的概念和原则 233
- 12.2　部分国家的习俗和礼仪 240
- 知识测试与技能训练 256

参考文献　　258

第 1 章 商务礼仪概述

学习目标

掌握礼仪的概念、内涵、特点和作用，现代礼仪的特征，商务礼仪的概念、功能和原则；了解礼仪的历史演变、现代礼仪的种类、商务礼仪的内容、提高商务礼仪修养的途径等。

任务驱动

某公司招聘商务秘书一名，由于待遇优厚，求职者众多。商务管理专业毕业的小张在大学期间，在各类报刊上发表了 3 万余字的作品，内容有小说、诗歌、散文、评论等，还为六家公司策划过庆典活动，英语表达极为流利，书法也堪称佳作，上学期间还考取了中级秘书职业资格证书。小张五官端正，身材高挑匀称。面试时，招聘者拿着她的材料等她进来。小张上身露脐装，下身迷你裙，露出藕段似的大腿，口涂鲜红的唇膏，轻盈地走到一位招聘者面前，不请自坐，随后跷起了二郎腿，笑眯眯地等着问话。三位招聘者互相交换了一下眼色，主考官说："张小姐，请回去等通知吧。"她喜形于色："好！"挎起小包飞跑出门。小张能等到录用通知吗？为什么？假如你是小张，你打算怎样准备这次面试？请你从商务礼仪的角度，为小张的应聘提供有益的建议。

1.1 礼仪的基本概念

1.1.1 礼仪的概念

1. 广义的礼仪

广义的礼仪至少包括三方面的内容，如孔子所说，"人无礼则不生，事无礼则不成，国家无礼则不宁"（《荀子·修身》）。用现代语言来说，第一个"礼"指的是社会交往中的行为规范；第二个"礼"指的是规矩、规则；第三个"礼"指的是政治法律制度。

广义的礼仪是指社会成员在社会生活中形成的作为行为规范和交往仪式的礼制及待人接物之道，即凡是把人内心待人接物的尊重之情，通过美好的仪表、仪式表达出来，就是礼仪，包括礼、礼貌、礼节、行礼仪式等内容。

（1）礼。礼是表示敬意的统称，是人们在社会生活中处理人际关系并约束自己行为以表示尊重他人的准则。

（2）礼貌。礼貌是礼的行为规范，是指人际交往中相互表示敬重和友好的规范行为，包括语言和行为两个方面，通过仪表、仪容、仪态及言谈举止来体现。礼貌体现了时代的风尚和道德规范，表现了人的品质和素养，也体现了一个人的文化层次和文明修养。

（3）礼节。礼节是礼的惯用形式，是指人们在交往过程中，表问候、致意、祝愿、尊敬和慰问的惯用规则和形式。礼节是礼貌的具体表现形式，是礼貌在语言、行为、仪态等方面的具体表现。二者的关系是：没有礼节，就无所谓礼貌；有了礼貌，就必然伴随有具体的礼节。讲礼貌、懂礼节是人内在品质与外在形式的统一。

（4）行礼仪式。人们常常简称行礼仪式为礼仪或仪式，是礼的比较隆重的仪式，是礼比较规范的秩序形式，即为表示敬意或隆重，在一定场合举行的、具有专门秩序的规范化活动，如签字仪式、奠基仪式、典礼仪式等。

综上所述，广义的礼仪包括礼、礼貌、礼节、行礼仪式，其本质都是表示对人的尊重、敬意和友好。礼貌、礼节、行礼仪式都是礼的具体表现形式，礼貌是礼的行为规范，礼节是礼的惯用形式，行礼仪式是礼较隆重的秩序仪式。可以说，礼仪就是礼、礼貌、礼节的仪式化或形式化的表达与表现。

2．狭义的礼仪

狭义的礼仪仅指行礼仪式，是指人们在各种社会交往中，尤其是在较大规模或比较隆重的场合，为了表示重视、相互敬重而约定俗成、共同认可的合乎社交和道德规范的仪式。它是社会交往中对礼遇规格、礼宾次序等方面应遵循的礼貌、礼节要求。

我们所研究与学习的是包括礼、礼貌、礼节、行礼仪式在内的广义的礼仪。

1.1.2 礼仪的内涵

1．礼仪的主体

礼仪的主体是指各种礼仪行为和礼仪活动的操作者和实施者。任何礼仪都必须有人操作和实施。

（1）礼仪主体的类型。礼仪主体包括个人和组织两种基本类型。当礼仪行为或活动规模较小或比较简单时，礼仪的主体通常是个人。例如，年少者在路上遇到年长者向年长者问好，年少者就是礼仪行为的主体。当礼仪行为或活动规模较大或比较隆重时，礼仪主体通常是由组织充当的。

对个人而言，礼仪是人们在社会生活中处理人际关系时约束自己、尊重他人的准则，也是一个人对自己、对他人、对集体、对自然、对国家、对社会的尊重之意和热爱之情，通过得体美好的言谈举止、仪表仪式表达出来就是礼仪。

对组织而言，礼仪是正式交往活动中所遵循的一种行为准则和语言规范。

（2）礼仪主体的代表者。礼仪主体的代表者是代表礼仪主体进行礼仪操作和实施的人。当礼仪行为或活动规模较大、规格较高时，对于组织身份的礼仪主体来说，其礼仪行为或礼仪活动不可能靠组织自身完成，必须由具体的人进行操作和实施，或者说由具体的人代表组织进行操作和实施，这就是礼仪主体的代表者。组织在选择礼仪代表者时应考虑：一是代表者是否具备相应的资格和能力，能够真正代表组织操作和实施礼仪；二是代表者是否能够为礼仪对象所认可，有利于巩固并发展主客体之间的良好关系。

2．礼仪的客体

礼仪的客体即礼仪的对象，是指各种礼仪行为和活动的指向者或接受者。当《国歌》响起，我们庄重严肃——祖国是我们礼仪的对象；教师上课，学生全体起立——教师是学生礼仪的对象。礼仪的对象可以是无形的也可以是有形的，可以是具体的也可以是抽象的，可以是物质的也可以是精神的，可以是人也可以是物。

3．礼仪的媒体

任何礼敬思想、礼仪行为和礼仪活动都必须借助一定的媒介才能表现出来，这个媒介就是礼仪的媒体。礼仪媒体的类型是多种多样、千差万别的，归纳起来，可以分为言语交际符号和非言语交际符号两大类，如图1-1所示。

图1-1 礼仪媒体的类型

口头言语交际符号是指礼仪的有声语言表达；书面言语交际符号是指礼仪的书面表达；身势言语交际符号是指人们在交际过程中，通过面部表情、手势或其他肢体语言表达的礼仪；近体言语交际符号是指人们在交际过程中，交际者之间的空间距离所表现出来的礼仪思想；辅助言语交际符号是指人们通过说话时的音调、音量、节奏、变音、转调、停顿等信息传递礼仪思想；类语言交际符号是指那些有声而没有固定意义的声音，有时也可以传递特定的礼仪思想。在具体操作和实施礼仪的时候，不同类型的礼仪媒体往往是交叉结合、配套使用的，因此，常常呈现出丰富多彩、千姿百态的情景。

4．礼仪的环境

任何礼仪行为和活动，都是在特定的时间和空间条件下进行的，这种特定的时空条件就构成礼仪的环境。所谓"礼从宜，使从俗"，就是说行礼要从实际出发，出使在外要遵循当地的习俗。礼仪环境的内容包罗万象，大而言之，包括自然环境和社会环境两个方面。小而言之，不同时间、不同地点、不同事件、不同场合礼仪的要求和表现形式也会有所不同。

礼仪环境对礼仪的制约作用，一般体现在两个方面：一是实施何种礼仪要由环境决定；二是具体礼仪如何实施也要由礼仪环境而定。个人或组织在礼仪活动中，初步确定礼仪类型后，要根据礼仪环境对实施礼仪的规模大小、程序烦简、规格高低进行通盘考虑和妥善处理。

5. 礼仪的本质

礼仪的本质是社会关系的体现。现代礼仪是通过某些规范化的行为反映人与人之间真诚、尊重、敬爱、友好、体谅、和谐的社会关系。例如，在特定社会形态下，礼仪还可以反映人们之间长幼、尊卑、主仆、贵贱、等级、资历等物质利益关系。

6. 礼仪的实质

礼仪的实质是一种行为准则或规范。人们进入某一特定领域，就要按照那里的习俗和行为规范去行动，否则就是不合乎礼仪的。礼仪准则和规范是一定社会中人们约定俗成、共同认可的，而且是用语言、文字、动作等进行准确描述和规定的行为准则，并成为人们自觉学习和遵守的行为规范。

7. 礼仪的目的

讲究礼仪的目的是实现社会交往各方的彼此尊重，从而实现人们社会关系的和谐。一个人只有尊重他人，才可以得到他人的尊重，也只有在这种互相尊重的过程中，人与人之间的和谐关系才会逐步形成。

8. 礼仪的宗旨

礼仪的宗旨是使大家都感到舒适。正如清代著名学者辜鸿铭所言，"礼貌的本质是什么呢？就是体谅、照顾他人的感情。"中国人有礼貌是因为他们过着心灵的生活，他们完全了解自己这份情感，很容易将心比心，推己及人，显示出体谅照顾他人情感的特性。中国人的礼貌是令人愉快的，是一种发自内心的礼貌。

1.1.3 礼仪的特点

1. 继承性和时代性

由于礼仪是人类在交际活动中形成、发展和完善起来的，是维护正常社会秩序的经验结晶，因此就必然被人类世代相传。我国的礼仪文化从产生至今，经过了几千年的传承和发展，"礼仪之邦"几千年的文明史，中华民族修礼、崇礼、习礼的传统美德，已经将人们在长期生活及交往中的习惯、准则固定并沿袭下来，形成人们的一种心理习惯，这就在人们心理上形成了一定的观念定式、思维定式和价值标准定式，并通过实践活动变现出来。所以，现代礼仪与传统礼仪之间存在着千丝万缕的联系，许多礼仪在今天仍然流行，并得到发扬光大。

礼仪作为一种文化范畴，必然具有浓厚的时代特色，礼仪文化是一个时代的写照。在礼仪的传承和发展过程中，它一方面会传承吸收优秀的礼仪文化内容，另一方面又会随着时代的发展而积极进行调整与变革，大力吸收和推广现代礼仪的新观念，用现代礼仪的新风俗取代腐朽愚昧的旧礼习，所以它不仅有继承性的一面，也有时代性的一面。

案例 1-1

裹脚也叫缠足，是中国古代的一种陋习，即把女子的双脚用布帛缠裹起来，使其变成又小又尖的"三寸金莲"。"三寸金莲"也一度成为中国古代女子审美的一个重要条件。到了清末，一些进步人士纷纷反对缠足，最后政府也提倡天足，禁止裹脚。直至中华人民共和国成立，缠足这一陋习才被彻底禁绝。

 课内实训 1-1

请举出一个至今仍在沿用的古代礼仪实例，以及一个已经随着时代发展有所变革的传统礼仪实例，以说明礼仪具有继承性和时代性的特点。

2. 差异性和共通性

礼仪是基于人类共同生存、生活、相处、交往的需要而产生、发展与不断完善的，因此，礼仪必然带有共通性。同时，礼仪作为一种约定俗成的行为规范，其运用要受到时间、地点和环境的约束，同一礼仪会因时间、地点或对象的变化而有所不同，这便是礼仪的差异性特点。礼仪的差异性也体现为一种客随主便的要求，即处于客位的礼仪当事人必须遵循处于主位当事人所在地的礼仪规范（这里的主客位是根据礼仪活动所在地域来划分的）。例如，握手礼在当今世界普遍流行，但在佛教国家及佛教人士中就不宜行握手礼，而应行合十礼。军礼只在军队、军人中共同遵行。

 案例 1-2

在某公司任职的金小姐，利用去日本参展的机会，顺便去参加了日本同事的婚礼。金小姐特意买了一束白色的百合花，表示百年好合，爱情纯洁美好。没想到，当她走进婚礼大厅时，所有的宾客都向她投来惊异的眼光。原来，在日本，百合花只有在办理丧事时才使用。

3. 规范性和等级性

礼仪最基本的功能是规范各种行为，正所谓"有所为，有所不为"。规范性是礼仪的本质特点，表现为语言的规范性、行为的规范性。

等级性指礼仪是划分一定等级的，礼仪的等级与礼仪的主体和客体的等级应相称。礼仪的等级性表现为对不同身份、地位的人士礼宾待遇的不同。当然，这并不意味着尊卑贵贱，而是现代社会正常交往秩序的表现，反映了人们的社会身份和角色规范的不同。

4. 民族性和国际性

不同的国家和地区有着不同的礼仪规范，每个民族都有自己的文化特色和习俗，特定的民族文化会赋予礼仪别具一格的特色与魅力。同时，随着现代科技的进步，地球变得越来越小，国际之间、人与人之间的交往越来越频繁，原先由于地域和文化交流限制所造成的民族礼仪规范差异逐渐被打破，我国与世界各国的交流无论广度和深度都是前所未有的。礼仪也存在着与世界接轨的问题，学习世界各国各民族的礼俗就显得十分必要。我们不但要继承和发扬民族优秀文化传统，还要充分体现时代精神，吸收世界文化优秀成果，逐步形成一套与世界礼仪接轨的现代礼仪。

1.1.4 礼仪的作用

当今社会，文明礼仪既是塑造高尚人格的途径，又是追求事业成功的手段；既是打开交际大门的钥匙，又是联系人际关系的纽带；既是良好社会秩序的基石，又是社会发展的助力器。概括而言，礼仪的作用主要体现在以下4个方面。

1. 礼仪是人际关系的纽带

从交际的角度看，礼仪是人际交往中适用的一种交际方式或交际艺术，可以说，礼仪是人际交往的一把钥匙，礼仪是人际关系和谐的"润滑剂"。

人们在交往之初，由于双方相互之间不十分了解，因此，不可避免地会彼此产生某种戒备心理或距离感。如果交往双方在交往中都能做到施之以礼、应之以礼，则可以消除交往双方之间的心理隔阂，拉近双方的距离。注重交往礼仪，无疑会增加对方对自己的好感，从而为以后的进一步交往奠定良好的基础。而横眉冷对、出言不逊、高傲冷漠，就可能造成气氛紧张、矛盾横生，生活会因此变得索然无味，工作会困难重重。

 知识拓展1-1

现代社交"十不要"

1. 不要过分打扮。衣着要与身份相符，整洁大方，要考虑对方的生活习惯。
2. 言谈举止不要浮泛。语言要文明，举止要礼貌；说话有条理，言简意赅；别人谈话时，要虚心倾听，不打断对方谈话，不做心烦意乱的动作，更不要随便翻阅别人的东西。
3. 不要显示自己有恩于人。不要多谈自己于人的好处，而应常提受人恩德的事，使对方心中也感到舒服。
4. 不要论人之非，发泄牢骚。交谈不要议论第三者，不要攻击他人短处，不要对自己不满的人和事发泄不满情绪。
5. 不要花言巧语，虚伪客套。态度要诚恳，实事求是，讲心里话，不用虚伪的客套话骗人。
6. 不要分等级待人。对来客一视同仁，不卑不亢，既不巴结讨好，也不傲慢自居。
7. 不要"万事通"，不懂装懂。对不知道的事不说，别人不了解的也不牵强附会。
8. 不要不讲信用，不守时间。在交往中，说能办的事情一定要办到，约定见面，一定要准时赴约。同时，初访时交谈不可过久。办完事情，尽快告辞，不要耽误别人的时间。
9. 不要打听自己不应知道的事情。不要贸然打听别人的秘密或难以启齿的事情，也忌有意无意揭穿他人的秘密。
10. 不要随便误解对方。对别人谈说的事，要正确理解。

2. 礼仪是形象塑造的手段

从审美的角度看，礼仪可以说是一种形式美，是人心灵美的必然外化。"礼"表达的是敬人的美意，"仪"展现的是表达这种美意的形式。礼仪规范是对人的美好形象的一种设计，施礼是对美的形象的塑造与展示，礼仪形象是人们社会身份识别最重要的符号。因此，从个人而言，应从重视自身形象和获得别人欢迎的角度来对待礼仪。

从企业的角度分析，礼仪与企业的成功息息相关。潜在客户会通过员工的礼仪形象与行为来判断企业形象；商务活动中的礼仪形象，大到合体的衣服、行为举止，小到一个微笑、一个眼神所涵盖的修养与内涵会直接影响企业的发展与成败。因此，比尔·盖茨说："在市场竞争环境下，现代竞争首先是人素质的竞争。"而礼仪形象力已经成为企业第四资源，企业的最大成本是没有经过正确训练的员工。

3．礼仪是商业活动成功的关键要素

礼仪就是在人际交往中以一定的约定俗成的方式来表现律己敬人的过程，如何通过自然得体的行为举止、言语、表情神态让对方感到舒适，是决定商务活动成败的关键要素。在现代职场，一个知礼懂礼、举止优雅、自信有度的人，能赢得上司、同事、客户的尊重和敬仰；而一个不修边幅、不能给人留下良好礼仪印象的人必定会遭到职场的淘汰，更会因此失去许多成功的机会。世界著名形象设计师英格丽说："很多有价值的学习和成长机会就存在于那些最不引人注意的礼仪细节中，如修饰、握手、递接名片，看起来如此平凡，无关大局，而它们都是筑成你迈向成功大堤的每一撮泥土。"不注意礼仪细节的人就会被那些看似微小的细节吞噬掉职业形象魅力。

4．礼仪是社会行为的通用规范

礼仪是社会生活中人们共同遵守的最基本的行为规范，也是千百年来人类社会道德修养与人生智慧在处世方式上的心理认同和行为体现。对于个人来说，礼仪是一个人的思想道德水平、文化修养和交际能力的外在表现；对于社会来说，礼仪是一个国家和地区生活习惯、道德风尚的综合反映，是社会文明程度的重要标志。

1.2 现代礼仪的发展演变

1.2.1 礼仪的历史演变

礼仪的历史是漫长而久远的。作为人类社会的行为规范，礼仪随着人类社会的产生而产生，随着经济的发展、社会的进步而不断前进。中国有五千多年的历史，中华文明源远流长，作为四大文明古国之一，被誉为"文明古国，礼仪之邦"，一直以来极为重视礼仪。礼仪在其传承沿袭过程中，不断发生着变革。中华礼仪，向来由两部分组成：一为礼制，是国家的礼仪制度；二为礼俗，是民间习惯形成的礼仪习俗。礼制的主要功能是维护国家的统一和兴旺发达，而礼俗则使社会处在井然有序又充满着温馨和美好的人生情趣中，二者互补互用，共同保证了人际交往和社会生活的有序进行。

1．原始社会时期的礼仪

在中国，"礼之名，起于事神"。礼仪起源于氏族公社举行的祭祀活动，是用来敬奉神明的。在原始社会，生产力水平极端低下，人类靠"天"吃饭，还处在蒙昧时代。把"天"、

"鬼神"作为宇宙间最高的主宰，对之顶礼膜拜，进行祭祀，这时就产生了最早的也是最简单的以祭天、敬鬼神为主要内容的"礼"，因此有"礼立于敬而源于祭"之说。在原始社会，原始人用拍手、击掌、拥抱等来表达感情，用手舞足蹈庆贺狩猎的胜利是最初的礼节。

2. 奴隶社会时期的礼仪

随着原始社会的发展，私有制潜滋暗长。人类在同自然界的斗争中取得了些许成功之后，激发起了毫无节制地攫取自然界恩赐的雄心，并企图任意侵夺他人，据为己有，因此这就需要有一种能够节制人的行为的规范，于是逐步产生了礼仪。

随着原始社会的解体，人类进入奴隶社会，社会生产力得到很大的提高，社会文明也进一步发展，人与人、人与自然之间关系也更加深入和复杂。仅作为一种祭祀祖先形式的"礼"开始打上阶级的烙印，礼仪的含义也有所变化，礼仪从单纯事神的领域跨入事人的领域。奴隶主阶级将原始社会的宗教仪式发展成符合当时社会政治需要的礼制，修订了比较完整的国家礼仪和制度，对人们的社会生活进行全面干预。

周朝的《礼仪》、《周礼》、《礼记》是为后世称道的"三礼"。其中的《礼仪》分为冠、婚、丧、祭、射、乡、朝、聘八礼，多为礼俗；《周礼》为天官、地官、春官、夏官、秋官、冬官之职掌，实则经纬万端，包举万事万物，是一部治国安邦之汇典；《礼记》的主要内容是阐述礼仪的作用和意义。从典籍上我们可以知道，在周代，礼除了用于祭祀之外，还作为治国之本。孔子认为，"为国以礼"。《礼记·经解》上说："朝觐之礼，所以明臣子之义也；聘问之礼，所以使诸侯相尊敬也；丧祭之礼，所以明君臣之恩也；乡饮酒之礼，所以明长幼之序也；婚姻之礼，所以明男女之别也。""三礼"对后代治国安邦、施政教化、规范人们行为、培育人格都起到了不可估量的示范作用。周礼的内容充分反映了上古时代中华民族的尚礼精神。后来经过儒家从伦理道德上加以阐释，使其更加深入人心，传承沿袭，深刻地影响着世世代代炎黄子孙的心态、仪表和交际行为。

3. 春秋战国时期的礼仪

春秋时期，"礼崩乐坏"。由于诸侯不愿再受约束，纷纷废弃礼法，实行法治，于是有人提出了"仪"这一概念。据《左传·昭公五年》记载，鲁昭公到晋国去访问，晋平公对女叔齐说，鲁昭公很懂得礼，女叔齐却不以为然，答曰："鲁昭公哪里知礼？"晋平公觉得很奇怪，就反问道："鲁昭公从效劳一直到赠贿，从没有失礼之处，为何说他不知礼？"女叔齐说："鲁昭公在外交上善于应酬，那只不过是仪，根本算不上礼。"在他看来，礼乃立国治政的大法，仪是指一种礼节、仪式、仪文。这在当时是较流行的观点。如齐国的晏子认为："在礼，家施不及国、民不迁、农不移、工贾不变、士不滥、官不滔、大夫不收公利。"礼可以治国，礼能改变政局发展的趋势。在先秦时代人们的心目中。礼和仪的含义是不同的。不过，在当时礼和仪也很难明确区分，其实他们所谓的"礼"中也包含着一定成分的"仪"。

4. 封建社会时期的礼仪

到了封建社会，礼仪逐渐成为统治阶级进行封建统治的工具，有些还以法律的形式固定下来，形成"礼制"，成为束缚人们行为的工具，如"三纲五常"、"三从四德"等。

 知识拓展 1-2

"三纲五常"与"三从四德"

"三纲"是指"君为臣纲，父为子纲，夫为妻纲"，要求为臣、为子、为妻的必须绝对服从于君、父、夫，同时也要求君、父、夫为臣、子、妻做出表率。它反映了封建社会中君臣、父子、夫妇之间的一种特殊的道德关系。"五常"即仁、义、礼、智、信，是用以调整、规范君臣、父子、兄弟、夫妇、朋友等人伦关系的行为准则。

"三从四德"是为适应父权制家庭稳定、维护父权—夫权家庭（族）利益需要，根据"内外有别"、"男尊女卑"的原则，由儒家礼教对妇女的一生在道德、行为、修养等方面进行的规范要求。三从是未嫁从父、既嫁从夫、夫死从子，四德是妇德、妇言、妇容、妇功。

5. 新民主主义时期的礼仪

辛亥革命在推翻了封建帝制的同时，也结束了封建礼制，"五四"新文化运动使中华民族开始了新文化建设征程。随着无产阶级的觉醒，社会主义礼仪具备了雏形。如民主革命时期，中国共产党领导的人民军队的"三大纪律，八项注意"。

6. 新中国成立以后的礼仪

新中国成立后，在人民内部，合作代替了对抗，互助、互利代替了尔虞我诈，建立起真正平等亲密的关系，由此而建立起的礼宾规范，为世人所称赞。改革开放以来，人们对礼仪重新进行了文化审视和理性思考，不仅汲取了西方文明的优秀成果，而且使东西方文化和东西方礼仪有机地交融，逐步地完善和发展。

我们可以看出，礼仪的形成和发展，是人类文明和进步的结晶与标志，从而使人从愚昧中走出。礼仪在其发展和演变的过程中，作为一种无形的力量一方面调节着各种社会关系，制约着人们的行为，以期达到国泰民安；另一方面虽然礼仪随着时代的发展和变化所演变，但其中所蕴涵的基本理念，如尊重、诚信等从来都没有改变。

1.2.2 现代礼仪的特征

1. 扬弃传统，与时俱进

一方面，现代礼仪与时俱进抛弃了旧礼制禁锢个性、束缚思想的枷锁，另一方面，也继承了传统文化的精华。在中国传统社会里，诸如以"三纲五常"为核心的等级观念和以"三从四德"为中心的男尊女卑观念，都是为古代统治阶级服务的，在很大程度上是社会等级伦理的派生物，直接体现了社会的不平等，逐渐成为妨碍人们个性发展、阻挠人们自由交往的枷锁，终将被时代所抛弃。在现代社会精神文明建设中，在新型的人与人之间的关系中，现代礼仪借鉴继承了传统礼仪的精华。例如，《论语·雍也》篇中所说的："质胜文则野，文胜质则史。文质彬彬，然后君子。"认为一个人只有外在的仪表同质朴的品格相结合，才算得上是一个有教养的人，今天仍然为人们所认同接受。"责己严、待人宽"、"温良恭俭让"、"尊老爱幼"等传统的行为规范也都为今人所赞赏推崇。

在扬弃传统礼仪的同时，现代礼仪也不断推陈出新，礼仪的时代新意显著凸显，给中华礼仪赋予了越来越浓厚的时代色彩。例如，生日蛋糕、西式婚礼、婚纱礼服、父亲节、母亲节、感恩节、情人节等舶来品也日渐融入中国人的礼仪形式之中，在中国城市日渐普及并正向农村蔓延。

2．简化实用，达意传情

随着经济的发展、生活节奏的加快，我国礼仪也正呈现出注重传情达意内核、简化烦琐形式的趋势。传统礼仪中许多繁文缛节的礼仪，在当代社会也被日渐简化，赋予了新的形式。例如，古代交际礼仪中的"拜"，比较适应于古代慢节奏的社会生活，而在现代社会重时间、讲效率的条件下，显然是不合适的，取而代之的则是握手、点头、微笑等适应现代快节奏生活的礼仪方式。

3．内容创新，形式新颖

随着知识经济和信息技术的快速发展，经济全球化趋势不断增强，现代社会环境变化越来越大，社会交流手段和方法越来越多，人们除了利用传统媒介进行礼仪的表达外，更利用了电视、电话、网络等现代通信手段来传情达意，如电话问候、短信拜年、电视广播点歌、网上祭奠、邮政礼仪（邮政礼仪贺卡、礼仪电报、礼仪鲜花、礼仪蛋糕等）、网络礼仪等新型礼仪形式应运而生，既体现了高效率、快节奏的时代旋律，也体现了礼仪文化的生命力和革新精神。

 课内实训 1-2

请举出六种形式新颖的现代拜年方式。谈谈各种拜年方式主要适用于哪些礼仪对象。

4．日渐趋同，互相包容

尽管世界上各个国家的礼仪规范不尽相同，但是随着世界经济一体化的迅速发展、社会交往的日益频繁，经过不断的磨合与交流，出于沟通和避免尴尬误会的考虑，世界各国的礼仪规范有一个融合和趋同的过程。这种趋同化的礼仪发展将会减少因文化、价值观、风俗习惯等差异所造成的矛盾和冲突，加快各国交流发展的步伐。

 案例 1-3

按照国际惯例，鸣放礼炮分为庆典礼炮和迎宾礼炮两种。鸣放迎宾礼炮是隆重迎送国宾仪式上的一种最高规格的礼遇。按照国际惯例，凡欢迎外国元首，鸣放礼炮 21 响；欢迎外国政府首脑，则鸣放礼炮 19 响，以示不同的礼遇。"文革"结束后，参照国际上的普遍做法，经中央批准，我国决定在人民大会堂东门外广场在来访外国国家元首和政府首脑举行的欢迎仪式上恢复鸣放礼炮。

1.2.3 现代礼仪的种类

现代礼仪是一个异常庞杂的社会文化系统，各类内容相互渗透交叉，往往难以界定清楚，其名称也众说纷纭。按照现代礼仪的适用范围可以粗略地划分为以下一些类别。

（1）人生礼仪：又称生命礼仪，是人一生中在不同年龄阶段所举行的仪式，如传统的贯穿人生的诞生礼、进学礼、成年礼、婚礼、寿礼、丧礼、祭礼等。

（2）个人礼仪：个人礼仪是社会个体的生活行为规范与待人处世准则，是个人仪表、仪容、言谈、举止、待人、接物等方面的个体规定，是个人道德品质、文化素养、教养良知等精神内涵的外在表现。其核心是尊重他人，与人友善，表里如一，内外一致。

（3）家庭礼仪：在家庭中，亲朋好友之间应酬交往时应遵循的礼仪规范，包括家人间的问候、祝贺、庆贺、赠礼、宴请等。

（4）服务礼仪：服务行业从业人员应具备的基本素质和应遵守的行为规范。有形、规范、系统的服务礼仪，不仅可以树立服务人员和企业良好的形象，更可以塑造受客户欢迎的服务规范和服务技巧，能让服务人员在和客户交往中赢得理解、好感和信任。

 案例1-4

有一位穿梭于各个城市做生意的"空中飞人"，经常入住酒店。他有个习惯，就是睡觉的时候喜欢"高枕无忧"。因为酒店的枕头都不高，所以他总要用另一张床上的枕头垫在自己的枕头下面才能睡得着。有一次他入住一家酒店，第一天晚上的"高枕无忧"像往常一样自己动手。而第二天晚上回到酒店时却发现了一个小小的变化：枕头变了，下层是一个普通枕头，上层是一个散发淡淡药香的保健枕头，而且比普通枕头要高。从此，只要他到那个城市，就会入住那家酒店，而且还会介绍朋友入住。可见，服务工作中，洞悉并满足客户的需求，带给客户的又何止是这一次的满意和惊喜。

（5）政务礼仪：国家公务员在行使国家权力和管理职能，执行国家公务和从事公务活动所必须遵循的礼仪规范。

（6）商务礼仪：商务活动人员在商务交往中所讲究的礼仪和所遵循的行为规范。

（7）社交礼仪：人们在人际交往、社会交往和国际交往活动中，用于表示尊重、亲善和友好的首选行为规范和惯用形式。

（8）宗教礼仪：宗教信仰者为对其崇拜对象表示崇拜与恭敬所举行的各种例行的仪式活动，以及与宗教密切相关的禁忌与讲究。

（9）职场礼仪：人们在职业场所中应当遵循的一系列礼仪规范。

（10）涉外礼仪：在涉外交往中所应遵守的国际惯例与交际规则。

1.3 商务礼仪

1.3.1 商务礼仪的概念与内容

1. 商务礼仪的概念

商务即商务活动，是指商品交换及与之相关的一系列活动的总称。商务礼仪是指商务活动中，商务活动主体以一定的、约定俗成的程序、方式来维护企业形象或个人形象，表示对交往对象尊重和友好的行为规范和惯例。商务礼仪的实质是一般礼仪在商务活动中的运用和体现，是人们在商务场合中适用的礼仪规范和交往艺术。对于现代企业来说，学习商务礼仪、普及商务礼仪，已成为企业提高美誉度、提升核心竞争力的重要手段。

2．商务礼仪的内容

商务礼仪是一个较为宽泛的概念，它包括商务场合中所需要的各种职业素质和交流沟通技巧，涵盖日常工作的方方面面。对企业而言，它是管理水平和员工素质的综合体现。本书介绍的商务礼仪基本知识与技能主要包括商务人员个人礼仪（仪容、仪态、服饰礼仪）、商务交际礼仪、商务语言礼仪、商务办公与文书礼仪、商务会务礼仪、商务仪式礼仪、商务宴请礼仪、商务旅行与舞会礼仪、商务求职礼仪、涉外商务礼仪等十个方面的内容。

1.3.2 商务礼仪的功能

1．公关营销，塑造形象

对于商务人士而言，在当今竞争日益激烈的社会中，企业对员工形象越来越重视。良好的形象和得体的礼仪是商务人士的第一张名片，良好的礼仪传递，能给对方留下良好的第一印象，充分展示商务人员良好的教养与优雅的风度，更好地向交往对象表示恭敬友好之意，是展示良好形象的一条有效途径。

就企业而言，商务礼仪不仅反映员工的个人素质、能力和教养，更能展示企业的文明程度、管理风格、道德水准和企业形象。现代市场竞争除了产品竞争外，更体现在形象竞争方面。商务人员注重礼仪，既是个人和组织良好素质的体现，也是企业实施公关营销、塑造企业形象的有效途径。

就国家而言，其形象通常是由其国民所赋予的，具有积极精神风貌、良好礼仪举止的公民将会使他的国家高大于世界面前。

2．传递信息，有效沟通

礼仪是一种信息，通过这个媒介可以表达尊敬、友善、真诚的感情。所以在商务活动中，恰当的礼仪可以获得对方的好感、信任，进而推动事业的发展。

商务沟通既包括人与人之间的沟通，也包括企业与企业之间的沟通。众多沟通不畅基本上都是因误解而产生的，而造成误解的根源经常是因为不懂礼仪。所以，从某种程度上说，商务礼仪是商务交往和谐发展的调节器。重视商务礼仪，有助于增强人们之间的尊重与信任，促进友好合作，消除沟通中的障碍。

案例 1-5

数年前，前美国总统克林顿访问上海。在参观一个社区时，一群幼儿园的孩子们有组织地用英文高呼"热烈欢迎克林顿爷爷"。克林顿微笑示谢，但多少有一点迟疑。就在此刻，一个3岁的男孩却直呼"克林顿"。倍感亲切的克林顿抱起了这个孩子……所有中外记者都抓拍到了这个镜头，第二天包括《纽约时报》在内的世界各大报刊都刊登了克林顿与这个中国孩子零距离接触的照片。这个实例说明了由于各国文化传统的差异，人们日常生活中的称呼也存在广泛的差异。

3. 规范行为，凝聚人心

礼仪最基本的功能是对人们行为规范的约束作用。商务礼仪使企业的规章制度、规范和道德具体化为一些固定的行为模式，从而对这些规范起到强化作用。企业的各项规章制度既体现了企业的道德观和管理风格，也体现了礼仪的要求。员工在企业制度范围内调整自己的行为，实际上就是在固定的商务礼仪中自觉维护和塑造着企业的良好形象，树立员工的自豪感，增强员工的归属感，从而增强企业的凝聚力。同时，良好的礼仪形象也可以对顾客形成强有力的吸引和感染作用。

1.3.3 商务礼仪的基本原则

在商务场合中，礼仪名目众多，细则纷繁错杂，如何运用商务礼仪，怎样才能发挥礼仪应有的效用，怎样才能创造最佳人际关系状态，这同遵守礼仪原则密切相关。商务礼仪的基本原则主要体现在以下 4 个方面。

1. 真诚敬人

孟子曰："恭敬之心，礼也。"尊敬是礼仪情感的基础。在商务活动中运用礼仪必须言行一致、表里如一，以真诚的态度表达自己的尊重和认可，有人也称之为"重视对方"的原则，并概括为"充分地考虑别人的兴趣和感情"。正如梁漱溟先生所讲的："礼的要义，礼的真意，就是在社会人生各种节目上要沉着、郑重、认真其事，而莫轻浮随便苟且出之。"

 案例 1-6

一位美国经理被派往法国的高露洁分公司任经理，他对其法国同事直呼其名，甚至拍他们的肩膀，也不愿花力气学法语，所以，在开会时翻译和速记员就成了他的左膀右臂。两年以后，公司经营状况很差，这位美国经理被他的法国同事替代。原因是他难以与他的法国同事共事，在很大程度上影响了公司的发展。在法国，只有非常熟悉和关系非常好的人之间才直呼其名和拍打对方的肩膀，而且法国人也有坚持用法语的礼仪要求。而这位经理在法国仍然坚持用英语，这伤害了法国人的民族感情，是对他们极不礼貌的行为。这个案例说明，在现代跨国经营过程中，只有入乡随俗、尊重对方才能实现成功。

2. 谦和宽容

"谦和"就是谦虚、友善、随和。"宽容"即宽待包容、心胸坦荡、豁达大度，能设身处地为他人着想，谅解他人的过失，不计较个人的得失，有很强的容纳意识和自控能力。《荀子·劝学》说"礼恭而后可与言道之方，辞顺而后可与言道之理，色从而后可与言道之致"，就是说只有举止、言谈、态度都是谦恭有礼时，才能从别人那里得到教诲。从事商务活动，只有谦恭有礼、热情大方、宽以待人、虚怀若谷，才会具有强大的人际吸引力和人际关系协调能力。

案例 1-7

一位老教授回忆在延安见到毛泽东时的情景说："我去见毛主席，主席拿出纸烟来招待我，可是不巧纸烟只剩下一支了。我想，主席会怎么办？是留给自己吸，还是请客人吸？而主席将这支烟分成两半，给我半支，他自己半支。从这件事可以看出主席的随和、诚恳、平等和亲切，这使我很感动，终生难忘。"毛泽东就是这样把别人看似非常尴尬的事情艺术性地处理好，既礼貌、不摆架子，又给人以亲切、诚恳的感觉。

3. 尊重为本

自尊是尊重的出发点，商务交往中的自尊是通过言谈举止、待人接物、衣着打扮等方方面面表现出来的。尊重他人是商务礼仪的基本原则。在现代商务活动中，要将良好的礼仪规则内化到心，成为个人素质的一部分。正所谓，"君子不失足于人，不失色于人，不失口于人"，有道德的人待人应该彬彬有礼，态度不能粗暴傲慢，更不能出言不逊。例如，商务礼品赠送时，对礼品加以包装代表郑重其事，被视为对被送礼者重视的象征，是尊重对方的表现。粗糙的包装或不包装则会降低礼品的档次，而且失敬于对方。

案例1-8

英国著名戏剧家、诺贝尔文学奖获得者萧伯纳有一次访问苏联，在莫斯科街头漫步时遇到了一位聪明伶俐的苏联小女孩，便与她玩了很长一段时间。分手时，萧伯纳对小姑娘说："回去告诉你妈妈，今天同你一起玩的是世界有名的萧伯纳。"小姑娘望了望萧伯纳，学着大人的口气说："回去告诉你妈妈，今天同你一起玩的是苏联小姑娘安妮娜。"这使萧伯纳大吃一惊，立刻意识到自己太傲慢了。后来，他经常回忆起这件事，并感慨万分地说："一个人不论有多大的成就，对任何人都应该平等相待，要永远谦虚。这就是苏联小姑娘给我的教训，我一辈子也忘不了她。"

4. 适度得体

商务交往中的施礼，特别要注意把握尺寸，认真得体，恰到好处，不能过分。过犹不及，就适得其反。在商务交往中，良好的沟通和理解是建立人际关系的重要条件，但如果不善于把握沟通时的感情尺度，交往缺乏适度的距离，结果就会适得其反，所谓"礼过盛者，情必疏"。所以，在商务交往中我们既要注意彬彬有礼、热情大方，也要注意不轻浮谄媚、卑躬屈膝，只有这样能真正赢得对方的尊重，达到沟通的目的。

1.3.4 商务人员个人礼仪

1. 商务人员个人礼仪的概念

商务人员个人礼仪是指在商务活动中，个人在以礼相待交往对象时，有关个人形象的设计、塑造及维护的具体规范，由仪容、仪表和仪态三部分组成，主要涉及个人的相貌、身高、体形、服饰、语言、行为举止、气质风度及文化素质等方面内容。美好的个人形象，是一个人的无形资产，也是商务人员成功商务交往的基础。

礼仪的核心在于以适当的途径敬人，因此，商务人员若要秉持以礼待人的思想，追求以礼待人的效果，必须注重个人形象的塑造与维护。从表面上看，个人礼仪似乎只涉及个人衣着打扮、举手投足之类无关大局的小节小事，但细节之处显精神，言谈举止见文化。

个人礼仪作为一种社会文化，不仅事关商务人员个人的精神风貌、素养体现、人生阅历、工作态度、个人能力等，而且还关系所在企业的整体形象。如果商务人员置个人礼仪规范于不顾，自以为是，我行我素，不仅影响个人形象，而且还会蚀损所在企业的整体形象，直至影响所在企业商务活动的效益。因此，商务人员必须提高个人礼仪素养，强化个人礼仪观念，重视个人礼仪学习，这是商务人员成功实现商务活动目的的前提，也是实现个人修身、齐家、治国抱负的必由之路。

2．商务人员践行个人礼仪的原则

商务人员学习个人礼仪，需要遵循三项基本原则：一是塑造个人形象要考虑自身特点；二是塑造个人形象要适应所处的具体时空；三是塑造个人形象要遵循各种约定成俗的规范。三者相辅相成，缺一不可。

商务人员个人礼仪修养不是简单个体行为的表现，也不是一蹴而就的事情，商务人员需要严于律己，坚持不懈地努力学习礼仪规范，不断总结与体会礼仪的本质，才能使自己的个人形象日臻完善，历练成一名成功的商务人士。

1.3.5　商务人员提高礼仪修养的途径

商务礼仪修养是指商务人员为了实现一定的商务社交目的，按照一定的礼仪规范要求，并结合自己的实际情况，在个性、道德品质、文化底蕴、心理素质等方面进行的自我锻炼和自我改造，是商务人员商务活动中应该遵守的行为规范与准则，也是商务人员在商务活动中待人接物素质和能力的综合体现。

1．学练礼仪规范

礼仪修养不是先天具备的，商务人员良好礼仪形象的塑造，主要是商务人员经过长期学习、训练和积累逐渐养成的。礼仪修养可以通过自我学习、自我磨炼、自我养成，也可以借助他人的指导来学习提高。通常来讲，通过二者结合的途径，效果最好。礼仪是一门实践性、应用性很强的知识和技能，学习礼仪的目的在于应用，学习礼仪贵在应用，只有边学边用，学用结合，才能更好地理解各种礼仪的要领和价值，也只有不断地应用礼仪知识，才能培养自己的礼仪习惯，才能有效地提高自己的礼仪修养。当然，知易行难，改变要从一点一滴做起，要在不断地自我修正中得到强化。

2．锤炼道德品质

道德品质也称"德性"，简称"品德"。它是个人在道德行为中所表现出来的比较稳定的、一贯的特点和倾向，是一定社会的道德原则和规范在个人思想和行为中的体现，由道德认识、道德情感、道德信念、道德意志和道德行为等因素构成。礼仪修养与道德修养是密不可分的。一个人礼仪修养水平的高低，是受其道德修养水平制约的。修礼先修德。大力加强道德品质修养对于提高礼仪修养水平是十分重要的。只有达到较高的思想境界，才会产生强烈的礼仪意识，只有不断地自我磨炼、自我完善，礼仪修养才能不断地得到提高。

3. 注重个性修养

礼仪修养是建立在健康、良好的个性基础上的。从心理学角度讲，个性是一个人所具有的本质的、稳定的心理特征的总和，主要包括个人的气质、性格和能力。个性反映出一个人的涵养，不仅表现在做什么，更表现为如何做。加强商务礼仪修养，必须注重个性的自我完善，必须注意培养开朗、耐心、宽容、沉着、勇敢、顽强、有幽默感的个性，养成较强的应变能力、自控能力和表达能力等。

4. 丰富文化底蕴

狭义的文化底蕴指文史修养，广义的文化底蕴则指对人类文化精神的深刻认识与领悟，体现为文化积淀、学识素养、文化内涵、文化品位、文化认知等方面。在商务活动中，具有较高文化修养的人，往往会成为受人欢迎的人，而肤浅、粗俗的人很难与人建立起良好的关系。如培根所言，读史使人明智，读诗使人灵秀，演算使人精密，哲理使人深刻，伦理学使人有修养，逻辑修辞使人善辩。总之，知识能塑造人的性格，不仅如此，精神上的各种缺陷，都可以通过求知来改善。正所谓"腹有诗书气自华"，广泛阅读各种书籍，欣赏艺术作品，不断寻找生活中的美好事物，久而久之，人的精神面貌、内在素质就会升华，仪表风度也会悄然改变。

 案例 1-9

美国前总统林肯的幕僚向他推荐了一位内阁候选人，却被林肯拒绝了。问及理由时，林肯答道："我不喜欢他的长相！"幕僚非常不服，问道："难道一个人天生长得不好看，也是他的错吗？"林肯回答："一个人40岁以前的脸是父母决定的，但40岁以后的脸却是自己决定的，一个人要为自己40岁以后的长相负责任。"

5. 提高心理素质

现代礼仪的施行要求具有良好的心理素质，保持积极的心态，没有健康积极的心态，就很难在接人待物时表现出主动热情，也不可能做到彬彬有礼、自尊自信。例如，有的人在待人接物时缩手缩脚，羞于见人，究其原因，往往是由于自卑胆怯，缺乏自信，这就需要提高心理素质，调整自己的心态。

总之，学习礼仪，不是单纯的动作的表演、姿态的训练及语言的规范化，也不是缺乏内涵的机械模仿，它需要长期知识的积累、情操的陶冶和实际的锻炼。商务人员需要不断提高自身文化素质，提高礼貌修养，树立现代文明的商务人士形象，在商务活动中展现出文明典雅、有礼有节的高素质形象。

 知识拓展 1-3

有教养者的十大特征

1. 守时重约。无论是开会还是赴约，有教养的人从不迟到。因为，他们懂得，即使是无意的迟到，对其他准时到场的人来说，也是不尊重的表现。

2. 谈吐有节。不随便打断别人的谈话，应该先听完对方的发言，然后再去反驳或者补充对方的看法和意见。

3. 态度和蔼。在同别人谈话的时候，总是望着对方的眼睛，保持注意力集中；而不是翻东西，看书报，心不在焉，显出一副无所谓的样子。

4. 语气中肯。避免高声喧哗，在待人接物上，心平气和，以理服人，往往能取得满意的效果。扯着嗓子说话，既不能达到预期目的，反而会影响周围的人，甚至令人讨厌。

5. 交谈技巧。尊重他人的观点和看法，即使自己不能接受或不能明确同意，也不当着他人的面指责对方是"瞎说"、"废话"、"胡说八道"等，而是陈述己见，分析事物，讲清道理。

6. 谦虚自信。在与人交往相处时，自信而不自卑，从不过分强调个人特殊的一面，也不有意表现自己的优越感。

7. 信守诺言。即使遇到某种困难也不食言。自己谈出来的话，要竭尽全力去完成，身体力行是最好的诺言。

8. 关怀他人。不论何时何地，对妇女、儿童及老人，总是表示出足够的关心、最大的照顾和方便。

9. 宽容大度。与人相处胸襟开阔，不会为一点小事情而和朋友、同事闹意见，甚至断绝来往。

10. 乐观同情。乐观而富有同情心的人，在他人遇到某种不幸时，会努力给予同情和支持。同时，乐观的脾性也可以感染和影响他人。

 知识测试与技能训练

1. **知识测试**

（1）商务礼仪的功能是什么？
（2）商务礼仪应遵循的基本原则有哪些？
（3）提高商务礼仪修养的途径有哪些？
（4）礼仪的特点有哪些？现代礼仪具有哪些特征？
（5）礼仪的作用体现在哪些方面？举实例说明礼仪或商务礼仪的重要性。
（6）商务人员践行个人礼仪的原则有哪些？为什么？
（7）解释礼貌、礼节、礼仪的概念，解释这几个概念有何区别。

2. **技能训练**

项目1 主题发言

随机抽选几位同学分别利用5分钟的时间上台发言，谈谈对商务礼仪重要性的认识，然后由老师引导全班同学分析总结这几位同学发言内容及过程的优缺点及需要改进完善的方面，以激发同学学习商务礼仪的兴趣。

训练目标：口头与文字表达能力，信息整合能力，公关礼仪意识。

测评要点：表述逻辑条理，用语规范不俗；普通话标准规范，声音洪亮清晰；举止优雅端庄，表情自然亲和，礼仪规范应景，引起共鸣。

项目2　案例分析

（1）风景秀丽的某海滨城市的朝阳大街，高耸着一座宏伟楼房，楼顶上"远东贸易公司"六个大字格外醒目。某照明器材厂的业务员金先生按原计划，手拿企业新设计的照明器样品，兴冲冲地登上六楼，还未来得及擦拭脸上的汗珠，便直接走进了业务部张经理的办公室，正在处理业务的张经理被吓了一跳。"对不起，这是我们企业设计的新产品，请您过目。"金先生说。张经理停下手中的工作，接过金先生递过的照明器样品，随口赞道"好漂亮呀"，并请金先生坐下。递上一杯茶后，张经理拿起照明器仔细研究起来。金先生看到张经理对新产品如此感兴趣，如释重负，便往沙发上一靠，跷起了二郎腿，一边吸烟一边悠闲地环视张经理的办公室。当张经理问他电源开关为什么装在某个位置时，金先生习惯性地用手搔了搔头皮（好多年了，别人一提问题，他就会不自觉地用手去搔头皮）。虽然金先生做了较详尽的解释，张经理还是半信半疑。谈到价格时，张经理强调："这个价格比我们预算的高出很多，能否再降低一些？"金先生回答："我们经理说了，这是最低价格，一分也不能再降了。"张经理沉默了半天没有开口。金先生却有点沉不住气，不由自主地拉松领带，眼睛盯着张经理。张经理皱了皱眉："这种照明器的性能先进在什么地方？"金先生又搔了搔头皮，反反复复地说："造型新，寿命长，省电。"张经理托词离开了办公室，只剩下金先生一个人。金先生等了一会儿，感到无聊，便非常随便地抄起办公桌上的电话，同一个朋友闲谈起来。这时，门被推开，进来的不是张经理，而是办公室秘书。

分析思考：请问金先生在哪些方面有失礼之处？如果是你，应该怎么做？

（2）修养是第一课。22名电子商务专业的应届毕业生，实习时跟着导师到北京的国家某部委实验室参观性实习。全体学生坐在会议室里等待部长的到来，这时有秘书给大家倒水，同学们表情木然地看着她忙活，其中一个还问了句："有绿茶吗？天太热了。"秘书回答说："抱歉，刚刚用完了。"张轩看着有点别扭，心里嘀咕："人家给你倒水还挑三拣四。"轮到他时，他轻声说："谢谢，辛苦了。"秘书抬头看了他一眼，满含着惊奇，虽然这是很普通的客气话，却是她今天听到的唯一一句。

门开了，部长走进来和大家打招呼，不知怎么回事，静悄悄的，没有一个人回应。林晖左右看了看，犹犹豫豫地鼓了几下掌。同学们这才稀稀落落地跟着拍手，由于不齐，越发显得零乱起来。部长挥了挥手："欢迎同学们到这里来参观。平时这些事一般都由办公室负责接待，因为我和你们导师是老同学，非常要好，所以这次我亲自来给大家介绍一些情况。我看同学们好像都没有带笔记本，这样吧，王秘书，请你去拿一些我们部里印的纪念手册，送给同学们作纪念。"接下来，更尴尬的事情发生了，大家都坐在那里，很随意地用一只手接过部长双手递过来的手册。部长脸色越来越难看，来到张轩面前时，张轩礼貌地站起来，身体微倾，双手握住手册，恭敬地说了一声："谢谢您！"部长闻听此言，不觉眼前一亮，伸手拍了拍张轩的肩膀："你叫什么名字？"张轩照实回答，部长微笑点头，回到自己的座位上。早已汗颜的导师看到此景，才微微松了一口气。

两个月后，就业分配表上，张轩的去向栏里赫然写着国家某部委实验室。有几位颇感不满的同学找到导师："张轩的学习成绩最多算是中等，凭什么选他而没选我们？"导师看了看这几张尚属稚嫩的脸，笑道："是人家点名要张轩的。其实你们的机会是平等的，你们的成绩甚至比张轩还要好，但是除了学习之外，你们需要学的东西太多了，修养是走向社会的第一张王牌。"

分析思考：为什么说"修养是走向社会的第一张王牌"？

第 2 章
商务人员仪容、仪态礼仪

学习目标

领会商务人员仪容美的内涵，理解商务人员仪容美的基本要求；熟知化妆礼仪的原则，仪容和仪态礼仪的各项禁忌；能够优雅地表现站姿、行姿、坐姿、蹲姿、微笑，熟练掌握、切实践行仪容美化、目光礼仪等各项内容，并形成习惯。

任务驱动

某报社记者吴先生为做一次重要采访，下榻于北京某酒店。经过连续几日的辛苦采访，终于圆满完成任务。吴先生与他的两位同事打算庆祝一下，当他们来到餐厅，接待他们的是一位五官清秀的服务员，接待服务工作做得很好，可是她面无血色显得无精打采。吴先生一看到她就觉得没了刚才的好心情，仔细留意才发现，原来这位服务员没有化工作淡妆，在餐厅昏黄的灯光下显得病态十足。当开始上菜时，吴先生又发现传菜员涂的指甲油缺了一块，当下吴先生的第一反应就是"不知是不是掉入我的菜里了"，但为了不惊扰其他客人用餐，吴先生没有将他的怀疑说出来。这顿饭吃得吴先生心里很不舒服。最后，他们唤柜台内服务员结账，而服务员却一直对着反光玻璃墙面修饰自己的妆容，丝毫没注意客人的需要。到本次用餐结束，吴先生对该酒店的服务十分不满。吴先生结账离开酒店前，把自己的感受写在一封信里，让总台服务员转交给酒店总经理。假如你是该酒店客服部经理，总经理将该信件批示后转交给你，责成你采取措施有效改善这一现状。请你制定出详细而周密的员工礼仪培训方案。

2.1 商务人员仪容礼仪

2.1.1 商务人员仪容礼仪概述

1. 商务人员仪容礼仪的概念

仪容，通常由人的面容（相貌、长相）、发型及人体未被服饰装饰的肌肤所构成。在人际交往中，每个人的仪容都会引起交往对象的特别关注，并将影响对方对自己的整体评价。仪容是一个人的第一名片，也是最容易给他人留下深刻印象的部分。美好的仪容是个人良好精神面貌和严谨积极态度的表现。商务人员保持良好的仪容，给人以端庄、稳重、大方的印象，既能体现自尊自爱的精神，还能表示对他人的尊重与礼貌。

第 2 章　商务人员仪容、仪态礼仪

案例 2-1

周恩来同志青年时代曾悬挂一幅格言"面必净，发必理，衣必整，纽必结，头容正，肩容平，胸容宽，背容直，气象勿傲勿怠，颜色宜和、宜静、宜庄"。这幅格言概括了仪表美的主要内容，这幅格言对周总理一生为世人所景仰的风度和仪表有着很大的影响。

2．商务人员仪容美的内涵

商务人员仪容礼仪的要求是仪容美。仪容美的内涵包括以下三个层面的内容。

（1）自然美。自然美是指仪容不应是矫饰造作的，而是自然的。仪容的先天条件好，天生丽质。尽管以貌取人不合情理，但先天美好的仪容相貌，无疑会令人赏心悦目，感觉愉快。

（2）修饰美。修饰美是指依照礼仪规范与个人条件，对仪容进行必要的修饰与美化，扬长避短，设计、塑造美好的个人形象。

（3）内在美。内在美是指通过努力学习，不断提高个人的文化艺术素养和思想道德水准，培养高雅的气质与美好的心灵，使自己秀外慧中，表里如一。

真正意义上的仪容美，应当是自然美、修饰美和内在美三方面的高度统一，强调整体的美、协调的美，而不能忽略其中任何一个方面。在这三者之间，内在美是最高境界，自然美是人们的普遍心愿，而修饰美则是仪容礼仪关注的重点。特别注意的是，只有心情舒畅，并保持积极向上、健康活力的精神状态，才会使仪容美趋于完美。

知识拓展 2-1

人生十点

笑容多一点，仪表美一点，嘴巴甜一点，态度好一点，做事勤一点，度量大一点，脑筋活一点，说话轻一点，脾气小一点，理由少一点——生活就会美一点。

2.1.2　商务人员仪容美的基本要求

商务人员仪容通常体现在头发、面部、脖颈、肩臂、手掌、腿部、脚部和化妆等几个方面。概括而言，仪容美的基本要素是貌美、发美、肌肤美，基本要求是干净整洁。美好的仪容一定能让人感觉其五官构成彼此和谐并富于表情；发质发型使其英俊潇洒、容光焕发；肌肤健美使其充满活力，给人以健康自然、鲜明和谐、富有个性的深刻印象。

1．体现自然

自然是美化仪容的最高境界，它使人看起来真实而生动，不是一张呆板生硬的面具。正如一位化妆师说的："最高明的化妆术，是经过非常考究的化妆，让人看起来好像没有化过妆一样，并且化出来的妆与主人的身份匹配，能自然表现那个人的个性与气质。次级的化妆是把人凸显出来，让她醒目，引起众人的注意。拙劣的化妆是一站出来别人就发现她化了很浓的妆，而这层妆是为了掩盖自己的缺点或年龄的。最坏的一种化妆，是化妆后扭曲了人自身的个性，又失去了五官的协调，如小眼睛的人竟化了浓眉，大脸蛋的人竟化了白脸，阔嘴的人竟化了红唇……"可见化妆的最高境界是无妆，是自然。因此，美好仪容要依赖正确的技巧、合适的化妆，要讲究适度、体现层次，要点面到位、浓淡相宜。这样才能使人感到自然、真实之美。

2．讲究协调

美化仪容的协调体现在以下几个方面。

（1）妆面协调。这是指化妆部位色彩搭配、浓淡协调，所化的妆针对脸部个性特点，整体设计协调。

（2）全身协调。这是指面部化妆、发型与服饰协调，力求取得完美的整体效果。

（3）角色协调。这是指针对自己在社交中所扮演的不同角色，采用不同的化妆手法和化妆品。例如，职业人员，应注意化妆后体现端庄稳重的气质，而作为公关礼仪、接待服务等专业人员，则要表现一定的人际吸引力。

（4）场合协调。这是指化妆、发型要与所处的场合气氛要求相一致。例如，日常工作，略施淡妆即可；出入舞会、宴会，则可浓妆扮之；参加追悼会，则要素衣淡妆。

3．美观得体

漂亮、美丽、端庄的外观仪容是形成良好礼仪形象的基本要素之一。要使仪容达到美观的效果，首先必须了解自己的脸形及面部特点，清楚怎样化妆、美发才能扬长避短，变拙陋为俏丽，使容貌更迷人。这些需要在把握脸部个性特征和正确的审美观指导下进行。

2.1.3 商务人员仪容美化的内容

1．商务人员头发的美化

头发是人体的制高点，是令人首先关注的地方。按照交往习惯，当人们注意、打量他人时，往往是从头部开始的。所以，在商务场合，个人形象的塑造，一定要"从头做起"。商务人员的头发必须保持清洁、秀美、整齐，并且显现健康的光泽。

商务人员要注意勤洗发，保持头发的清洁，没有头皮屑。洗发时要选择适合自己发质的洗发剂与护发素，以保持头发的柔软、光滑。另外，作为商务人员来说，有时必要的烫染是可以的，但染发时不宜选过于艳丽的颜色。若头发有花白现象，可将头发染成黑色或深色。商务人员最好随身携带一把发梳，以备不时之用，而不宜直接使用手指抓挠。梳理头发是一种私人性质的活动，避免公开修饰，若是在外人面前梳理自己的头发，是极不礼貌的。

在实际生活中，发型不仅反映个人的修养与艺术品位，而且还是个人形象的核心组成部分之一。头发美化主要涉及头发的修剪、造型等方面的问题，头发美化的基本要求是：经过修饰之后的头发，不能太夸张或太另类，必须以庄重、美观、简约、典雅、大方为其主导风格。

 案例 2-2

华盛集团公司的卫董事长有一次要接受电视台的采访。为了郑重起见，事前卫董事长特意向公司为自己特聘的个人形象顾问咨询，有无特别需要注意的事项。对方专程赶来之后，向卫董事长提了一项建议：换一个较为儒雅而精神的发型，并且一定要剃去鬓角。理由是发型对一个人的上镜效果至关重要。果不其然，改换了发型之后的卫董事长在电视上亮相时，形象焕然一新，发型使他显得精明强干，谈吐使他显得深刻稳健，二者相辅相成，相得益彰，有效展示了一名成功商务人士的光辉形象。

商务人员在选择具体发型时，除考虑个人偏好之外，最重要的是要考虑个人条件和工作场合，体现和谐的整体美。总体而言，发型的选择与设计需要与脸形相适、与脖形相适、与头形相适、与性别相适、与年龄相适、与身材相适、与职业相适、与场合相适等。

女性商务人员的发型虽然不拘泥于短发和直发，但也要相对保守一些，不能过分张扬和花哨。商务场合最规范的发型是盘发、束发，披肩发也可以，但发不要遮脸，不能因为发型而影响工作或经常用手拢头发。总之，头发一定要洁净、整齐，不可以披头散发，肩背上不应有散落的头发与发屑。

男性商务人员尽量不要留长发或某些奇特的发型，通常以短发为宜，并且要注意经常修饰、修理。男性商务人员发型美化的具体标准为：前发不覆额，侧发不掩耳，后发不及领。

商务人员不管为自己选定了何种发型，在工作岗位上都不允许滥用任何装饰之物。一般地，商界男士不宜使用任何发饰。女士在有必要使用发卡、发绳、发带或发箍时，式样应该庄重大方，色彩宜为蓝、灰、棕、黑，并且不带任何花饰。绝不要在工作岗位上佩戴色彩鲜艳或带有卡通、动物、花卉图案的发饰。如果不是与制服配套或出于安全考虑，商务人员是不允许戴帽子的。

2. 商务人员面容的美化

面容礼仪首先要做到干净整洁，不要有汗渍、油污、泪痕等任何不洁之物。起床后、用餐后、运动后、外出后等都要即刻洗脸。同时需要注意以下几个细节问题。

（1）眉毛。若对自己的眉形不满意，可以略加修饰，但一定要与自身特点相符合，切忌夸张。

（2）眼睛。主要是保洁问题，要注意及时清除眼部分泌物，做到无眼屎，无睡意，不充血，不斜视。如果戴眼镜的话，要随时保持镜面干净，做到眼镜端正、洁净明亮。在商务场合一般不能戴太阳镜或墨镜，女性不画眼影，不用人造睫毛。

（3）耳朵。要保持耳朵的清洁卫生，做到内外干净，无耳屎，注意及时修剪耳毛。女性不戴耳环。不当着客人面挖耳朵。

（4）鼻子。保持鼻腔清洁，不要随处吸鼻子、擤鼻涕、挖鼻孔等，做到鼻孔干净，不流鼻涕。有必要的话要剪鼻毛，不能使之露出鼻孔之外。

（5）胡须。对于男性商务人员，若非特殊原因一般不要蓄须，尤其是青年男性。胡须要刮干净或修整齐，不留长胡子，不留八字胡或其他怪状胡子。

（6）嘴巴。注意口腔卫生，早晚刷牙，饭后漱口，不能当着客人面嚼口香糖、剔牙齿；要注意牙齿洁白；口气清新、无异味；嘴角无泡沫。男士在商务活动中经常会接触香烟、酒这样有刺激性气味的物品，所以尤其要注意口腔清洁。咳嗽、打喷嚏时，应用手帕捂住口鼻，面向一旁，尽量减少响声。

3. 商务人员其他仪容的美化

（1）脖颈。要保持干净卫生，防止过早老化，使之与面部产生较大的反差。

（2）肩臂。在正式的商务场合，肩臂是不应当裸露在衣服之外的，也就是要求不穿半袖装或无袖装。在其他非正式场合虽然无此限制，但同样要保持干净卫生。

（3）手掌。随时随地都要保持手掌的清洁、卫生和健康。手上的指甲要定期修剪修饰，不要留长指甲。注意指甲的清洁，不要藏污纳垢。当手掌部位出现伤残（发炎、生疮、破损等）时，不要接触他人。另外，商务人士应当对自己面部与手部的皮肤进行必要的保养与爱护，除多加清洗外，有条件的还应定期进行皮肤按摩，使之干净、光洁、细腻。当众修剪指甲或用牙齿啃指甲，是一种既不卫生，也不雅观的行为。

（4）腿部。在正式商务场合，一般不允许男士着暴露腿部的短裤类服装。女士可以穿裙子，但裙长应过膝，同时应着丝袜。丝袜的长度一定要高过裙子边。

（5）脚部。一般情况下，在正式场合不允许光脚穿鞋，也不能穿使脚过于暴露的拖鞋、无跟鞋、凉鞋等。特别要注意脚部卫生，勤洗鞋袜，不要穿破损有味的鞋袜。不要在他人面前脱鞋袜或抠脚丫，脚趾甲要勤修剪，不藏污纳垢。在休闲场合穿凉鞋等时注意趾部不要露出鞋外。

 课内实训 2-1

请说出上班前需要照镜子认真检查的 10 个以上有失礼仪或容易出丑的地方，说出需要注意的事项越多越好，特别鼓励提出教材中没有提到的注意事项。

2.1.4 商务人员化妆礼仪

化妆，是修饰仪容的一种高级方法，它是指用化妆品及艺术描绘手法对自己进行修饰、装扮，以便使自己容貌变得更加靓丽，以达到振奋精神和尊重他人的目的。在商务交往中，进行适当的化妆是必要的。这既是自尊的表现，也意味着对交往对象的重视。但是，商务人员必须懂得如何化妆才能符合要求。

1. 化妆礼仪的原则

（1）浓淡相宜。化妆的浓淡要根据不同的时间和场合而定。一般地，工作妆一般为淡妆，适合各种公务场合。工作妆的主要特征是：简约、清丽、素雅，具有鲜明的立体感。

男士的工作妆一般包括：美发定型；清洁面部与手部，并使用护肤品进行保护；使用无色唇膏与无色指甲油，保护嘴唇与手指甲；使用香水等。

女士的工作妆，一般需要使用相应的化妆品略施粉黛、淡扫蛾眉、轻点红唇，恰到好处的强化可以充分展现女性光彩与魅力的面颊、眉眼与唇部。其特点是：粉底颜色要接近肤色，薄施于整个脸部，看起来淡雅清爽；眼线可以细一些，轻一些；唇膏接近自然唇色，不可太明艳。出席正式的场合，女士化妆可以稍浓一些，让自己容光焕发。

（2）不当众化妆或补妆。在众目睽睽之下化妆或补妆是非常失礼的，尤其是在男士面前。同样，在人前整理头发、衣服、照镜子等行为也应该尽量节制。如果有必要化妆或进行修饰的话，要在化妆间或无人的地方做。

（3）维护妆面的完整。在工作中如果适当地化了一些彩妆，就要有始有终，努力维护其妆面的完整性。对于用唇膏、眼影、腮红、指甲油等化妆品所化过的妆面，尤其要"常备不懈"，时常检查。妆面一旦出现残缺，不仅会有损自身形象，还会使自己在他人眼中显得做事缺乏条理、为人懒惰、邋里邋遢、不善自理。所以，女性商务人员发现妆面出现残缺后，要及时采取必要的措施，重新进行化妆，或者对妆面重新进行修补。

（4）不非议他人的装扮。由于民族、肤色和个人文化修养的差异，对美的标准认识不一致，每个人的化妆不可能都是一样的。不要以为自己化的妆是最好的，不要介绍自己化妆的心得或对别人的妆指指点点，也不要主动为别人化妆、修饰或改妆。

（5）不借用他人的化妆品。出于卫生和礼貌，不论是谁，不论是否急需，都不要去借用他人的化妆品。

2．化妆品的种类

化妆品的种类繁多，分类方法也各异，但根据化妆品的实际效用，常分为洁肤类、护肤类、美容类和芳香类四大类。

（1）洁肤类。它的主要功能是清洁人体皮肤，即把滞留在皮肤上的油腻与污垢洗掉，以便进一步化妆美容，包括洗面奶、清洁霜、卸妆液、香皂等。

（2）护肤类。它的主要功能是护理面部、手部及身体其他部位的皮肤，使之更为细腻、柔嫩、滋润，延缓衰老，减轻皮肤皱纹，并使皮肤与外界隔离，节制表皮水分的蒸发，包括雪花膏、滋养霜、乳液、润肤露、化妆水等。

（3）美容类。它的主要功能是美化皮肤，增添或强化美颜，掩盖面部缺陷，包括粉底霜、化妆粉、胭脂、唇膏、眉笔、眼影色、睫毛膏、眼线液等。

（4）芳香类。它的主要功能是溢香祛臭、芬芳宜人。有的还兼有护肤、护发和防止蚊虫叮咬等作用，包括香水、香粉、花露水等。

3．主要的化妆工具

常用化妆工具包括化妆笔、粉扑、粉刷、胭脂刷、眼影扫、海绵头、眉梳、眉刷、眉钳、睫毛夹等。其中，化妆笔包括唇线笔（用于描画或修改唇形）、眉笔（用于描绘眉毛）、眼线笔（用于画眼线）。其形状类似铅笔，携带方便。粉扑是脸部扑粉用的工具，由绒面或海绵制成。粉刷是由细羊毛、兔毛或貂毛等制成的，质地柔软，形状有排笔形、圆形等，用于刷掉多余的敷粉。胭脂刷由羊毛或兔毛制成，用于涂抹胭脂。眼影扫是晕染眼影的工具，由羊毛或兔毛制成。海绵头是涂抹眼影的工具，由海绵制成。眉梳是一种专门用来梳理眉毛的小梳子，梳齿细而密。眉刷是用来整理眉毛的，使眉毛平顺、自然、清洁。眉钳是一种尖舌状的小金属镊子，用于修整眉毛或拔去多余的眉毛。睫毛夹是卷曲睫毛的工具。

课内实训 2-2

李琳刚从学校毕业，入职一家外贸公司。公司要求女员工每天上班都要化妆。由于刚开始学化妆，李琳感到很新鲜，因此在办公室里，她很注意观察其他同事的妆容。她发现一些同事的妆容都存在一定的问题。例如，一位稍年长的 A 同事没有对其他部位化妆，只是涂了口红，而且口红的颜色非常艳，整体看来只突出一张"血盆大嘴"；另一位较年轻的 B 同事妆容看起来很漂亮，只可惜脖子却泛着黑色；还有一位 C 同事用粗的黑色眼线将眼睛轮廓包围起来，像个"大括号"，看上去生硬不自然；一位长得挺漂亮的 D 同事，身穿浅蓝色的套裙，却画着橘红色的唇膏。李琳感到很困惑，工作妆到底应该怎么化呢？请你指出李琳四位同事妆容各自存在的不足之处。

2.1.5　商务人员香水的使用

人们除了面部化妆之外，还常常使用香水来美化身体的整体"大环境"。适当使用香水，其芬芳的香味能提神醒脑，会使自己魅力倍增，风度迷人。

1．香水的类型

根据香精的含量与香气持续的时间来划分，香水可分为四种类型。

（1）微香型香水。香精含量为 3%～5%，香味持续的时间为 1～2 小时，适合浴后使用。

（2）淡香型香水。香精含量为 5%～10%，香味持续的时间为 3～4 小时，适合上班使用。

（3）清香型香水。香精含量为 10%～15%，香味可持续 5 小时左右，适用一般性的交际场合使用。

（4）浓香型香水。香精含量为 15%～20%，香味可持续 5～7 小时，适合人们在出席宴会、舞会时使用。

2．香水使用礼仪

正确使用香水需要注意以下两个方面的问题。

（1）部位得当。香水中的香精和酒精被光线照射后，在紫外线的作用下会对皮肤形成不良刺激，容易出现色素沉着，所以涂搽香水的部位最好是光线照射不到的地方。一般可以选择离脉搏比较近的地方，如手腕、耳根、颈侧、大腿内侧、左右腿膝盖内侧、脚踝内侧等，不要搽在手背、额头等暴露部位。另外，也可以选择在深色的衣服上，如可以在衣领下、衣角、手帕上搽一点，任其自然挥发。

（2）用量适当。香水用量过多，反而起不到美饰自己的作用。一般情况下，若在 3 米左右的距离内仍可闻到香味就显得过量了，在 1 米范围内能够闻到淡淡的幽香味较为合适。

在使用香水时还要注意：不要混合使用不同品牌、不同系列、不同香型的香水，以免产生副作用；要使香水发挥应有的作用，务必先洗澡，驱除不洁气味；不食葱、蒜、辣椒等辛辣食物，因为食用这类食物后容易产生体臭，从而影响香水的使用效果。

2.2 商务人员仪态礼仪

2.2.1 商务人员仪态礼仪的概念

仪态是指人在行为中的姿势和风度。姿势是指身体所呈现的样子，风度则属于内在气质的外化。每个人总是以一定的仪态出现在别人面前，一个人的仪态包括他的所有行为举止，表现为一举一动、一颦一笑、站立的姿势、走路的步态、说话的声调、对人的态度、面部的表情等。仪态是胜过有声语言的形体语言。对方在接受信息时，不仅"听其言"，而且也在"观其行"。据体态语言学大师伯德斯·戴尔的研究，在沟通过程中，有65%的信息是通过体态语言来表达的，所谓"此处无声胜有声"。在商务活动中，商务人员可以通过自己规范的、美的仪态向他人传递自己的学识与素养等信息，并能够交流思想，表达感情。因此，体态在传情达意方面的礼仪功能是不容忽视的。

仪态礼仪体现为人们挺拔的站姿、端庄的坐姿、优雅的走姿、恰当的手势、真诚的表情等行为举止。

 课内实训 2-3

美国著名的老资格政治公关专家——罗杰·艾尔斯，为美国总统竞选人效力了二十多个春秋，美国人称之为"利用媒介塑造形象的奇才"。1968年，当尼克松同约翰逊竞争总统时，艾尔斯精心指导尼克松在一次电视竞选中克服自卑心理，在赢得竞选方面取得了意想不到的效果。1984年，里根参加总统的竞选。起初公众对他的印象不佳，觉得他年龄大，又当过演员，有轻浮、年迈无力之感。但他在政治公关顾问艾尔斯的协助下，在竞选时，注意配合适当的服饰、发型与姿势，表现得庄重、经验丰富，样子看上去也非常健康，从而改变了公众先前对他的不佳印象，结果取得了成功。

请你谈一谈，为什么一个人的形象如此重要？如何塑造优雅的商务形象？

2.2.2 商务人员站姿礼仪

站姿即站立的姿势，是人们在生活交往中最基本的姿势，是人们生活中静力造型的动作，是一个人全部仪态的根本。

站如松是指人的站姿要像松树一样端直挺拔，不仅要挺拔，而且要优美和典雅，呈现一种静态美。正确、优雅的站姿会给人以挺拔向上、舒展俊美、精力充沛、庄重大方的印象。

站姿的基本要领是：抬头，脖颈挺直，双目向前平视，嘴唇微闭，下颌微收，面带微笑；双肩放松，气向下压，身体有向上的感觉，自然呼吸；挺胸，收腹，立腰，肩平；双臂放松，自然下垂于体侧，虎口向前，手指自然弯曲；两腿并拢立直，提臀，两膝和脚跟靠紧，脚尖分开45°～60°，呈V字形，身体重心放在两脚上。在商务活动中，常会用到以下几种站姿。

1. 标准站姿

标准站姿即肃立，其要领是：头正，颈直，双目平视，下颌微收，面容平和自然，两肩放松、稍向下沉，躯干挺直；收腹，立腰，挺胸，提臀；双臂自然下垂于身体两侧，手指并拢自然弯曲，中指贴拢裤缝；双膝并拢，两腿直立，脚跟靠紧，脚掌分开呈V字形，角度呈45°～60°。肃立适用于隆重集会，如升旗、庆典、剪彩等仪式，如图2-1所示。

2. 直立站姿

男士直立有三种姿势：一是两脚平行分开，两脚之间距离小于肩宽为宜，以20厘米为宜，两手叠放在背后，双目平视，面带微笑。其余姿态与肃立相同，如图2-2所示。二是两脚展开的角度呈90°，右脚向前将脚跟靠于左脚内侧中间位置，成右丁字步；左手背后，右手下垂，身体直立，重心置于两脚，双目平视，面带微笑。三是两脚站成左丁字步，右手背后，左手下垂，身体直立，重心置于两脚，双目平视，面带微笑，其余姿态同肃立。此种站姿适用于给客人指示方向，或解决疑难问题，提供其他服务。在商务场合，男性商务人员为了表示对他人的尊敬，体现自身的风度气质，在站立时，要注意表现出男性刚健、潇洒、英武、强壮的风采，要力求给人以一种挺拔如松的"劲"的壮美感，给人留下深刻的第一印象。

图 2-1　男士标准站姿　　　图 2-2　男士直立站姿

女士直立的姿势为：两脚并拢或两脚尖略展开，也可左脚在前，将左脚跟前于右脚内侧前端，丁字步站立；两手自然并拢，大拇指交叉，一手放在另一手上，轻贴在腹前；身体直立，挺胸收腹，身体重心可放在双脚上，也可放在单脚上，通过重心移动减轻疲劳。此种站姿适用于商业服务，表示对客人的尊重与欢迎，如图2-3所示。

总之，站的姿势应该是自然、轻松、优美的。不论站立时摆何种姿势，只有脚的姿势及角度和手的位置在变，而身体一定要保持绝对挺直。而女性在站立时要注意表现出女性轻盈、妩媚、娴静、典雅的韵味，努力给人一种亭亭玉立的"静"的优美感。

图 2-3　女士直立站姿

课内实训 2-4

请一名男同学利用教室墙壁练习，后脑勺、背、臀、脚后跟成一条直线。腿部尽可能绷直，往墙壁贴靠；后脑勺靠墙，下巴自然微收；脚后跟顶住墙，把手塞到腰和墙之间，示范男士站姿。

请一名女同学穿紧身衣服、高跟鞋或皮鞋，不要扎马尾，紧贴墙壁，头伸直，两眼平视前方，嘴角上翘（微笑），下巴放平，肩膀往下放，挺胸，收腹，立腰，胯部夹紧，膝盖并拢，脚跟收紧。拿 4 张薄纸，分别放在后脑，双肩肩头，膝盖之间，在老师指导下练习站姿和说话微笑，如果纸没有掉，已经初步达标。

请其他同学提出纠正意见并归纳直立站姿的要点，记录下来。

知识拓展 2-2

站姿禁忌

1. 站立时正面面对对方，忌用自己的背部对着对方。
2. 忌双手插在衣袋里，无精打采或东倒西歪。
3. 忌弯腰驼背，低头，两肩一高一低。
4. 忌把其他物品作为支撑点，倚物站立，更不要靠在墙上。
5. 忌双手做无意识的小动作，更不要叉在腰间或抱在胸前。
6. 忌双腿不停地抖动或不停地摇晃身体。
7. 忌两腿分得太开，超过了两肩。
8. 忌脚在地上不停地画弧线。

2.2.3　商务人员坐姿礼仪

坐是最常用的一种举止。良好的坐姿传递着自信、友好、热情的信息，同时也显示高雅庄重的良好风范。商务人员多数时间都是和客户坐着谈话的，因此，良好的坐姿是塑造自身形象不可或缺的。

1. 入座礼仪

入座的礼仪的要求主要有以下几个方面：一是先请对方入座；二是在适当之处就座，要注意座位的优劣及位置，主动将舒适的座位和上位相让于尊者；三是从座位左侧就座，从座椅的左侧接近并入座，既是礼貌，也易于就座；四是要动作轻缓，悄无声息就座；五是坐下后适当调整体位。

一般而言，正确入座礼仪是：入座时走到座位前，转身后右脚向后撤半步，轻稳坐下，然后右脚与左脚并齐，女子穿裙装入座时，应将裙向前收拢一下再坐下；入座后，上体自然坐直，立腰，双膝自然并拢（男士可略分开些），双脚平落在地上，头正，表情自然亲切，目光柔和平视，嘴微闭，两肩平正放松，两臂自然弯曲放在膝上，也可以放在椅子或沙发扶手上，掌心向下；坐在椅子上，应至少坐满椅子的 2/3，不可坐满椅子，也不要坐在椅子边上过分前倾。一般情况下，不要靠背，休息时可轻轻靠背；起立时右脚先收半步然后站起，起立后右脚与左脚并齐。

端坐时间过长，会使人感到疲劳、不自然，可换一下姿势：男士可将双脚略向前伸或将两脚交叉，女士可将两腿并拢，两脚同时向左或向右放，两手叠放，置于左腿或右腿上形成优美的 S 形，也可以两腿交叉重叠，但要注意将上面的小腿回收，脚尖向下。

课内实训 2-5

请同学们指出图 2-4 与图 2-5 各种仪态有失礼仪的原因，这种仪态对个人形象塑造有何影响，请简要发表自己的观点。

图 2-4　走姿与坐姿禁忌

图 2-5　坐姿禁忌

知识拓展 2-3

坐姿禁忌

1. 忌双腿叉得过大。双腿叉得过大非常不雅，穿裙装的女性更要注意。
2. 忌跷二郎腿。两腿之间留很大缝隙，并且不停地抖动或摇晃，让人心烦意乱，给人以极不安稳的印象（在商务交往场合，男性可以跷腿，但不可跷得过高或抖动，女性大腿并拢，小腿交叉，但不宜向前伸直）。
3. 忌脚尖指人。坐下时把脚尖指向他人，这种行为是粗鲁、无教养的表现，应避免。
4. 忌两脚前伸。坐时双腿伸得远远的。
5. 忌前倾后仰，或歪歪扭扭，挪动椅子发出声响。
6. 忌正式场合与人会面时，一开始就靠在椅背上。还要注意的是，坐在椅子的前半边，身子稍向前倾是表示谦虚，但与人交谈时，坐得过于萎缩前倾，就是一种阿谀了。坐沙发时，不要太靠里面。
7. 忌脱鞋或把脚放到自己的桌椅上或架到别人桌椅上。

2. 女士坐姿

（1）正坐式。双腿并拢，上身挺直、坐下，两脚尖并拢略向前伸，两手叠放在双腿上，略靠近大腿根部。入座时，若是着裙装，应用手将裙摆稍稍拢一下，然后坐下，如图 2-6 所示。

（2）曲直式。上身挺直，右腿前伸，左小腿曲回，用脚掌着地，大腿靠紧，两脚前后在一条线上，如图 2-7 所示。

图 2-6　女士坐姿（正坐式）　　　图 2-7　女士坐姿（曲直式）

（3）重叠式。上身挺直，坐正，腿向前方，右小腿垂直于地面，全脚支撑，左腿重叠于右腿上，小腿向内收，脚尖向下。双臂交叉支撑左右腿上，如图 2-8 所示。

（4）斜放式。坐在较低的沙发上时，若双腿垂直放置的话，膝盖可高过腰，极不雅观。这时最好采用双腿斜放式，即双腿并拢后，双脚同时向右侧或左侧斜放，并且与地面形成 45°左右角，如图 2-9 所示。

（5）交叉式。双腿并拢，双脚在踝部交叉之后略向左侧斜放。坐在办公桌后面、主席台上或汽车上时，比较适合采用这种坐姿，感觉比较自然、舒适，如图 2-10 所示。

图 2-8　女士坐姿（重叠式）　　图 2-9　女士坐姿（斜放式）　　图 2-10　女士坐姿（交叉式）

3. 男士坐姿

（1）正坐式。上身挺直、坐正、双腿自然弯曲，小腿垂直于地面并略分开，双手分放在两膝上或椅子的扶手上，如图 2-11 所示。

（2）重叠式。右小腿垂直于地面，左腿在上重叠，左小腿向里收，脚尖向下，双手放在扶手上或放在腿上，如图 2-12 所示。

（3）扶手式。如果坐在有扶手的沙发上，入座后上体自然挺直，男士可将双手分别搭在扶手上，如图 2-13 所示。

图 2-11　男士坐姿（正坐式）

图 2-12　男士坐姿（重叠式）　　图 2-13　男士坐姿（扶手式）

课内实训 2-6

练习入座起立，入座时，老师说"请坐"，学生说"谢谢"，学生按规范动作坐下。起立时，速度适中，既轻又稳。老师请每位同学演示一遍，然后老师引导同学对其表现进行评价，每位同学把自己出现的不足及正确的做法作为备忘录记录下来。

课内实训 2-7

练习坐姿。在教室摆放几把高低不同的椅子、沙发或到形体训练室，按规范的坐姿坐下，放上音乐。练习不同交谈气氛下的各种坐姿。老师请每位同学演示一遍，然后老师引导同学对其表现进行评价，每位同学把自己出现的不足及正确的做法作为备忘录记录下来。

4．离座礼仪

商务人员在离座时，基本要求有如下几个方面。一是先有表示。离开座椅时，身旁如有人在座，须以语言或动作向其先示意，随后方可站起身来。第二是注意先后。与他人同时离座，须注意起身的先后次序，地位低于对方时，应稍后离座，地位高于对方时，则应首先离座；双方身份相似时，可同时起身离座。第三是起身缓慢。起身离座时，最好动作轻缓，无声无息，尤其要避免弄响座椅，或将椅垫、椅罩弄掉。第四是从左离开。一般而言，离座起身后，宜从左侧离去。与"左入"一样，"左出"也是得当的礼节。第五是站好再走。离座莫要慌乱，离开坐椅站定之后，方可离去。

2.2.4 商务人员写姿礼仪

伏案书写时的工作坐姿，上体稍前倾，眼睛与书距离33厘米，两臂曲扶台面约一肩半宽，两腿并拢微曲稍分开，小腿垂直地面。时间长时在不影响姿态美的前提下可做适当调整，如图2-14所示。

图 2-14 写姿

2.2.5 商务人员行姿礼仪

行姿指的是人在行走的过程中所形成的姿势，是站姿的延续动作，是在站姿的基础上展示人的动态美。因为其重点在行进中的脚步之上，所以行姿有时也称为步态。无论是在商务场合还是在社交场合，行姿往往是最引人注目的身体语言，轻盈自然、轻松敏捷、协调稳健的行姿最能表现一个人的风度和活力。

1．正确的行姿

正确的行姿是：行走之时，应以正确的站姿为基础，抬头、上体正直，目光平视前方，挺胸、收腹、立腰，重心稍向前倾，走得轻巧、自如、稳健、大方。手臂伸直放松，手指自然弯曲，摆动时，要以肩关节为轴，上臂带动前臂向前，手臂要摆直线，肘关节略曲，前臂不要向上甩动，向后摆动时，手臂外开不超过30°，前后摆动的幅度为30～40厘米为宜。脚尖略开，脚跟先接触地面，依靠后腿将身体重心送到前脚脚掌，使身体前移。步位，即脚落在地面时的位置,两脚内侧行走的线迹应为一条直线,而不是两条平行线。步幅,即跨步时两脚间的距离,一般应为前脚跟与后脚的脚尖相距为一脚长。但因性别和身高不同会有一定差异。这种行走动作,符合人体结构的机制,是最省力的。外八字、斜肩、毛腰、大肚的走法都是不美观的。着不同服装,步幅也不同。女士穿旗袍、西装裙、礼服时,步幅应小些;穿长裙、长裤时,步幅可大些。脚步要轻并且富有弹性和节奏感,如图2-15所示。

图2-15 基本的行姿

知识拓展2-4

导致腿部肥胖的五种走姿

1. 踢着走。走的时候身体会向前倾,膝盖会弯。
2. 压脚走。走的时候身体重量会整个地压在脚尖上,然后再抬起来。如果长久如此下去,会导致腿肚的肌肉越来越发达。
3. 内八字走。这种走法长久下来会造成O形腿。
4. 外八字走。外八字走法会使膝盖向外,感觉没有气质,腿形也会变,造成X形腿。
5. 踮脚尖走。踮着脚尖走的人,由于过于在脚尖上用力,会使膝盖因为脚尖的关系而太用力于腿肚上,很容易导致"萝卜"腿。

2. 行走中的礼仪规范

(1)陪同引导。陪同引导通常应注意三点:一是本人所处的方位,二是协调的行进速度,三是及时的关照提醒。在商务活动中,需要陪同引导对方时,应注意方位、速度、关照及体位等,如双方并排行走时,陪同引导人员应居于左侧,引领的手势要求是:手指并拢,手掌朝上,以指尖方向表示前行方向,待客人明白后,再前行;当被陪同人员不熟悉行进方向时,应该走在前面、走在外侧;陪同人员行走的速度要考虑到和对方相协调,不可以走得太快或太慢。一定要处处以对方为中心。每当经过拐角、楼梯或道路坎坷、照明欠佳的地方,都要提醒对方留意。同时也有必要采取一些特殊的体位。如请对方开始行走时,要面向对方,稍微欠身;在行进中和对方交谈或答复提问时,把头部、上身转向对方。

(2)上下楼梯。坚持"右上右下"原则。上下楼梯、自动扶梯的时候,都不应该并排行走,而要从右侧上。这样一来,有急事的人,就可以从左边通过。上下楼梯时,不要和别人抢行。出于礼貌,可以请对方先走。当自己陪同引导客人时,则应上下楼梯时先行在前。

知识拓展2-5

走姿的禁忌

1. 忌摇头晃脑,弯腰驼背,歪肩晃膀,左顾右盼。
2. 忌内八字和外八字步伐,不可脚蹭地面,发出声响。
3. 忌步幅过大,大甩手,扭腰摆臀。

4. 忌把双手插在衣裤口袋里，更不要把手背在体后，以免摔倒。
5. 忌行走中吃东西，吸烟。

（3）进出电梯。使用电梯时，大致上应注意以下几个问题。

① 假如企业有使用员工专用电梯的规定，就一定要自觉遵守。有可能的话，工作人员不要和来访客人混用同一部电梯。

② 使用无人驾驶电梯，工作人员必须自己先进、后出，以方便控制电梯。如果是有人驾驶的电梯，应当后进、后出。

③ 在乘电梯时碰上了并不相识的来访客人，也要以礼相待，请对方先进、先出，自己后进、后出。

④ 尊重周围的乘客。进出电梯时，应该侧身而行，免得碰撞别人。进入电梯后，要尽量站在里面。人多的话，最好面向内侧，或者与别人侧身相向。出电梯前，应该提前换到电梯门口。

（4）出入房门。拜访客人出入房门应注意以下礼仪。

① 在进入房门前，一定要用轻轻叩门或按门铃的方式，向房内主人进行通报。离开时，也应示意。贸然出入或一声不吭，都显得不礼貌。

② 出入房门，务必要用手来开门或关门。开、关房门时，最好是反手关门、反手开门，并且始终面向对方。和他人一起先后出入房门时，为了表示自己的礼貌，应当自己后进门、后出门，而请对方先进门、先出门。

③ 在陪同引导客人时，还有义务在出入房门时替对方拉门或推门。在拉门或推门后要使自己处于门后或门边，以方便客人的进出。

商务人员在其他情况下的行姿要求包括：走进会场、走向话筒、迎向宾客，步伐要稳健、大方；进入办公机关、拜访别人，在室内脚步应轻而稳；办事联络，步伐要快捷、稳重，以体现效率、干练；参观展览、探望病人，脚步应轻而柔，不要出声响；参加喜庆活动，步态应轻盈、欢快、有跳跃感；参加吊丧活动，步态要缓慢、沉重，以反映悲哀的情绪。

知识拓展 2-6

不同着装的规范走姿

1. 着西装的走姿。穿西装行走时，要注意步伐挺拔，后背平直，两腿立直，走路的步幅适中，手臂放松伸直摆动，行走时肩、髋部不要左右摆动。

2. 着旗袍的走姿。女士穿旗袍时，可以突出造型的曲线美，反映东方女性柔美的风韵。为此，穿着旗袍行走时，一定要穿皮鞋，步幅不宜过大，两脚跟前后要走在一条直线上。用腰力把身体重量提起，髋部可随身体重心的转移稍有摆动，上身决不可跟着晃动。两臂在体侧摆动时，摆幅不宜过大。

3. 着短裙的走姿。女士在穿着短裙行走时，要求步履敏捷、轻盈、活泼。行走时步幅不宜过大，一般为本人一脚之长的距离。

4. 着长裙的走姿。女士在穿着长裙行走时，要求平稳，保持裙摆的摆动与脚步协调,有韵律感。行走时步幅可以稍大些,可在本人的一脚之外,这样会使人显得修长,更有飘逸洒脱之感。

2.2.6 商务人员蹲姿礼仪

蹲姿是人在处于静态的站姿时的一种特殊情况。在商务活动中,多用于拾捡物品、帮助别人或照顾自己。如果我们不注意低处拾物的礼仪,给对方留下不好的印象,可能会使我们的工作前功尽弃。

蹲姿的基本要求:下蹲时,应使头、胸、膝关节在一个水平线上,使蹲姿优美;两腿合力支撑身体,避免滑倒。特别需要注意的是,女士无论采用哪种蹲姿,都要将双腿靠拢,臀部向下,穿旗袍或短裙时需更加留意,以免尴尬。

蹲姿的基本要领:站在所取物品的旁边,蹲下屈膝去拿,不要低头,也不要弓背,要慢慢地把腰部低下;两腿合力支撑身体,掌握好身体的重心,臀部向下。常用的蹲姿有半蹲式、高低式和交叉式三种。

1. 半蹲式

这种姿态一般用来从地上取较高的物品,如较大的手提箱等。其要求是走到物品的一侧,上身稍许下弯,但不宜与下肢构成直角或锐角,臀部应向下而不是撅起,物品在右侧,则重心放在右腿上;反之亦然。

2. 高低式

下蹲时,双脚不在一条直线上,且一只脚在前,一只脚在后,在前的脚全着地,小腿基本上垂直于地面,在后的脚脚掌着地,脚跟提起。后膝应低于前膝,头和腰应保持一条直线,臀部向下。选用这种蹲姿时,男士两腿之间可有适当距离,女性两腿应靠近,如图2-16所示。

3. 交叉式

下蹲时右脚在前,左脚在后,右小腿垂直于地面,全脚着地。左膝由后面伸向右侧,左脚跟抬起,脚掌着地。两腿靠紧,合力支撑身体。臀部向下,上身稍前倾。在实际生活中,如集体合影前排需要蹲下时,女士可采用交叉式蹲姿,如图2-17所示。

蹲姿禁忌是,弯腰拾物品时,两腿叉开,臀部向后撅起,是不雅观的姿态(见图2-18)。两腿展开平衡下蹲,其姿态也不优雅。下蹲时注意内衣"不可以露,不可以透"。

图 2-16 高低式蹲姿　　　　图 2-17 交叉式蹲姿　　　　图 2-18 不雅观的蹲姿

2.2.7 商务人员手势礼仪

手势是通过手和手指的活动来传递信息的,是人际交往中不可缺少的动作。由于手是人身体上最灵活的部位,所以是一种表现力较强的"体态语言",是体语中最丰富、最具有表现力的传播媒介。

1．规范的手势要求

手势运用要规范和适度,要给人一种优雅、含蓄、彬彬有礼的感觉。使用手势的总体要求是准确、规范、适度。

(1) 准确。在现实生活中,为避免手势使用不当引发交际双方沟通障碍甚至误解,必须注意手势的准确运用。用不同的手势表达不同的意思,并使手势与语言表达的意思一致。

(2) 规范。在一定的社会背景下,如介绍、递名片、请、鼓掌等每一个手势,都有其约定俗成的动作和要求,不能乱加使用,以免产生误解,引起麻烦。运用手势要注意与面部表情和身体其他部位动作的配合,才更能体现尊重和礼貌。

(3) 适度。与人交谈时,可随谈话的内容做一定的手势,这样有助于双方的沟通,但手势的幅度不宜过大,以免适得其反,显得粗俗无修养。同时,手势的使用也应有所限制,并非多多益善。尤其是手势与语言、面部表情及身体其他部位动作不协调时,会给人一种装腔作势的感觉。

2．商务交往中的常用手势

(1) 横摆式。这种手势用来指引较近的方向。大臂自然垂直,小臂轻缓地向一旁摆出时微弯曲,与腰间呈 45°左右,另一手下垂或背在体后,面带微笑,双脚并拢或成右丁字步,同时加上礼貌用语,如"请"、"请进"等,如图 2-19 所示。

(2) 直臂式。这种手势用来指示或引领较远方向。五指并拢伸直,手臂穿过腰间线,曲肘由身前向前方指起,抬到约与肩部相同高度时,再向要指示的方向伸出前臂。身体微向指示方向倾。身体侧向宾客,眼睛要看着手指引方向处,同时加上礼貌用语,如"小姐,请一直往前走","先生,里边请"等,如图 2-20 所示。

图 2-19　横摆式手姿　　　　图 2-20　直臂式手姿

(3) 曲臂式。当一只手扶把手或电梯门,或者一手拿东西时,常用曲臂式做出"请"或指示方向。五指伸直并拢,从身体的一侧前方由下向上抬起,以肘关节为轴,手臂由体侧向体前摆动，摆到距身体 20 厘米处停住，掌心向上，手尖指向一方，头部随客人由右转向左方，如图 2-21 所示。例如，请人进门或进电梯时，可采用此方式。

（4）双臂式。这种手势用来向众多来宾表示"请"或指示方向。两手五指分别伸直并拢，掌心向上，从腹前抬起至上腹部处，双手一前一后同时向身体一侧摆动，摆至身体的侧前方，肘关节略弯曲，上身稍向前倾，面带微笑，向客人致意，如图 2-22 所示。

（5）斜臂式。右手臂由上向下斜伸摆动，多适用于请人就座，如图 2-23 所示。

图 2-21　曲臂式手姿　　　　图 2-22　双臂式手姿

图 2-23　斜臂式手姿

3．递接物品手姿

递送物品时，应注意的问题有以下几个方面。

一是双手为宜，递于手中。双手递物于人最好，不方便双手并用时，也要采用右手。以左手递物，通常被视为失礼之举。尤其是对亚洲国家的客人。递给他人的物品，以直接交到对方手中为好。不到万不得已，最好不要将所递的物品放在他处。

二是主动上前，方便接拿。若双方相距过远，递物者理当主动走近接物者。假如自己坐着的话，还应尽量在递物时起身站立。在递物于人时，应为对方留出便于接取物品的地方，不要让其感到接物时无从下手。将带有文字的物品递交他人时，还须使之正面面对对方。将带尖、带刃或其他易于伤人的物品递于他人时，要注意尖、刃内向，切勿以尖、刃直指对方。合乎服务礼仪的做法是，应当使其朝向自己，或朝向他处。

三是目视对方，双手接取。接取物品时，应当目视对方，而不要只顾注视物品，一定要用双手或右手，绝不能单用左手。必要时，应当起身而立，并主动走近对方。

4. 敬茶的手姿

敬茶时应用双手，右手握住杯耳，左手垫于杯底，把茶杯置于客人座位的右上方，并注意把杯耳朝向客人的右边，同时右手五指并拢，指尖朝下，做一个"请用茶"的手势示意。

5. 展示物品的手姿

商务人员如需将物品向他人进行展示，有三点注意事项。

一是便于观看。要将被展示之物正面面对对方，举至一定的高度，当四周皆有观众时，展示物品还须变换角度。

二是操作标准。展示物品时，无论是口头介绍还是操作演示，均应符合有关标准。解说时，要口齿清晰，语速舒缓。动手操作时，则应手法干净、利索，速度适宜，必要时还要重复演示。

三是手位正确。在展示物品时，一般有四种手位。一是将物品举至高于双眼之处。这一手位适合在被人围观时采用。二是将物品举至双臂横伸时，自肩至肘之处，其上不过眼部，下不过胸部，这一手位易于给人以安定感。三是将物品举至双臂横伸时肘部以外，上不过眼、下不过胸之处，这一手位便于他人看清展示之物。四是将物品举至胸部以下之处。这一手位显得不够大方。

6. 手势禁忌

日常生活中某些手势会令人极其反感，严重影响商务交际形象。例如，反复摆弄自己的手指、活动关节、攥着拳头、手指动来动去、当众搔头皮、掏耳朵、抠鼻孔、剔牙、咬指甲等，往往都会给人一种无聊的感觉，让人难以接受。又如，为人指路时，伸直一根指头；在交际场合，用手指指点点；与人说话打响指；用拇指指着自己鼻尖和用食指指点他人等。在工作中，通常不允许把一只手或双手插在口袋里。这种表现，会让人觉得你在工作上不尽力，忙里偷闲。运用手势应忌过于单调重复，幅度过大过快。男士与女士交流时应注意手势运用的分寸，女士应注重手势的优雅。不可向上级和长辈招手。

知识拓展 2-7

不同文化背景下的几种手势的不同含义

要想发挥手势语的交际作用，就要了解、熟悉交际对象和环境的文化特征。在不同国家、不同地区、不同民族，由于文化习俗不同，手势的含义也有很多差别，甚至同一手势表达的含义也不相同。为此，在交往中必须仔细分辨手势使用的具体场合，不可乱用。下面简单介绍几种常见的手势。

1. OK手势。用大拇指和食指相接构成一个圆圈，再伸出其他三指，掌心向外，呈现OK形手势。OK手势源于美国，在欧美大部分国家表示好、顺利、同意、准备好了；在法国则表示零或毫无价值；在日本、韩国、缅甸表示金钱；在印度表示正确；在泰国表示没问题；在巴西、希腊、俄罗斯表示对人的咒骂和侮辱；在印度尼西亚表示不成功，什么也干不了的意思。

2. V形手势。伸开食指和中指，掌心向外，呈现为V形手势。这种手势是第二次世界大战时的英国首相丘吉尔首先使用的，现在已传遍世界。在欧美国家用这一手势是表示胜利、成功；在中国则表示"二"或胜利。做V形手势时，如果掌心向内，手背对着对方是表示背叛、下贱的意思，就变成骂人的手势了。

3. 举手致意。举手致意是用来向他人表示问候、致敬、感谢。当你看见熟悉的人，又无暇分身的时候，就举手致意，可以立即消除对方的被冷落感。要掌心向外，面对对方，指尖朝向上方。千万不要忘记伸开手掌。一般认为，掌心向上的手势有一种诚恳、尊重他人的意义；掌心向下则显得不够坦率、缺乏诚意等，但有时也可用来表示权威性。

4. 竖大拇指的手势。在中国用这种手势表示称赞、夸奖、鼓励，有"了不起"、"好"、"真棒"的意思；德国人、意大利人表示"一"；日本人用这种手势表示"老爷子"；在美国和欧洲部分地区，通常用来表示要搭车；在希腊表示"够了"；而尼日利亚、澳大利亚和新西兰人则把这种手势视为一种对他人人格的污辱。

5. 伸出食指。在中国、韩国、印度尼西亚、墨西哥等国家用这种手势表示"一"；在新加坡则表示重要的意思；在缅甸是拜托的意思；而在澳大利亚用这种手势表示再来一杯啤酒；在法国是请求、提出问题的意思。

6. 两臂相交手势。在我国，两臂交叉放在胸前表示"旁观"、"不参与"、"与他无关"的意思；两手摊开并耸肩膀表示"无可奈何"、"毫无办法"、"毫无希望"；坐在椅子上或沙发上讲话时，双手交叉放于头后且身体略向后倾，表示他有"优越感"，对对方说的话"不以为然"；双手抬起，轻轻摩擦双掌表示"他做完了他该做的事"；女性将掌心放在胸前，表示"是真诚的"、"可以信赖"的意思；举起手来不停摆动表示"再见"。

2.2.8 商务人员表情礼仪

表情是人体语言中最为丰富的部分，一个人的想法可以通过五官的变化把它表现出来。表情是人的思想感情的外露，也是人的心理状态的外在显现，是优雅仪态的重要组成部分。现代心理学家总结出一个公式：第一印象=7%触觉、嗅觉+38%听觉+55%视觉。

在人们相见时，表情能反映自己的生理和情绪状况。优雅的表情，可以给人留下深刻的第一印象。在公众场合，表情主要是通过目光和笑容来传递信息的。

1. 目光礼仪

目光是面部表情的核心。在人际交往时，目光是一种真实的、含蓄的语言。"眼睛是心灵之窗"，观察一个人的秘密，其最好的办法是去观察他的眼睛。心理学家认为，最能准确表达人的感情和内心活动的是眼睛和眼神。通过眼睛和眼神完全可以来判定一个人的第一印象，眼神反映着他的性格和内心动向。人的眼睛时刻在"说话"，能道出内心的秘密。例如，你在和客户交谈时，注视对方，则意味着对其重视；在社交场合走路时，双目直视、旁若无人，则表示高傲；在公众场合，频频左顾右盼则表示心中有事，甚至给别人留下不好的印象，如图2-24、图2-25和图2-26所示。

图 2-24　视线向上表现权威感和优越感　　图 2-25　视线向下表现服从与任人摆布　　图 2-26　视线水平表现客观和理智

（1）目光的注视时间。研究表明，交谈时，目光接触对方脸部的时间宜占全部谈话时间的 30%～60%。超过 60%，可以认为对对方本人比对谈话内容更感兴趣；低于 30%，则表示对谈话内容和对对方都不怎么感兴趣。这两者在一般情况下都是失礼的行为。在商务交往中，不同场合、不同情况下，目光的注视时间长短也有所不同。见面时，不论是熟人还是初次见面之人，尤其是向对方问候、致意、祝贺时，都应面带微笑，用炯炯有神的目光注视对方，以示尊敬和礼貌。与对方目光接触的时间，一般以与之相处的总时间的 1/3 为宜。

（2）目光的注视区域。目光注视区域，是指人目光所落的位置。注视对方什么位置，要依据传达什么信息、造成什么气氛而异；要依据不同场合、不同对象来选择目光注视对方的位置。与人交往时，不能死盯住对方某部位，或者不停地在对方身上上下打量，这都是失礼的行为。注视对方不同位置，所传递的信息、营造的氛围是不一样的。目光的注视区域一般可根据以下三种情况区别对待。

第一，公务型注视。公务型注视是指在进行业务洽谈、商务谈判、布置任务等谈话时采用的注视区间。注视的区域以两眼为底线、额中为顶角所形成的三角区。洽谈业务时，如果你看着对方的这个区域，就会显得你严肃认真，对方会觉得你有诚意，你就会把握住谈话的主动权和控制权。因此，这种注视是商务人员和外交人员经常使用的一种行为。

第二，社交型注视。注视范围是对方眼部至唇部连接成的倒三角区域。这是人们在普通社交场合采用的注视区间。与人谈话时注视这一区域最容易形成平等感，创造良好的社交氛围。所以，人们常在茶话会、舞会、酒会、联欢会及其他一般社交场合运用。注视谈话者这一区域，能让谈话者轻松、自然，能比较自由地把他们的观点、见解发表出来。

第三，亲密型注视。注视范围是对方的眼部至胸部，这是具有亲密关系的人在交谈时采用的注视区间。恋人之间、亲朋好友之间，注视这些区域能激发感情，表达爱意。这种注视往往带着亲昵爱恋的感情色彩，所以非亲密关系的人不应使用这种注视，以免引起误解。

（3）眼神的礼仪规范。用目光注视对方应自然、稳重、柔和、有神。一个良好的交际形象，目光应当是坦然的、亲切的、友善的、和蔼的、诚恳的、有神的，这是心情愉快、充满信心的反映，也是尊重对方的表现。在商务交往中也要敢于礼貌地正视对方，这是一种坦荡、自信的表现，也是对他人尊重的体现。

第 2 章　商务人员仪容、仪态礼仪

知识拓展 2-8

商务交际中的目光

许多商务人员从谈判实践中认识到，为了准确地把握谈判契机，掌握主动权，得当地运用目光是十分重要的。

双目生辉、炯炯有神，是充满信心的反映，在谈判中持有这种目光，容易取得对方的信任与合作。

双眉紧锁、目光无神或不敢正视对方，会被认为无能或另有隐情，从而导致对自己不利的结果。

许多商务人员在推销中体会到，以安详的目光与顾客对视是吸引顾客注意力的最好方法，没有目光的对视和接触，很难引起顾客的注意和兴趣。

介绍产品时，额头舒展、眼神放光，能让顾客从其流露出的明快而亲切的目光中产生对其产品的信任感。

（4）眼神的禁忌。谈话中切忌眼睛往上往下、眯眼、斜眼、白眼、左顾右盼，这是傲慢、怯懦、漫不经心的表现，是交际中忌讳的眼神。但当别人难堪时、交谈休息时或停止谈话时，不要正视对方。不可盯人太久或反复上下打量，更不可以对人挤眉弄眼。

英国人体语言学家莫里斯说："眼对眼的凝视只发生于强烈的爱或恨之时，因为大多数人在一般场合中都不习惯被人直视。"

长时间的凝视有一种蔑视和威慑功能，有经验的警察、法官办案时常常利用这种手段来迫使罪犯坦白。因此，在一般商务场合不宜使用凝视。

另外，不同国家、不同民族、不同文化习俗对眼神的运用也有差异。如在美国，一般情况下，男士是不能盯着女士看的；两个男士之间也不能对视过长时间，除非是得到对方的默许；日本人对话时，目光要落在对方的颈部，四目相视是失礼的；阿拉伯民族认为，不论与谁说话，都应看着对方。大部分国家的人们忌讳直视对方的眼睛，甚至认为这种目光带有挑衅和侮辱的性质。

课内实训 2-8

请几位同学面对全班同学，用不同的眼神分别表示敌视、鄙视、冷漠、不耐烦、惊奇、不满、害怕、痛苦、遗憾、疑惑、高兴、爱不释手、赞赏、鼓励、问好、感谢等表情，然后将这些表情分成积极、消极和中性三类。

2. 微笑礼仪

（1）微笑的种类。微笑是人类最富魅力，最有价值的体态语言。微笑是指不露牙齿，嘴角的两端略微提起的表情。微笑是一种经过修饰的笑，可以分为含唇笑和开口笑。

含唇笑是一种最浅的笑，它不出声，不露齿，只是面含笑意，意在表示接受对方，待人友善。在公众场合，与他人相遇时，都可以采用这样的微笑与别人打招呼，向他人问好。

开口笑是一种较深的笑，眼角眉梢往上翘，牙齿稍向外露。这是一种表示友好的笑，适用范围非常广泛。在社交场合与他人见面，都可采用这样热情、友好的微笑。任何人都会感受到来自你的真诚，也会使你受欢迎的程度大增。

目前在人际交往中，适用范围最广泛的是较深度的微笑，就是嘴巴轻开，上齿显露出6～8颗牙，但仍不出声音，表示欣喜、愉快。

（2）微笑的礼仪规范。微笑应是发自内心的笑，要真诚、适度、适宜，符合礼仪规范。

首先，微笑要真诚。微笑要亲切、自然、诚恳，发自内心，切不可故作笑颜，假意奉承。发自内心的微笑既是一个人自信、真诚、友善、愉快的心态表露，同时又能造就一种富有人情味的融洽气氛，它能温暖人心，消除冷漠，获得理解和支持。发自内心的真诚微笑应是笑到、口到、眼到、心到、意到、神到、情到的笑。

其次，微笑要适度。微笑的美在于文雅、适度，而不是随心所欲，不加节制。微笑的基本特征是不出声，不露齿，嘴角两端略提起，既不要故意掩盖笑意，压抑内心的喜悦以影响美感，也不要咧着嘴哈哈大笑。只有笑得得体，笑得适度，才能充分表达友善、真诚、和蔼、融洽等美好的情感。

最后，微笑要适宜。微笑应注意场合、对象。比如，在特别严肃的场合，不宜笑；当别人做错了事、说错了话时，不宜笑；当别人遭受重大的打击心情悲痛时，不宜笑。相反，当两人初次见面时，微笑可以拉近双方的距离；同事见面时点头微笑，显得亲切、融洽；商务人员对顾客微笑，表现出热情主动；商务洽谈时微笑，显得潇洒大方、不卑不亢；当别人与自己争执时，不愠不火的微笑，能缓解对方的紧逼势头；当对方提出一些不好回答或不便回答的问题时，轻轻一笑不作回答，更显出它的特殊功能。

知识测试与技能训练

1. 知识测试

（1）站姿、坐姿、行姿的要领是什么？

（2）什么是手势？常用手势的规范是什么？

（3）目光的注视区域有几种？

（4）商务人员的微笑有哪些要求？

（5）解释仪容、仪表、仪态的概念及其相互联系。

2. 技能训练

项目1　个人形象展示

情景设定：让每位同学利用5分钟的时间站上讲台，针对个人形象的重要性进行主题发言。

训练目标：口头与文字表达能力，信息整合能力，公关礼仪意识。

训练方案：抽选几位同学针对以上同学的发言，从仪容、仪态的角度分别说出他们发言过程中存在的优缺点。

测评要点：表述逻辑条理，用语规范不俗；普通话标准规范，声音洪亮清晰；举止优雅端庄，表情自然亲和，礼仪规范应景，引起共鸣。

项目2　案例分析

希尔顿旅馆总公司的董事长唐纳·希尔顿不断地到他设在世界各地的希尔顿旅馆视察业务，他向各级人员问得最多的一句话就是："你今天对客人微笑了没有？"50多年来，希尔顿旅馆生意如此之好，财富增加得如此之快，其成功的秘诀之一就在于服务人员"微笑"的魔力。

联系实际，谈谈微笑的魔力有哪些？微笑的魔力为什么如此之大？

项目3　微笑训练

训练目标：养成富有内涵的、善意的、真诚的、自信的习惯性微笑。

训练口号：笑对自己，笑对他人，笑对生活，笑对一切。

训练方法：

（1）他人诱导法。同桌、同学之间互相通过一些有趣的笑料、动作引发对方发笑。

（2）情绪回忆法。通过回忆自己曾经的往事，幻想自己将要经历的美事引发微笑。

（3）口型对照法。通过一些相似性的发音口型，找到适合自己的最美的微笑状态。例如，练习"一"、"茄子"、"呵"、"哈"、"嘻"等。

（4）习惯性伴笑。强迫自己忘却烦恼、忧虑，假装微笑。时间久了，次数多了，就会改变心灵的状态，发出自然的微笑。

（5）牙齿暴露法。笑不露齿是微笑；露上排牙齿是轻笑；露上下8颗牙齿是中笑；牙齿张开看到舌头是大笑。例如，口含一根筷子，嘴角上翘，喊"一"。

训练步骤：

（1）基本功训练。

A．每个人准备一面小镜子，做各种表情训练，活跃脸部肌肉，使肌肉充满弹性，配合眼部运动，丰富自己的表情仓库，充分表达思想感情。

B．观察、比较哪一种微笑最美、最真、最善，最让人喜欢和回味。

C．出门前，心理暗示"今天真美、真高兴"。

D．经常反复训练。

（2）创设环境训练。假设一些场合、情境，让同学们调整自己的角色，绽放笑脸。

（3）课前微笑训练。每一次礼仪课前早到一会儿，与老师、同学微笑示意，寒暄。

（4）微笑服务训练。课外或校外，参加礼仪迎宾活动和招待工作。

（5）具体社交环境训练。遇见每一个熟人或打交道的人都展示自己最满意的微笑。

项目4　眼神训练

训练目标：练就炯炯有神的、神采奕奕的、会放电的、会说话的眼神；同时，学会用敏锐的眼睛洞察别人的心理。

训练口号：眼睛是心灵的窗口，让亲善的目光成为你建立人格魅力的法宝。

训练方法：

（1）学会察看别人的眼色与心理；锻炼自己多彩的眼神。

（2）配合眉毛和面部表情，充分表情达意。

训练步骤：

（1）眼部动作训练。通过眼球不同方向转动，眼皮瞳孔开合大小，眼睛眨动速度快慢，目光集中与分散，目视持续长短等锻炼眼部肌肉韧性。对着镜子分析各种情况下的眼神会给别人留下的印象。

（2）模仿动物的眼神。男性眼神像鹰一样刚强、坚毅、稳重、深沉、锐利、成熟、沧桑、亲切、自然；女性眼神像猫像凤一样柔和、善良、温顺、敏捷、灵气、秀气、大气、亲切、自然。

（3）与不同年龄、不同性别、不同职业、不同性格、不同情境的人交流，大胆尝试使用不同的眼神，并考察社交效果如何。

（4）与亲朋好友进行目光交流，考察眼神是否与自己的思想感情相符。

项目5 站姿训练

训练目标：站立挺拔、向上，头、背、臀、脚后跟四点一线。

训练方案：

（1）在一间空教室里排队站立。按照站姿的基本要求练习。老师不断提醒动作要领，并逐个纠正。学生进行自我调整，尽量用心去感觉动作要领。训练时可放些优雅、欢快的音乐，调整学生的心境，使微笑自然。每次训练20分钟左右。

（2）要求学生后脚跟、小腿、臀、双肩、后脑勺都紧贴墙站立。这种训练是让学生感受到身体上下处于一个平面。

（3）要求两人一组，背对背站立，双人的小腿、臀部、双肩、后脑勺都贴紧。两人的小腿之间夹一张小纸片，不能让其掉下。每次训练20分钟左右。

项目6 走姿训练

训练目标：要求协调、昂扬、朝气、节奏感。男性重稳健、力度；女性重弹性、轻盈。

训练方案：

（1）走直线。行走时双脚内侧稍稍碰到地上画的直线。即证明走路时两只脚几乎是平行的。配上节奏明快的音乐，训练行走时的节奏感。强调眼睛平视，不能往地上看，收腹、挺胸、面带微笑，充满自信和友善。

（2）顶书而行。这是为了纠正走路时摇头晃脑的毛病，而保持在行走时头正、颈直的训练。

（3）练习背小包、拿文件夹和公文包、穿旗袍时的行走。

第 3 章 商务人员服饰礼仪

学习目标

树立重视服饰礼仪的意识，养成服饰礼仪习惯；熟知商务着装的原则、方法和禁忌；熟练掌握商务着装的选择、穿着、搭配等技法。

任务驱动

郑伟是一家大型国有企业的总经理。一次，他获悉一家德国著名企业的董事长正在本市进行访问，并有寻求合作伙伴的意向。于是他想尽办法，请有关部门为双方牵线搭桥。让郑伟欣喜的是，对方也有兴趣同他的企业进行合作。双方会面的那一天，郑伟希望自己能给对方留下精明强干、时尚新潮的印象。他根据自己对时尚的理解，刻意地对自己的形象进行了修饰：上穿夹克衫，下穿牛仔裤，头戴棒球帽，脚蹬旅游鞋。然而事与愿违，郑伟这一时髦的"行头"，却坏了他的大事。他的德国同行认为，此人着装随意，个人形象不合常规，给人的感觉是过于前卫，尚欠沉稳，与之合作之事当再做他议。郑伟茫然了！客观地讲，并非德方无事生非，刻意刁难。原因是郑伟穿着打扮不够规范，从而损害了其个人形象。吸取教训的郑伟聘请你作为其个人形象顾问，请你为其着装提出建议。

3.1 商务人员服饰礼仪概述

3.1.1 服饰礼仪的概念

服饰是指一个人穿着的服装和佩戴的饰物，是人外在风度的重要组成部分，是展示自我和表现成就的重要工具。服饰礼仪就是有关商务人员在工作岗位上的衣着打扮的礼仪规范。商务人员的着装必须与其所在单位形象、所从事的具体工作及身份、场合相称。

古今中外，服饰从来都体现着一种社会文化。它不仅可以用来蔽体、御寒，更是一种"语言"。它能表达一个人的社会地位、文化品位、审美意识及生活态度，将人的自我形象和自我价值表彰于最外层，不但在心理学上会影响自我激励和自我肯定，在交往中还会影响交往对象对人们的主观印象和价值判断。从某种意义上来说，服饰所能传达的情感与意蕴甚至不是用语言所能替代的。行为学家迈克尔·阿盖尔曾做过试验，他本人以不同的装扮出现在同一地点,结果却完全不同:当他穿着西装以绅士模样出现,无论是向他提问题还是问时间的陌生人,大多彬彬有礼,颇有教养;而当他装扮成无业游民的时候,接近他的人以流浪汉居多,他们或来借火或来借物。因此,注重服饰礼仪也是每个事业成功者的基本素养,商务人员应当对它予以高度的重视。

严格地说,着装和穿衣不完全相同。穿衣,看重的仅仅是服装的实用性,起到蔽体、御寒的作用而已。着装则大不相同,着装是一个人在力所能及的前提下,对服装所进行的精心选择、搭配和组合。可见,服装的穿着是一门学问和艺术,同时也是一门技巧。

在正式的商务活动中,置身于不同时空、面对不同的交往对象,商务人员在服饰上往往有着多种多样的选择。选择不同的服饰,有着相应的礼仪规范。

课内实训 3-1

有这样一句谚语:"你就是你所穿的。"这是人类无法改变的天性。在美国的一次形象设计调查中,76%的人根据外表判断人,60%的人认为外表和服饰反映了一个人的社会地位。中国某投资银行老总在谈到服饰的重要性时说:"当我要裁人时,我就先从穿着最差的人开始。"想一想:如果你是老总,你如何看待那些不修边幅的人?你是如何认识服饰的重要性的?

3.1.2 着装的 TOP 原则

着装的 TOP 原则是世界通行的着装礼仪基本原则。TOP 是英文 Time(时间)、Object(目标)或 Occasion(场合)、Place(地点)三个单词的首字母。它的基本含义是要求人们在选择和穿着服装时,必须要考虑着装的时间、目标或场合和地点协调一致,要求人们的服饰应力求和谐,以和谐为美。

案例 3-1

被吉尼斯世界纪录列为全世界最伟大推销员的乔·吉拉德是一位颇受欢迎的人物。他对职业着装的研究非常到位,他提出不要吝啬,要买你付得起的最好服装,质料好的衣服会使你更帅气,也更耐穿;上班、宴会、谈判、休闲等各种不同的职场着装要有不同的选择搭配;你不能穿牛仔裤去见银行总裁,也不能穿着西装去玩足球;粗俗的领带、过大的皮带、劣质的扣子、过重的首饰都会影响一个人的职业形象,同时还会分散别人对你本身的注意力;皮鞋与衣服一定要搭配好,而且不同场合要选择不同的鞋子。

1. 时间

"T"代表时间,意味着着装要顾及时间的变化,具有三层含义:一是指早、中、晚每天不同的具体时间;二是指春、夏、秋、冬不同的季节;三是指具有时代感,符合时代服装潮流趋势。例如,寒冷的冬天,应该穿保暖、御寒的服装,同时服装的基本色调以深色为主;炎热的夏天,应该穿吸汗、透气性好、纳凉的服装,同时服装的基本色调以浅色为主。白天要参加各种活动,与他人见面,衣服穿着应该得体、严谨;晚上一般居家不外出,穿着应该随意、休闲等。如果一个人的穿着打扮不按时代、季节,不分白天、夜晚,那肯定让其他人难以理解和接受，更谈不上美了。

2. 目标或场合

"O"代表目标、对象、主体、着装者、场合等含义，是指着装应根据着装者自身特点，根据不同的交际目的，以及具体的交际对象，和所处的场合，选用不同的服装，给人留下好的印象，以便商务活动顺利开展。简而言之，就是要求穿着得体而应景。

首先，选择服装应该与着装者的年龄、身份、体形、肤色、性格和谐统一。年长者和身份地位高者，选择服装款式不宜太新潮，款式简单而面料质地则应讲究。青少年着装则着重体现青春气息，朴素、整洁为宜，清新、活泼最好。每个人的体形并非都十分完美，要针对自己的脸形、颈形、肩形、体形、手形、腿形等身体特征，找出其优势和劣处，再选择与之相适宜的服装的色彩、图案、款式和质料。饰品的造型、色彩和大小等进行修饰，力求突出体形优点，淡化弱点。着装时一定要考虑自己的肤色，衣着同时要体现自己的职业、身份、特点，表现出内在的素养。

其次，选择服装应该与交际的对象与目标相适应。着装选择应考虑沟通交往的目的。如果希望向交往对象推销自己的产品，则应事先了解对方的性格特点、着装风格，并尽量使自己的着装风格趋同于对方，帮助自己得到对方的认可。对方认可了自己，也就为认可自己的产品和信息做了良好的铺垫。着装还应与交往对象的习惯相适应。例如，与外宾、少数民族相处，要特别尊重他们的习俗禁忌。在西方国家，少女着吊带背心、超短裙是司空见惯的，若是出现在着装保守的阿拉伯国家，就显得很不合时宜了。

最后，选择服装应该与交际的场合相适应。不同的场合有不同的服饰要求，只有与特定场合的气氛相一致、相融洽的服饰，才能产生和谐的审美效果，实现人景相融的最佳效应。人们社交活动的场合大体有公务场合、公共场合、休闲场合三类，在不同的场合，人们服装的颜色、款式、面料等都应该有所不同。

（1）公务场合。上班处理公务的场合。在此场合中，衣着总的要求是要突出"庄重、传统、大方"的风格。也就是说，在此场合的衣着，不可强调个性、过于随便，而应端庄大方、严于传统。特别是在涉外公务场合，不允许穿时装、便装、夹克衫、牛仔装、运动装、短裤、旅游鞋、凉鞋等，也要特别注意不要穿瘦、露、透的服装。

（2）公共场合。大体分为三种场所：一是喜庆场所，如生日聚会、婚礼、晚会等。在喜庆场所，衣着应色彩艳丽一些、款式新颖一些。二是庄重场所，如庆典仪式、正式宴请、会见会谈、外事活动等。在庄重场所，许多国家有穿礼服的习惯。我国没有正规的社交礼服，目前的做法是男士穿黑色的中山装套装或西装套装。女士则穿单色的旗袍或下摆长于膝盖部的连衣裙或西装套装。三是悲伤场所，如追悼会等。悲伤场所应着庄重深色的服装，切忌穿大红大绿色彩鲜艳的服装。

（3）休闲场合。在个人休息时间里与不相识者共处交往的场合，应舒适随意。如居家休息、健身运动、游览观光、休闲散步、漫步街头、商场购物等。这种场合下，着装应突出舒适、随便的风格，如牛仔装、运动衫、夹克衫、T恤衫、短袖衫、短裤等，不必穿套装、套裙，也不必穿制服。

3. 地点

"P"代表地点，时间和空间总是紧密相依的。着装也总处在一定的空间、地点当中。所以，服饰需要与不同环境相协调，以获得视觉和心理上的和谐感。例如，穿泳装出现在海滨、浴场是很正常的，但若穿着它去上班、逛街，则会令人哗然。

3.1.3 着装的三色原则

当人们穿着各式各样的服装出入各种社交场合时，最引人注目的是其服装色彩。色彩是服装中最活跃、最积极的因素。色彩能表达人们的审美情趣，流露其心境、情感，引起丰富的联想。衣着配色和谐，能给人以优雅、高贵的感觉；色彩搭配不当，即使衣着考究，精心打扮，也难以收到理想的效果。所以说，色彩是服饰的灵魂。

服装配色以"整体协调"为基本准则。全身着装颜色搭配最好不超过三种颜色，而且以一种颜色为主色调，并以它作为基础色，再配一两种次要色，使整个服饰的色彩主次分明，相得益彰。颜色太多则显得乱而无序，不协调。这样做有助于保持正装的庄重、传统、大方的总体风格，并使正装在色彩上显得规范、简洁、和谐。这就是着装的"三色原则"。在各种色彩中，灰、黑、白三种颜色在服装配色中占有重要位置，几乎可以和任何颜色相配并且都很合适。常用的服饰配色和谐的方法有以下几种。

（1）上下装同色。有两种情况，一种是上下装同色，明度、纯度完全相同，通常是套装，以饰物点缀；另一种是用同一色相，但明度、纯度有所不同的色彩搭配，即同色系配色。如深红与浅红、橙色与黄色等，这种利用同色系中深浅、明暗度不同的颜色搭配给人以柔和、自然、协调的色彩美。这种搭配方法通常适合于工作或庄重的社交场合着装的配色。

（2）对比色搭配。利用明亮度对比或相互排斥的颜色对比搭配。它可以使着装在色彩上反差强烈，静中有动，突出个性。这种搭配方法适合于各种场合的着装配色。运用得当，会有相映生辉、令人耳目一新的亮丽效果。年轻人着上深下浅的服装，显得活泼、飘逸、富有青春气息。中老年人采用上浅下深的搭配，给人以稳重、沉着的静感。

（3）呼应配色。服装的色彩上下呼应或内外呼应。例如，上穿黑底红花纹上衣，下着黑色的裤子；穿西装讲究鞋子和皮包同色。这种搭配方法也适合于各种场合的着装配色。这样的服装色彩给人以遥相呼应、统一协调的感觉。

（4）点缀配色。补色之间是相互对抗的，如红和绿、黄与紫搭配在一起会过于醒目、刺激。可以进行点缀和过渡，如在红衣绿裙之间增加一条白色的腰带，就可以使两种颜色取得协调，或者红与绿加入白色，成为减红或减绿，就不会那么刺眼了。需要注意的是，面积与分量的取舍。可在大面积的一种色彩上，点缀一点其他的补色，这样就会既鲜明又不刺眼，形成强烈的对比美。例如，穿一身浅驼色的衣服，露出红色的衬衣领，这一点红色使整个服装的色彩活了起来，起到画龙点睛的作用。

课内实训 3-2

请同学之间互相分析他们的着装配色是否合理，着装是否能给人赏心悦目的感觉。在老师的指导下，集中分析几位着装配色合理的同学和几位着装配色不合理的同学，分别归纳着装配色合理的要点和着装配色的禁忌。

3.2 男性商务人员西装着装礼仪

西装，又称西服、洋服。它起源于欧洲，以其设计造型美观、线条简洁流畅、立体感强、穿着舒适、适应性广成为当今国际上最标准、最通用的礼服，在各种礼仪场合都被广泛穿用。目前在男装中，尤其是商务男士的着装中，最普遍的是西装。西装美观大方、系统、简练、富于风度。人们常说："西装七分在做，三分在穿。"因此，西装的穿着要合乎礼仪要求，搭配齐全合理。

3.2.1 西装的选择

1．西装的色彩

男性商务人员常常将西装视为商务活动中的制服。因此，西装的具体色彩必须显得稳重、正统，而不能过于轻浮和随便。根据此项要求，男士在商务交往中所穿的西装的色彩应当为单色套装，且首选藏蓝色，这是标准的上班装。在世界各地，藏蓝色的西装往往是每一位商务男士的首选。除此之外，还可以选择灰色或棕色西装，显得成熟、稳重。如果是参加庄重、严肃的礼仪活动，则应该是黑色。日常工作中，一般不穿黑色西装。穿西装时，应遵守"三色原则"，即全身色彩不宜多于三种。最好是选择深色西装、白色衬衫、黑色鞋袜。领带的色彩最好与西装的色彩保持一致。切记越是正规的场合，越要选择单色和深色的西装。

2．西装的图案

商务男士所推崇的形象是成熟、稳重，所以西装一般不带图案，特别是上乘的西装。一般在两种情况下会有图案：一是在休闲场合下穿的休闲装，带有不同色调或图案；二是在正规场合中，商务人士可穿着"牙签呢"细条纹西装。在欧洲，深灰色的细密的竖条纹西装是最为考究的。用"格子呢"缝制的西装，一般只有在非正式场合里，商务男士才可以穿它。

3．西装的面料

西装面料的选择应力求高档。在一般情况下，西装的面料应以毛料为首选，纯毛、纯羊绒及高比例含毛的毛涤混纺的面料，都可以作为西装的面料。目前，以高档毛料制作的西装，大都具有轻、薄、软、挺四个方面的特点。轻，指的是西装重量轻，不显笨重，穿在身上轻飘犹如丝绸；薄，指的是西装面料单薄，而不过分地厚实；软，指的是西装穿起来柔软舒适，既合身又不会给人以束缚挤压之感；挺，指的是西装外表挺括雅观，不折皱，不松垮、不起泡。这样的西装，穿起来合身、舒适、雅观，又不显笨重。而不透气、不散热、发光发亮的各类化纤面料，则不适合用做西装面料。

4．西装的款式

西装款式，有三种常见的分类方法。

第一，按照西装的件数来划分，西装可以划分为单件与套装两种。依照惯例，单件西装，即一件与裤子不配套的西装上衣，仅适用于非正式场合。商务男士在正式的商务交往中所穿的西装，必须是西装套装，也被人们称作商务套装。

所谓西装套装，指的是上衣与裤子成套，其面料、色彩、款式一致，风格上相互呼应的多件套西装。通常，西装套装又有两件套与三件套之分。两件套西装包括一衣和一裤。三件套西装套装则包括一衣、一裤和一件背心。按照人们的传统看法，三件套西装比起两件套西装要更加正规一些。所以，商务男士在参与高层次的商务活动时，最好穿着三件套的西装套装。

第二，按照西装上衣的纽扣数量来划分，西装上衣有单排扣与双排扣之分。一般认为，单排扣的西装上衣比较传统，而双排扣的西装上衣则较为时尚。

具体而言，单排扣西装上衣与双排扣西装上衣纽扣的数目又各自有所不同，因而又使其各自呈现不同的风格。单排扣的西装上衣，最常见的有一颗纽扣、两颗纽扣、三颗纽扣三种。一颗纽扣和三颗纽扣两种单排扣西装上衣穿起来比较时髦，而两颗纽扣的单排扣西装上衣则显得更为正统。双排扣的西装上衣，最常见的有两颗纽扣、四颗纽扣、六颗纽扣三种。两颗纽扣和六颗纽扣两种款式的双排扣西装上衣属于流行款式，而四颗纽扣的双排扣西装上衣则明显地具有传统风格。

第三，按照西装适用的场合来划分，西装有正装西装和休闲西装两种款式。

5. 西装的板型

西装的板型，又称西装的造型，指的是西装的外观形状。目前，世界上的西装主要有欧式、英式、美式、日式四种主要板型。

欧式西装的主要特征：上衣呈倒梯形，多为双排两颗扣式或双排六粒扣式，而且纽扣的位置较低。它的衣领较宽，强调肩部与后摆，不甚重视腰部，垫肩与袖笼较高，腰身中等，后摆无开衩。欧式西装洒脱大气，其代表品牌有费雷、皮尔·卡丹等。

英式西装的主要特征：不刻意强调肩宽，而讲究穿在身上自然、贴身。多为单排扣式，衣领是"V"形，并且较窄。它腰部略收，垫肩较薄，后摆两侧开衩。英式西装剪裁得体，代表品牌如登喜路。

美式西装的主要特征：外观上方方正正，宽松舒适，较欧式西装稍短一些。肩部不加衬垫，因而被称为"肩部自然"式西装。其领形为宽度适中的"V"形，腰部宽大，后摆中间开衩，多为单排扣式。美式西装宽大飘逸，知名品牌有布鲁克斯兄弟、卡尔文·克莱因等。

日式西装的主要特征：上衣外观呈现为"H"形，即不过分强调肩部与腰部。垫肩不高，领子较短、较窄，不过分地收腰，后摆也不开衩，多为单排扣式。日式西装贴身稳重，国内常见的日式西装品牌有仕奇、顺美、雷蒙等。

商务人员在选择西装时，应根据自己的身材、体态来决定。相比较而言，英式和日式西装更适合中国人穿着。

6. 西装的尺寸

西装的尺寸，必须做到合身，宽松适度。要做到尺寸合适应注意以下三点。

（1）了解西装的标准尺寸。众所周知，西装的衣长、裤长、袖长、胸围、臀围都有一定标准，唯有对此加以了解，才会在选择西装时有章可循。

（2）最好量体裁衣。市场上销售的西装多为批量生产，尽管尺寸十分标准，但穿在每一个人身上的效果会有所不同。所以，有条件者最好寻访名师为自己量身缝制西装。

（3）认真进行试穿。购买成衣时，应反复进行试穿，选择合身的西装。试穿时一定要将所有扣子都扣上，看看肩膀是否吻合，肩膀如果过宽或者过窄，在视觉上和穿着上都会令人觉得很不舒服。试穿的时候，注意将手臂抬起、放下，弯弯手肘看会不会出现褶皱紧绷的感觉。这些都可以看出西装的剪裁款式是否适合自己的体形。再好看、再昂贵的衣服，一旦出现褶皱紧绷的现象，整体感觉便会大打折扣。西装袖子的长度，是以手臂下垂后，袖子的下端边缘离拇指 10 厘米最为合适，比衬衫袖子短 1 厘米。

知识拓展 3-1

西装的选择应与体形相配

挑选一件适合男士体形的西装，可以扬长避短，从外观上把男士的体形衬托得更挺拔修长。

- 矮胖型的男士。这类男士在选上衣时不宜过长，最好不要盖住臀部，否则会显得人更矮胖，不精神。如果穿套装，最好色彩不要太鲜艳，否则会在视觉上夸大身材的宽度。
- 稍矮又偏瘦型的男士。这类男士适合穿收腰的上衣，但是在穿着的时候应该注意，上衣的长度不宜把臀部全部盖住，这样的话会使身材显得更矮。矮瘦型的男士在西装的颜色选择方面以浅灰色等亮色为主，黑色、藏青、深灰色等深色调的衣服为辅。
- 瘦高型和高胖型的男士。瘦高型男士的身材给人感觉特别单薄，需要撑起来才会显得更挺拔。所以，应尽量选择双排扣的西服，因为这类西服纽扣的位置较低，穿上后可以显得体形不过于单薄。而且最好选大宽格的西服，颜色也不宜过深，要以浅色系为主。而高胖型男士，最好的颜色以黑色、藏青色为主，单排扣，宽松式，如果选择带花纹、条纹、格子等西服，其花纹最好是暗的，不能太醒目。

7. 西装的做工

在选择西装时，对其做工精良与否的问题是不可忽视的，一定要认真、仔细地选择。做工的好坏主要注意六个方面：衬里是否外露；衣袋是否对称；纽扣是否缝牢；表面是否起泡；针脚是否匀称；外观是否平整。

3.2.2 西装的穿着礼仪

西装的穿着有相当严格的模式和要求，只有与之相符的穿着才被认为是合乎礼仪的。

具体的礼仪规范有以下几个方面。

1. 西装的套件

非正式场合,可穿单件上装配以各种西裤或牛仔等时装裤。半正式场合,应着套装,可视场合气氛在服装、色彩、图案上大胆些。正式场合,必须穿颜色素雅的套装,以深色、单色为宜。

2. 西装的衬衫

与西服配套的衬衫应当是正装衬衫,应挺括、整洁、无皱折,尤其是领口与袖口。正装衬衫主要以高织精纺的纯棉、纯毛制品为主。以棉、毛为主要成分的混纺衬衫可酌情选择。正装衬衫必须为单一色彩。在正规的商务应酬中,白色衬衫是商务男士的唯一选择。除此之外,蓝色、灰色、绿色、黑色有时也可加以考虑。正装衬衫以无任何图案为佳。在一般性的商务活动中可以穿着较细的竖条衬衫,但必须禁止同时穿着竖条纹的西装。

正装衬衫的领形多为方领、短领和长领。衬衫衣领选择时,应与个人的脸形、脖子及领带结的大小结合,不能使它们相互反差太大。有时可选用扣领的衬衫。立领、翼领和异色领的衬衫不适合同正装西装相配。正装衬衫必须为长袖衬衫。

衬衫有单层袖口和双层袖口之分。双层袖口的衬衫又称法国式衬衫,主要作用是佩戴装饰性袖扣(又叫链扣、袖链),可为自己平添高贵而优雅的风度。在国外袖扣是商务男士在正式场合所佩戴的重要饰物。但若将其别在单层袖口的衬衫上,就不伦不类了。

正装衬衫以无胸袋为佳。如果穿着有胸袋的衬衫,要尽量少往胸袋内放东西。

除了上述问题外,还要注意正装衬衫大小要合身,尤其衣领、胸围要松紧适度,下摆不宜过短。穿西装的时候,衬衫的所有纽扣,不管是衣扣、领扣还是袖扣,都要全部系好。衬衫的袖长要适度,最美观的做法是令衬衫的袖口恰好长出西装袖口的1厘米左右,以放下手臂时刚好看不见为准;衬衫衣领应高出西装领0.5厘米,以保护西装衣领,增加美感。穿长袖衬衫时,不论是否穿外衣,都必须将其下摆均匀而认真地掖进裤腰之内。商务男士在自己的办公室里,可以暂脱下西装上衣,直接穿着长袖衬衫、打着领带,但不能以此形象外出办事,否则就会有失体统。

3. 西装的领带

在欧美各国,领带、手表和装饰性袖扣并列称为"成年男子的三大饰品"。领带作为西装的灵魂和焦点,在正式场合要佩戴。一般情况下,在领带与衬衫、西装的搭配上应注意以下问题。

(1) 同类型的图案不要相配。例如,格子的西装不要配格子的衬衣和格子的领带。如果是件暗格子的西装,配素色、条纹或花纹的衬衣和领带就很漂亮。格子的衬衣配斜纹的领带,直纹的衬衣配方格图案的领带,虽然都是直线条,但却有纹路方向的变化,不会单调呆板。暗格图案的衬衣配花纹的领带。印花或花形图案的领带最好配素色的衬衣。

(2) 领带的颜色最好与衬衣或外套同色系。领带可与外套、衬衣同色系但不同图案。在挑选领带时应注意:领带的面料最好是用真丝或羊毛制作而成的。以涤丝制成的领带售价较低，有时也可选用。除此之外，由棉、麻、绒、皮、革、塑料等物制成的领带，在商务活动中均不宜佩戴。领带的颜色以蓝、棕、黑、紫红色等为主，且同一条领带应不多于三种颜色。有条纹、圆点、方格等几何图案的领带多用于商务活动的场合。

（3）领带必须系扎在硬领衬衫上。领带系好后，上面宽的一片要略长于底下窄的一片；领带尖须刚抵腰带上端。若内穿背心，领带必须置于背心内，领带尖也不能露出背心。

领带的系法颇有讲究，其基本要求是：要令其挺括、端正，并且在外观上呈倒三角形。领带结的具体大小，最好与衬衫衣领的大小形成正比。在正式场合露面时，务必要提前收紧领带结。领带的系法多种多样，对于商务男士来说，可根据不同场合及领带本身材质采取不同的系法。常用的系法有平结、交叉结、双环结、温莎结及双交叉结五种。

① 平结。平结为大多数男士选用的领结打法之一，适用于各种材质的领带。要诀：领结下方所形成的两边凹洞应均匀且对称，如图3-1所示。

图 3-1　领带平结打法

② 交叉结。该系法是对于单色素雅质料且较薄领带适合选用的领结，对喜欢展现流行感的男士不妨多加使用"交叉结"，如图3-2所示。

图 3-2　领带交叉结打法

③ 双环结。一条质地细致的领带再搭配上双环结颇能营造时尚感，适合年轻的上班族选用。该领结完成的特色就是第一圈会稍露出于第二圈之外，不必刻意盖住，如图3-3所示。

图 3-3　领带双环结打法

④ 温莎结。温莎结适合于宽领形的衬衫，该领结应多往横向发展。此种领带的打法应

避免材质过厚的领带，领结也勿打得过大，如图3-4所示。

⑤ 双交叉结。这样的领结很容易让人有种高雅且隆重的感觉，适合正式活动场合选用。这种打领带的方法应多运用在素色且丝质领带上，若搭配大翻领的衬衫不但适合且有种尊贵感，如图3-5所示。

图3-4　领带温莎结打法

图3-5　领带双交叉结打法

课内实训3-3

老师预先安排几位男同学上课时带来几条领带，请班里会打领带的同学为全班同学示范他们习惯的领带打法，然后在老师的指导下，分析各种领带打法适用的情况。要求每位同学新学两种以上领带打法，将新学的领带打法要点记录下来，以备日后使用。

4. 西装的纽扣

在非正式场合，一般可不扣纽扣，以显示潇洒飘逸的风度；在正式场合，双排扣西装应把扣子都扣好。单排扣西装中，一颗扣的，扣上端庄，敞开潇洒；两颗扣的，只扣上面一颗扣是洋气、正统，只扣下面一颗扣是牛气、流气，全扣上是土气，都不扣上是潇洒、帅气，全扣和只扣下面一颗不合规范；三颗扣的，扣上面两颗或只扣中间一颗都是合乎规范的，如图3-6所示。

图3-6　西装纽扣扣法

案例 3-2

郑先生是一位必须东奔西走的业务人员，遵照公司的规定，他必须天天穿着蓝色西装上班，同时配上白衬衫及深蓝色领带。郑先生自认为这身服装让他显得英姿焕发，但是他的上司却指着他的领结处说："不及格呀！"经过同事的点醒，郑先生才晓得原来上司是怪他没扣上衬衫的第一颗纽扣，但他很不以为然："反正我已打了领带，有它箍着，衬衫的领子固定得很好，何必扣扣子令自己不舒服呢？上司真是会找碴儿！"和郑先生持相同想法的人绝对不在少数，不过，他们的上司是在找碴儿吗？不是的，那才是合"礼"的要求。第一颗纽扣不扣，在心理上或许真的比较舒服，但在视觉上并不美观。

课内实训 3-4

老师可预先要求同学上课时着西装，选几位着不同样式西服的同学上讲台，演示系上不同数量纽扣的形象效果，然后老师引领同学归纳不同样式西服纽扣的扣法，并将要点记录下来。

5. 鞋袜的穿着

（1）皮鞋。与西装配套的鞋子只能是皮鞋，夏天也如此。配套的皮鞋，应该是真皮制品而非仿皮。一般来说，牛皮鞋与西装最般配。皮鞋的款式提倡传统的有带皮鞋。深色的西装搭配黑、棕色皮鞋，夏天穿浅色西装可以配白色皮鞋。要注意的是，穿黑色皮鞋可以搭配各种颜色的深色系西装，但如果穿棕色皮鞋，就只能搭配棕色西装。除了进入需要脱鞋的专门场所外，不要当众把脚从鞋里伸出来。社交场合不应该出现系鞋带的举动。不管穿哪一种鞋子，既不应该拖地，也不应该跺地，这样不仅制造噪声，也会给别人留下不好的印象。男士们在商务活动中穿皮鞋时，有五点需要做到：鞋内无味，鞋面无尘，鞋底无泥，鞋垫相宜，尺码恰当。

课内实训 3-5

英国一位做皮鞋生意的绅士说："低头看看他脚上穿的，就知道他的真实身份。"在古罗马，人们也用鞋来标志一个人的身份。然而，大多数人却常常忽略了脚下，而把全部精力放在西服、领带、衬衣、饰物上。在华尔街流行着这样一句俗语："永远不要相信一个穿着破皮鞋和脏皮鞋的人。"想一想：这句话说明了一个什么道理？

（2）袜子。袜子对男士的要求比较简单，颜色上一般倾向于深色的，如蓝、黑、灰、棕等。不要穿白色袜子，也不要穿彩袜、花袜或发光、发亮的及浅色的袜子。穿西装时，袜口不要露出来。商务男士在穿袜子时，必须遵守三项基本规则：袜子干净，袜子完整，袜子合脚。

案例 3-3

某公司的老总到国外宣传推广自己的企业，来宾都是国际著名投资公司的管理人员，场面很正式。但听众们发现台上的老总虽然西装革履，裤脚下却露出一截"棉毛裤的边"，而且老总的黑皮鞋里是一双白色袜子。来宾们因此产生了疑问：这样一个公司老总能管好他的企业吗？这个公司的品质能保证吗？后来合作也就不了了之。

课内实训 3-6

在讲台上摆放一把面向同学的椅子，选几位同学依次坐在椅子上，优雅地跷起二郎腿，然后请同学分析其鞋、袜、裤、上衣色彩、样式等是否和谐。老师引导同学归纳出鞋、袜、裤、上衣搭配的禁忌，并记录下来。

6. 与西装搭配的必备物品

（1）公司的徽标。公司的徽标需要随身携带，准确的佩戴位置为男士西装的左胸上方。

（2）钢笔。在商界，钢笔历来被视为商务人员的"武器"，也是常备的饰品。选择钢笔要对品牌、式样、功能、类别四方面给予重视。商务人员钢笔的式样应朴实、大方，装饰简洁。附加功能过多的钢笔，或书法笔、工艺笔等，商务人员不宜选用。因为从事商务活动经常要使用钢笔，钢笔正确的携带位置应该是男士西装内侧的口袋，而不应该在男士西装的外侧口袋，一般情况下尽量避免把它携带在衬衫的口袋里面，这样容易把衬衫弄脏。

（3）名片夹。应该选择一个比较好的名片夹来存放自己的名片，这样可以保持名片的清洁整齐。同时接受他人名片的时候，能够有一个妥善的保存位置，而避免直接把对方的名片放在自己的口袋中，或者放在手中不停地摆弄。

（4）公文包。被称为商务男士的"移动式办公桌"，是其外出之际不可离身的物品。商务人员腰间不应悬挂钥匙等物品，此类物品应放在随身携带的公文包内。在选择公文包时，它的式样、大小应该和商务人员的整体着装保持一致。公文包的面料应该是牛皮、羊皮制品，黑色、棕色最正统。从色彩搭配的角度来说，如果公文包的色彩和皮鞋的色彩一致，看上去就显得完美而和谐。除商标外，公文包在外表上不要带有任何图案、文字，包括真皮标志，否则是有失身份的。手提式的长方形公文包是最标准的。

7. 穿西装应注意的问题

（1）和谐的色彩搭配。西装穿着时要注意色彩搭配。如果西装很合体，但没有处理好色彩的搭配，也同样穿不出西装的品位。色彩搭配上要讲究"三色原则"和"三一定律"。"三一定律"是男士在正式场合穿着西装外出时，身上有三个部位的色彩必须协调统一，这三个部位是指鞋子、腰带、公文包的色彩必须统一起来。最理想的选择是鞋子、腰带、公文包皆为黑色。

（2）拆除商标。穿西装前，务必要将上衣左袖口处的商标等物拆剪掉，切不可穿着以显示西装的品牌和档次。

（3）熨烫平整。不论是新的还是已经穿过的西装，必须要在穿之前将其洗干净，而且一定要熨烫，使其平整、挺括，线条笔直，这样才能显示西装应有的韵味。

（4）穿着整齐。在社交活动中穿着西装时，无论在何种情况下，都不得将衣袖卷起、裤筒挽起。同时，不要在众人面前随意将上衣脱下，更不要将西装上衣当做披风一样披在肩上；在西装的上衣内，除了衬衫与背心外最好不要再穿其他任何衣物。如果是出于保暖

第 3 章　商务人员服饰礼仪

的需要，可穿上一件单色、薄的 V 形领的羊毛衫或羊绒衫，而不要穿色彩、图案繁杂的毛衫或扣式毛衫，领带应置于毛衫与衬衫之间。衬衣内可配内衣或背心。西装的上衣口袋一般只装一块干净的叠法讲究的丝质手帕，与领带的色、质、纹相配，且多用于社交活动中。西装的其余口袋也不宜放其他物品。西裤两侧的口袋可放纸巾、钥匙包或零钱包。

课内实训 3-7

男同学对照图 3-7、图 3-8 所示男士服饰礼仪要点与禁忌，首先做自我检查，然后请邻座女同学为自己指出需要完善的地方。图中还有哪些礼仪要点没有标示出来，请尽可能多地列举出来，并在图上标示出来。

图 3-7　男士服饰礼仪要点

图 3-8　男士服饰礼仪禁忌

3.3　女性商务人员套裙着装礼仪

传统的商务人士认为，在正式场合，商务女士的着装唯独以裙装为佳，各种裤装都是不宜选择的。不仅如此，商务人士还约定成俗地认为，在所有适合于商务女士正式场合的裙装之中，套裙又是名列首位的选择。

套裙，是西装套裙的简称，它是由男士西装演变而来的，是女士的西装。一般有两件套和三件套之分。两件套由一件上衣和一条裙子构成；三件套就是在两件套的基础上再加一件背心。穿着西装套裙可使着装者看起来干练、洒脱和成熟，还能烘托出女性所独有的优雅、文静韵味。西装套裙是体现职业女性工作态度与女性美的"最好的道具"。

案例 3-4

有位女财税专家,她有很好的学历背景,常能为客户提供很好的建议,在公司里的表现一直很出色。但当她到客户的公司提供服务时,对方主管却不太注重她的建议,这样她发挥才能的机会也就不大了。一位时装大师发现这位财税专家在着装方面有明显的缺憾:她26岁,身高147厘米,体重43千克,喜爱着童装,看起来机敏可爱,像个小女孩。其外表与她所从事的工作相距甚远,所以客户对于她所提出的建议缺少安全感、依赖感,因而她难以实现她的创意。这位时装大师建议她用服装来强调学者专家的气势,用深色的套装,对比色的上衣、丝巾、镶边帽子来搭配,甚至戴上黑边的眼镜。财税专家照办了,结果,客户的态度有了较大的转变。并且很快,她就成为了公司的董事之一。

3.3.1 套裙的选择

1. 面料

西装套裙所选用的面料质地应当上乘,上衣与裙子应使用同一种面料。除了女士呢、薄花呢、人字呢、法兰绒等纯毛面料之外,也可选择高档的丝绸、亚麻、府绸、麻纱、毛涤面料来制作西装套裙。应当注意的是,用来制作西装套裙的面料应当匀称、平整、滑润、光洁、丰厚、柔软、挺括、富有弹性,而且不易起皱。

2. 色彩

套裙的色彩以冷色调为主,应当淡雅、清新、庄重,不宜选择过于鲜亮、"扎眼"的色彩,意在体现着装者的端庄与稳重。在此基础上,有时也可小有变化。以两件套西装套裙为例,上衣与裙子可以一色,也可以采用上浅下深或上深下浅两种不同的色彩,使之形成对比。前者正统而庄重,后者则富有动感与活力,二者各有千秋。西装套裙的色彩应当与具体的工作环境比较协调在一起。例如,藏蓝、炭黑、烟灰、雪青、黄褐、茶褐、蓝灰等较冷的色调,都是很好的选择。

3. 图案

正式场合的套裙应不带任何图案。若想让自己的套裙静中有动,充满活力,可以选用以各种或宽或窄的格子、或大或小的圆点、或明或暗的条纹为主要图案的套裙。点缀不宜过多,可用装饰扣、包边、蕾丝等加以点缀。

4. 尺寸

套裙在尺寸上的变化,主要表现在它的长短与宽窄两个方面。一般说来,在套裙之中,上衣与裙子的长短是没有明确具体规定的。商务女士的套裙曾被要求上衣不宜过长,下裙不宜过短。传统的观点是:裙短则不雅,裙长则无神。裙子的下摆恰好抵达着装者小腿肚上的最为丰满之处,乃是最为标准、最为理想的裙长。然而,在现实生活之中,套裙之中的裙子,有的是超短式,有的是及膝式,有的则是过膝式。

5. 造型

西装套裙的造型变化主要集中于长短与宽窄两个方面。在西装套裙中,上衣与裙子的长短没有明确的规定。上衣与裙子的造型,有上长下长、上短下短、上长下短、上短下长四种形式,在视觉上都能取得较好的效果。

西装套裙的裙子的式样可以有不少选择,如西装裙、围裹裙、一步裙、筒裙等,式样端庄,线条优美;百褶裙、人字裙、喇叭裙等,飘逸洒脱、高雅漂亮,都是可以被西装套裙所接纳的裙子式样。西装套裙的裙子一般不宜添加过多的花边或饰物。因此,在选择裙子时,应当首先从自己实际出发,不要一味追求时髦。穿西装套裙,特别是穿丝、麻、棉等薄型面料或浅色面料的西装套裙,一定要内穿衬裙。

知识拓展 3-2

女士套裙的选择与身型

要知道什么式样的服装适合自己,首先要了解自己的身材。据专家分析,女性的身材可分为六类,在选择衣着时各有须注意之处。

1. 沙漏形。这类身型的女性曲线玲珑,有丰满的胸部及臀部,而腰部纤瘦,就像个沙漏。应避免厚重的衣料,以免使自己看起来太沉重。可以选择用弹性布料缝制的套裙,它有助强调腰部的线条,看起来较轻盈。

2. 梨形。这类身型的女性窄胸阔臀,应穿着能使上、下半身看起来较协调的服装,就是说一方面要设法使上半身显得较丰满,另一方面又尽量分散别人对臀部粗大线条的注意。梨型身材的人应避免穿着A字裙。颜色偏深,衣料柔软,而剪裁较直身的筒式裙会较为适合这类身型的女士,套裙上衣可选用较宽松的,这样可令上、下半身看起来较为平衡。

3. 浑圆形。这类身形的女性可能不是太胖,但腰部线条不明显。穿上较紧身的衣服并不能使身材看起来苗条;相反,剪裁适体但不完全紧贴身体的衣服,如单襟西装外套等,就能令身材看起来修长。这类身材的女性打扮以简洁为佳。

4. 短腿形。这类身形的女性往往体现为腰长腿短。为了掩饰这个缺点,最好穿尽量简单的套裙,不要把别人的注意力引向双腿的长短上。穿着全身同一颜色的套装,与裙子同色的丝袜及鞋子,这样会使整个人看起来较修长。

5. 短上身形。这类身形的女性通常腰较粗,或因为上半身短而令腰显得粗,最好不要束腰带,如果一定要束的话,也应束得较低,适合穿较长的外套,因为较长的外套会使上下半身看起来较协调。

6. 运动形。这类身形的女性上半身比例较大,尤其是肩膀特别发达,这样的身型可能给人一种不够女性化的感觉,所以可以在衣着方面增添女人味,如选用较柔软的布料,外套尽量不用肩垫,而为了与肩膀对称下半身可搭配以褶裙。

3.3.2 套裙的穿着礼仪

1. 大小适度

一套大方、得体的套裙除了做工精良、面料优质,还必须大小相宜。通常情况下,套裙之中的上衣最短可以齐腰,裙子最长则可以达到小腿的中部。特别应当注意,上衣的袖长以正好盖住着装者的手腕为合适。衣袖如果过长,甚至在垂手而立时挡住着装者的大半个手掌，往往会使其看上去矮小而无神；衣袖如果过短，甚至将着装者的手腕完全暴露，则会显得滑稽而随便。还应注意，上衣或裙子均不可过于肥大或包身。穿西装套裙时不能露臂、露肩、露背、露腰、露腹，不可"捉襟见肘"。

案例 3-5

在 A 公司上班的张小姐是公司开发部经理，公司周年晚会上，张小姐戴着长长的白色手套，穿着一件被衬裙涨鼓起来的宽大裙子。当有人和她握手时，由于她戴手套握也不是，不握也不是，加上裙子宽大，屡次与别人发生"牵扯"，结果败兴而归。张小姐的一双脚本来就很大，她见市场上流行的尖头鞋样式不错，于是也买了一双。结果 39 码的大脚穿上尖头鞋，一双大脚更显出众。同事们暗地里都讥笑她每天撑着小船来上班。

2．穿着到位

在穿套裙时，必须依照常规的穿着方法，将其认真穿好，令其处处到位。上衣的领子要完全翻好，衣袋的盖子要拉出来盖住衣袋；不允许将上衣披在身上，或者搭在身上；裙子要穿得端端正正，上下需要对齐之处务必要对齐。特别需要指出的是，商务女士在正式场合露面之前，一定要抽出一点时间仔细地检查自己所穿衣裙的纽扣是否系好、拉锁是否拉好。在大庭广众之下，如果上衣的衣扣系得有所遗漏，或者裙子的拉锁忘记拉上、稍稍滑开一些，都会令着装者一时无地自容。不可随便脱下上衣和解开衣扣，那样会给人以不拘小节之感，会被认为是很随便的女性。

3．考虑场合

商务女士在各种正式的商务交往之中，一般以穿套裙为宜。在涉外商务活动之中，尤其如此。除此之外，一般没有必要非穿套裙不可。

4．协调妆饰

因为商务女士在工作岗位上要突出的是工作能力、敬业精神，而非自己的性别特征和靓丽容颜，因此，穿套裙时，要化淡妆，恰到好处即可。佩饰也要尽量简单。按照惯例，不允许佩戴与个人身份不符的珠宝首饰，也不允许佩戴有可能过度张扬自己"女人味"的耳环、手镯、脚链等首饰。高雅的穿着打扮，讲究的是着装、化妆与佩饰风格统一、相辅相成。因此，在穿着套裙时，商务女士必须具有全局意识，将其与化妆、佩饰一起加以全面考虑。

5．兼顾举止

着装者举止雅观，讲究个人的仪态才能将套裙的美感表现出来。穿上套裙之后，商务女士要站得稳且正。就座以后，务必注意姿态，切忌双腿分开过大，或跷起一条腿来、抖动脚尖，更不可以脚尖挑鞋，甚至当众脱下鞋来。一套剪裁合身或稍微紧身的套裙，在行走之时或取放东西时，有可能对着装者产生一定程度的制约。由于裙摆所限，行进之中，步子以轻、稳为佳，需要去取某物时，若其与自己相距较远，可请他人相助。

6. 要穿衬裙

穿套裙的时候一定要穿衬裙，特别是穿丝、棉、麻等较薄面料或浅色面料的套裙时。可以选择透气、单薄、柔软面料的衬裙，颜色要与外面套裙的颜色相协调。需要注意的是，衬裙的裙腰不能高于套裙的裙腰，衬衫下摆应掖在衬裙裙腰和套裙裙腰之间。

7. 讲究搭配

套裙的穿着能否体现商务女士端庄文雅的气质，还要关注它与衬衫、内衣、衬裙、鞋袜的搭配是否得当。

（1）衬衫的搭配。衬衫面料要求轻薄，可采用真丝、麻纱、府绸、罗布、花瑶、涤棉等。衬衫色彩要求雅致而端庄，不能过于鲜艳，常见的是白色。

（2）鞋袜的搭配。袜子可以选用尼龙丝袜或羊毛袜。颜色以肉色、黑色、浅灰、浅棕等几种颜色为主，肉色最佳，单色为主，一些加了网眼、镂空或印有图案的袜子只能给人以肤浅的感觉。鲜红、明黄、艳绿、淡粉等艳丽的颜色不可以穿。袜子不能随意乱穿，高筒袜和连裤袜是套裙的标准搭配。不要同时穿两双袜子，也不可将九分裤、健美裤等当成袜子穿。中筒袜、低筒袜也不可以和套裙搭配，因为这样穿着会暴露袜口，显出三截腿的效果，把袜口暴露在外面，既不美观，又是一种公认的缺乏服饰品位且失礼的表现。不仅穿套裙的时候要避免这个情形的发生，穿开衩裙的时候也应注意。

用来和套裙配套的鞋子，应该是皮鞋，最好是黑色的牛皮鞋，与套裙色彩一致的皮鞋也可以选择。样式可选高跟或半高跟的船式或盖式皮鞋，但应该尽量避免鞋跟过高、过细。系带式、丁字式、皮靴、皮凉鞋均不适宜。鞋袜应当大小相配套、完好无损，且不能当众脱下鞋袜。穿套裙的时候，鞋、袜、裙之间的颜色应协调。鞋、裙的色彩必须深于或略同于袜子的颜色。不论是鞋还是袜子，图案和装饰都不要过多。

知识拓展 3-3

女士着装十"过分"

成功的职业女性应该懂得如何适宜地装扮自己，但在实际生活中，商务女性的着装常会出现以下一些问题。

1. 过分时髦。有些女性会盲目地追求时髦，一个成功的职业女性对于流行的选择必须有正确的判断力，同时要切记，在办公室中，主要表现工作能力而非赶时髦的能力。

2. 过分暴露。夏天的时候，许多商务女性不够注重自己的身份，穿起颇为性感的服装。这样你的才能和智慧便会被埋没，甚至还会被看成轻浮。因此，无论天气有多热，都应注意自己仪表的庄重、大方。

3. 过分正式。这个现象也是常见的，职业女性的着装应平淡朴素。

4. 过分潇洒。最典型的样子就是一件随随便便的T恤或罩衫，配上一条泛白的"破"牛仔裤，丝毫不顾及办公室的原则和体制。

5. 过分可爱。在服装市场上，有许多可爱俏丽的款式也不适合工作中穿着，这样会给人以轻浮、不稳重的感觉。

6. 过分透视。在正式的商务交往中着装过分透视就有失于对别人的尊重。

7. 过分短小。在正式场合，商务人员的着装不可以过于短小。例如，不可以穿短裤、超短裙，非常重要的场合不允许穿露脐装、短袖衬衫等。

8. 过分紧身。在比较正式的场合不可以穿着过分紧身的服装。

9. 过分杂乱。杂乱的着装极易给人留下不良的印象，容易使客户对企业的规范化程度产生疑虑。

10. 过分鲜艳。在正式场合的着装色彩较为繁杂，过分鲜艳。

课内实训 3-8

请女同学对照图 3-9 和图 3-10 所示女士服饰礼仪要点与禁忌首先做自我检查，然后请邻座男同学为自己指出需要完善的地方。图中还有哪些礼仪要点没有标示出来，请尽可能多地列举出来，并在图上标示出来。

图 3-9　女士服饰要点

图 3-10　女士服饰礼仪禁忌

3.4 商务人员配饰礼仪

一身美观大方的服装如果有与之相协调、配套的饰物相配，那便起到了画龙点睛的作用，使整个打扮更加完美。配饰是指与服装搭配并对服装起修饰作用的其他物品。配饰不是财富的象征，而是一个人文化素养、气质风度和审美格调的表现。它向他人暗示了某种不易言传的含义，也显现了佩戴者的爱好与涵养，所以在商务交往中，应重视佩饰的使用。但是，饰物的佩戴有一套约定俗成的规则，不可随心所欲。

服装的饰物很多，根据其作用不同大致可以划分为两大类：装饰类和实用类。耳饰、手镯、戒指、项链、胸花等属于装饰类。鞋子、袜子、帽子、腰带、皮包等属于实用类。

其中鞋袜、皮包前面已经讲过，在此不再赘述。

3.4.1 配饰的基本原则

1．以少为佳

佩戴首饰，在数量上宜少不宜多。具体而言有三种情况：一是，一件首饰都不戴。如在穿制服的情况下，就不能戴任何首饰。二是，如果要同时佩戴多种首饰的时候，最多为三种，每种最多为两件。比如，在服务岗位上工作时，首饰佩戴最多两种为好；若在社交场合时，首饰佩戴以最多三种为佳。三是，除耳环、手镯外，同种首饰最好不要超过一件。

2．同质同色

同质，就是所有的首饰在质地上应该尽量做到质地相同，如都是白金。同色，就是说如果同时佩戴多种首饰，应该使所有首饰在颜色上力求相同。千万不要让所戴的首饰颜色各异，使佩戴者像一棵"圣诞树"。

3．符合身份

在佩戴首饰时，要考虑佩戴者的性别、身份、年龄、形体、职业等因素。如在公务场合，应力戒带有炫耀性的首饰。因为这类首饰，不仅让交往对象产生低人一等的感觉，还容易让他人产生有损职业形象的联想；中年人应避免佩戴发光、发亮、发声的饰物；男性佩饰不要花哨繁杂，否则会令人感到造作并有损男子的雄浑气度等。

4．搭配恰当

佩饰与服装搭配得当，可使人锦上添花；搭配不当，则成了画蛇添足。一般而言，佩戴饰品时需要考虑以下几个问题。

（1）要注意使所搭配的各种首饰之间相互呼应，同时首饰与服装的质地、颜色、款式相互照应，在风格上相一致。

（2）要注意场合。参加晚会或外出做客时，可佩戴大型胸针、带宝石坠的项链、带坠的耳环等，在灯光下会显得更加美丽；平日里可戴小型的胸针、串珠、耳环等；在上班、运动或旅游时少戴或不戴首饰为好；吊唁、丧礼场合只允许佩戴结婚戒指、珍珠项链和素色饰品。正式场合不佩粗制滥造的饰物，佩戴饰物要求质地与做工俱佳。

（3）要与季节相吻合。一般而言，季节不同，所佩戴的首饰也应有所不同。比如，金色、深色的首饰适合冷季佩戴，而银色、艳色的首饰则适合暖季佩戴。

（4）要注意其寓意及习俗。佩戴首饰要遵循不同文化背景的人们对佩饰的传统和习惯。例如，项链是平安富贵的象征；戒指是首饰中最明显的爱情信物等。

知识拓展 3-4

生日宝石的寓意

1952年美国宝石学会对生日宝石的象征意义做出了统一规定，被许多国家采用。

生日宝石的寓意

月份	宝石名称	颜 色	寓意	月份	宝石名称	颜 色	寓意
1	石榴石	绿、酒色、红、橘红	永久	7	红宝石	红	爱情
2	紫水晶	紫、红、黄、茶色	快乐	8	珊瑚石	象牙色	理想
3	橄榄石	黄中带绿	自由	9	蓝白石	蓝、蓝绿	成功
4	金刚石	透明晶莹	威严、坚定	10	蛋白石	游离色	前程远大
5	绿宝石	绿、青	希望	11	黄玉石	黄、黄中泛红	友谊
6	珍珠	白、淡红	纯洁	12	松石	蓝、黑、绿	幸福

3.4.2 配饰礼仪

1. 戒指的佩戴

戒指的佩戴很有讲究，通常应戴于左手。戒指戴在左手食指上代表无偶求爱；戴在中指上，表示正处恋爱之中；戴在无名指上，表示名花有主，佩戴者已订婚或结婚；而把戒指戴在小指上，则暗示自己是位独身主义者，将终身不嫁（娶）。在不少西方国家，未婚妇女的戒指是戴在右手的中指上的，修女则把戒指戴在右手无名指上，这意味着将爱献给上帝。一般情况下，一只手上只戴一枚戒指，戴两枚或两枚以上均不适宜。

2. 手镯的佩戴

手镯与手链的佩戴规范相似，不甚讲究。一般情况下，已婚者应将之佩戴在自己的左腕或左右双腕同时佩戴；仅戴于右腕者则表示自己是自由而不受约束的。一只手上不能同时戴两只或两只以上的手镯或手链。并且，在戴手表时不应同时戴手镯。还要考虑到手镯的佩戴方式会因各地各民族的不同习俗而有异。

3. 项链的佩戴

项链是戴于颈部的环形首饰，男女均可使用。男士所戴的项链一般不应外露。通常所戴项链不应多于一条，但可将一条长项链折成数圈佩戴。

项链是女性常用的饰品之一。不同质地的项链的艺术效果不同，金银项链富贵，珍珠项链清雅，钻石项链华贵，景泰蓝项链古朴，玛瑙项链柔美，象牙项链高洁，贝壳项链自然，玻璃项链活泼，骨质项链典雅，木质项链朴素。

从长度上区分，项链可分为四种：一是短项链，约长40厘米，适合搭配低领上装；二是中长项链，约长50厘米，可广泛使用；三是长项链，约长60厘米，适合女士佩戴于社交场合；四是特长项链，约长70厘米以上，适合女士在隆重的社交场合佩戴。

佩戴项链应和自己的年龄、体形、季节、场合等协调。例如，马鞭链粗实成熟，适合年龄较大的妇女选用。脖子较粗的人应选择较细的项链，脖子细长的女士佩戴仿丝链，能显得玲珑娇美。夏天身着柔软飘逸的丝绸衫裙时，宜佩戴精致细巧的项链，显得妩媚动人。浅色的毛衫要佩戴深色或艳一些的宝石类项链，深色的毛衫可佩戴紫晶或红玛瑙项链。个子偏矮且圆脸形的人戴长项链至胸部，可以拉长人的高度。个子细长且颈部细长的人，用短粗项链可以缩短颈长。金银、珍珠等价值颇高的项链不宜太粗太长，应以精致短小为佳，适宜贴颈而戴。一些仿制的工艺项链可以夸张粗大些，以增加艺术效果，适宜戴在羊毛衫、套头衫外面。

4. 耳饰的佩戴

耳饰可分为耳环、耳链、耳钉、耳坠等。在一般情况下，仅为女性所用，并且讲究成对使用，即每只耳朵均佩戴一只，一般不宜在一只耳朵上同时戴多只耳环。在国外，男子也有戴耳环的，但习惯做法是左耳上戴一只，右耳不戴；双耳皆戴者，会被人视为同性恋。

耳环的形状避免与脸形重复，也不可与脸形极端相反。方脸的女性适合佩戴直向长于横向的弧形设计的耳环，如长椭圆形、弦月形、新叶形、单片花瓣形等；长脸的女性可佩戴形如圆形、方扇形横向设计的耳环，如传统的珍珠、宝石耳钉，紧紧地扣在耳朵上散发个人的独特魅力；圆脸的女性应选择诸如长方鞭形、水滴形等类耳环和坠子，能让丰腴的脸部线条柔中带刚，更增添几许英挺之气。

耳饰的色彩应与着装色彩相协调，同一色系的调配可产生和谐的美感。反差比较大的色彩搭配要恰如其分，可使人充满动感。

耳饰的色彩还应与肤色互相陪衬。肤色较暗的人不宜佩戴过于明亮鲜艳的耳饰，可选择银白色耳饰掩饰肤色的暗淡，而皮肤白嫩的女性适合佩戴红色和暗色系耳饰衬托肤色的光彩。

耳饰还应与场合、年龄、季节等相符合。例如，在比较正规的社交场合，如参加宴会、婚礼或庆典仪式，应选用钻石、翡翠、宝石镶嵌的高档耳环。颜色要鲜艳，款式要比平时戴用的严谨些，大一些。老年人不宜选用大型的、新潮的、鲜艳的耳环，以不失端庄与持重。夏季可以选择轻质、小型的耳环，但冬天以使用金属类为好。

5. 胸针的佩戴

胸针是别在胸前的饰物，多为女士所用，其图案以花卉为多，故又称胸花，是一年四季都可以佩戴的装饰品。胸前佩戴一枚精巧而醒目的胸针，不仅可以引人注目，给人以美感，而且具有加强或减弱外观某一部位的注意力，达到衣服和首饰相得益彰的审美效果。

胸针的质地、颜色、位置，需要考虑与服装的配套与和谐。一般说来，穿西装时，可以选择大一些、材料好一些、色彩纯正的胸针；穿衬衫或薄羊毛衫时，可以佩戴款式新颖别致、小巧玲珑的胸针。因季节的不同（服装随之会有变化），选用的胸针也要有所不同。夏季宜佩戴轻巧型胸针；冬季宜佩戴较大的、款式精美、质料华贵的胸针；而春季和秋季可佩戴与大自然色彩相协调的绿色和金黄色的胸针。佩戴胸针时放在什么位置也有讲究。一般穿带领的衣服，胸针佩戴在左侧；穿不带领的衣服，则佩戴在右侧；头发发型偏左，佩戴在右侧，反之则戴在左侧。如果发型偏左，而穿的衣服又是带领的，胸针应佩戴在右侧领子上，或者干脆不戴。胸针的上下位置应在第一颗及第二颗纽扣之间的平行位置上。

6. 丝巾的佩戴

丝巾对女性穿着搭配非常重要。巧用丝巾，会收到非常好的装饰效果。常见的丝巾打法有以下几种。

（1）巴黎结。其打法是利用重复对折将方巾折出领带形，绕在颈上打个活结；将上端遮盖住结眼，并将丝巾调整至适当位置，如图3-11所示。

图3-11　巴黎结

（2）领带结。其打法是将领巾对折再对折成领带形；较长的a端绕过较短的b端，穿过领巾内侧向上出；穿过结眼由下拉出，并调整成领带形，如图3-12所示。

注：（左图）搭配衬衫，简单的中性美感。（右图）搭配洋装，优雅出色。

图3-12　领带结

（3）西班牙结。其打法是将领巾对折再对折成三角形；三角形垂悬面在前方；两端绕至颈后打结固定；调整正面折纹层次，如图3-13所示。

注：宽松帅气的西班牙结，搭配衬衫外面。

图3-13　西班牙结

（4）牧童结。其打法与西班牙结相同，拉高领巾，调整正面折纹，形成多层次的牧童结，如图3-14所示。

图 3-14 牧童结

（5）海芋结。其打法是将方巾重复对折，稍微扭转后绕在颈上；重复打两个平结，并让两端保持等长；将两端分别置于胸前及肩后，如图 3-15 所示。柔美简单的海芋结，出门时选一条方巾，保暖又具时尚感。

图 3-15 海芋结

（6）竹叶结。其打法是将方巾重复对折成领带形；将方巾绕在脖子上，较长的 a 端绕过 b 端穿过颈部内侧，再由结眼拉出；将 a 端拉出后，拉紧固定，调整尾端与结的位置；随服饰调整竹叶结两端，如图 3-16 所示。

图 3-16 竹叶结

（7）凤蝶结。其打法是折出斜角口长带后，将 a 端拉长套在颈上，打个结；将长的 a 端打个圈，短的 b 端绕过圈，打出单边蝴蝶结；将单边蝴蝶拉好，结眼移到侧边，调整形状，如图 3-17 所示。

图 3-17 凤蝶结

课内实训 3-9

老师预先要求女同学上课时带来几条丝巾,请班里会系丝巾的同学为全班同学示范他们习惯的丝巾系法,然后在老师的指导下,分析各种丝巾系法适用的情况。要求每位同学新学两种以上丝巾系法,将新学的丝巾系法要点记录下来,以备日后使用。

7. 领带夹和袖扣的佩戴

领带夹把领带固定在胸前,一般佩戴领带夹的位置应在领带结的下方 3/4 处,或者从上往下数第四颗衬衫纽扣处为宜,过高过低都不太适合,西装上衣系上扣子后,领带夹应当看不见。在正式场合,若佩用领带夹,须佩戴线条优美挺拔、工艺精致、材料考究的领带夹,尤其是业界主管。袖扣是佩在男式衬衫袖口上的特有装饰,常与领带夹配套使用。因此,要求两者在造型、图案、色彩、材质等诸方面风格统一,相互协调。

8. 腰带的选用

腰带的选择要与衣服、身材相协调。要想使身形看上去修长,应选用和衣裙同色的腰带;如果个子虽高,但腰围窄,就应系与衣裙织物不同、颜色不同的宽腰带。男子要想使自己在社交活动场合穿着显得优雅、体面,可以给一身合体的打扮再配上一条好腰带。

9. 帽子的佩戴

围巾和帽子对服装的整体美影响很大,围巾、帽子与服装风格一致,可以使整体形象更加和谐。在冬季,人们穿着服装色彩较暗,也可以用颜色鲜艳的围巾和帽子点缀,使整个形象生动、活跃起来。同样,假如服装颜色很艳丽,可以用颜色素雅的帽子、围巾来求得一种色彩的平衡。帽子对脸形的影响最为直接,圆脸的人适合戴宽边的较高的帽子,脸窄的人适合戴窄边帽,方脸的人可选择圆尖形的帽子,忌戴方形帽子。

10. 手套的选用

根据所穿衣服的颜色、类型选择手套。手套的选择要与个人年龄、气质相协调;与人握手谈话时,必须首先摘掉手套;在吃东西、饮茶或吸烟时,应先脱下手套;不能把戒指、手镯、手表等物戴在手套外边;穿短袖或无袖上衣参加舞会或晚会时,一定不要戴短手套;交际场合女士可戴纱手套;手套应保持整洁。

11. 手表的佩戴

手表是用来看时间的。在正式的社交场合,手表往往被视同首饰,特别是对男士而言。因此,有人认为,手表是男人最重要的首饰。在西方,就有"男人三件宝,金笔、火机和手表"的说法。在社交场合,人们所佩戴的手表,常常体现着他的身份、地位和财富的状况。

手表佩戴的方法,需要注意两点:一是手表大都戴在左手腕上;二是表带的松紧要适度。一般来说,皮革类的表带,应该以系好后手表基本上在手腕部不能自由滑动为好;金属类的表带在系好后,表带和手腕应该留有一定的空隙,以手表可以自由地在手腕部滑动而又不脱落为好,体现了手表佩戴者的一种潇洒。

知识测试与技能训练

1. 知识测试
（1）简单叙述着装礼仪的 TOP 原则。
（2）简要叙述西装的穿着礼仪。
（3）简要叙述套裙的穿着礼仪。
（4）简要叙述配饰的基本原则与基本礼仪。
（5）解释着装礼仪中的"三色原则"与"三一定律"的基本内容。

2. 技能训练

项目 1　礼仪培训

情景设定：限于篇幅，教材中介绍的主要是短丝巾的系法，请同学课后收集学习有关长丝巾的各种系法，每位同学选择其中一种系法，利用 5 分钟时间为全班同学讲解。

训练目标：口头与文字表达能力，信息整合能力，公关礼仪意识。

训练方案：同学发言后，请几位同学演示学会的丝巾系法；并归纳这几位同学讲授丝巾系法存在的优点和缺点。

测评要点：表述逻辑条理，用语规范不俗；普通话标准规范，声音洪亮清晰；举止优雅端庄，表情自然亲和，礼仪规范应景；受众理解效果好。

项目 2　案例分析

炎夏的一天，居民区苏小姐家的门铃突然响了，正在做家务的苏小姐打开门一看，迎面而立的是一位戴墨镜的年轻男子，身着白衬衫、西裤，由于天气很热，上衣扣子解开了四颗。苏小姐并不认识他，于是问道："请问您是……"这位男士没有摘下墨镜，而是从口袋里摸出一张名片，递给苏小姐："我是保险公司的，专门负责这一地区的业务。"苏小姐接过名片看了看，不错，他的确是保险推销员。但是这位推销员的形象却让她打心底里反感，便说："对不起，我们不买保险。"说着就要关门。而这位男士动作却很敏捷，用手快速地挡住门，将一只脚迈进门内，挤了进来，一副极不礼貌的样子，在屋内一边打量一边说："你们家的房子装修得这么漂亮，真令人羡慕。可天有不测风云，万一发生个火灾什么的，再重新装修，势必要花费很多钱，倒不如现在你就买份保险……"苏小姐越听越生气，光天化日之下，竟然有人闯进门来诅咒她的房子。于是，她把这位没礼貌的年轻男子赶了出去。

分析思考：你认为这名保险推销员被苏小姐赶出来的原因是什么？他在个人礼仪方面有哪些不妥之处？

第 4 章 商务交际礼仪

学习目标

恰如其分地使用各种称谓，并养成商务礼仪习惯；掌握拜访礼仪、接待礼仪、馈赠与受礼等基本礼仪知识，并能学以致用；熟练掌握现代商务活动中常用的介绍、递接名片、握手、迎送客人等基本礼仪规范。

任务驱动

某市华新公司的徐总经理在一次房地产交易会上听说伟业集团的崔董事长也来了，想利用这次机会认识这位素未谋面又鼎鼎大名的商界名人。通过相关人员的介绍，崔董事长同意与华新公司的徐总经理在华新公司见面。为了表示对这次见面会的重视，华新公司办公室王主任安排公司人员把会客室装扮一新，并派公司职员小李亲自到崔董事长所住的酒店去接他。你认为王主任的安排妥当吗？如果你是办公室主任，你如何安排此次见面会？

4.1 商务介绍礼仪

4.1.1 商务介绍方式与礼仪

介绍，就是在社交场合把一方介绍给另一方。介绍是人与人之间相识的一种手段，是在人际交往中与他人进行沟通、增进了解、建立联系的一种最基本、最常规的方式。通过介绍，不仅可以使不相识的人相互认识了解，缩短人们之间的距离，帮助扩大社交圈，而且有助于进行必要的自我展示、自我宣传，显示良好的交际风度。介绍主要有自我介绍、为他人介绍、被他人介绍和集体介绍四种方式。

1. 自我介绍

（1）适合自我介绍的情境。自我介绍是指在商务活动中，由自己担任介绍的主角，自己将自己介绍给他人，以便对方认识自己。在商务活动中，自我介绍是人们用得最多的一种介绍方式。通常在以下情况适合采用自我介绍的方式。

第一，自己希望结识他人时。在多人聚会中，如果你想结识一个不熟悉的人，但又没有合适的人引荐，只好亲自把自己介绍给对方。交谈之前，可以先向对方点头致意，得到回应后，再向对方介绍自己的姓名、身份和单位等。一般情况下，对方也会主动地向你做自我介绍。

第二，他人希望结识自己时。在社交场合，如果有不相识的人对自己感兴趣，点头致意，表示想结识的愿望时，自己应当主动做自我介绍，表现出对对方的好感和热情。

第三，需要让其他人了解、认识自己时。平时联系工作和求职时，或在社交场合彼此都不熟悉时，主持人提议各人做自我介绍，以便让大家互相了解、认识，这时的自我介绍既是一种礼貌，也是进一步交流的前提和基础。

（2）自我介绍的礼仪。根据场合、对象和实际需要的不同，自我介绍的内容应该具有鲜明的针对性，不能够"千人一面"，一概而论。应酬式的自我介绍，应该简单明了，只介绍一下姓名即可；工作式的自我介绍，除介绍姓名外，还应介绍工作单位和从事的具体工作；社交式的自我介绍，则需要进一步的交流和沟通，在介绍姓名、单位和工作的基础上，可进一步介绍兴趣、爱好、经历、同交往对象的某些熟人的关系等，以便加深了解，建立情谊。

自我介绍，不论在什么场合，都应该做到举止庄重、大方，讲到自己时可将右手放在自己的左胸上，表情应坦然、亲切，面带微笑，充满自信与热情，眼睛应看着对方或大家，落落大方。在自我介绍时，要把握好态度，力求真实，注意谦虚，不能自我吹捧，要语气自然、语速正常、吐字清晰、从容不迫，这样会使对方产生好感，对自我介绍的成功大有好处。介绍自己的时间一般以半分钟左右为最佳，如无特殊情况，最好不要长于一分钟。

2. 为他人介绍

为他人做介绍，就是介绍互不相识的人或把一个人引荐给其他人相识沟通的过程。善于为他人做介绍，可以在朋友中享有更高的威信和影响力。为他人做介绍，在不同场合由不同人承担。公关礼仪人员、单位领导、东道主或与被介绍人双方都相识的人，他们都分别是商务活动、接待贵宾和其他社交场合中的合适介绍人。

（1）为他人介绍的顺序。介绍人在介绍之前必须了解被介绍双方各自的身份、地位及对方有无相识的愿望，或衡量一下有无为双方介绍的必要，再择机行事。介绍的先后顺序：先把男士介绍给女士，先把晚辈介绍给长辈，先把主人介绍给客人，先把未婚者介绍给已婚者，先把职位低者介绍给职位高者，先把本公司职务低的人介绍给职务高的客户，先把个人介绍给团体，先将晚到者介绍给早到者。

（2）为他人介绍的方式。根据实际情况，为他人做介绍可以采取不同的方式。

第一，一般式。也称标准式，以介绍双方的姓名、单位、职务等为主，适用于正式场合。例如："请允许我为两位引见一下。这位是宏达公司营销部主任张强先生，这位是新信集团副总刘英小姐。"

第二，简单式。只介绍双方姓名，甚至只提到双方姓氏而已，适用于一般的社交场合。例如："我来为大家介绍一下：这位是王总，这位是赵董。希望大家合作愉快。"

第三，附加式。也可以叫强调式，用于强调其中一位被介绍者与介绍者之间的关系，以期引起另一位被介绍者的重视。例如："大家好！这位是飞跃公司业务主管杨先生，这是小儿王鹏，请各位多多关照。"

第四，引见式。介绍者所要做的，是将被介绍双方引见到一起即可，一般适合于普通场合。例如："两位认识一下吧。其实大家都曾经在一个公司共事，只是不在一个部门。请自己介绍一下吧。"

第五，推荐式。介绍者经过精心准备将一个人举荐给另一个人，通常会对前者的优点加以重点介绍，一般适用于比较正规的场合。例如："这位是赵伟先生，这位是海亮公司的刘海亮董事长。赵先生是经济学博士，管理学专家。刘总，我想您一定有兴趣和他聊聊吧。"

第六，礼仪式。这是一种最为正规的为他人介绍方式，适用于正式场合。其语气、表达、称呼上都更为规范和谦恭。例如："孙小姐，您好！请允许我把北京东方公司执行总裁刘力先生介绍给您。刘先生，这位就是广东润阳集团人力资源经理孙小姐。"

（3）为他人介绍的礼仪。在为他人做介绍时，介绍者应该热情、诚恳，身体姿态文雅大方。无论介绍哪一位，介绍者都应手心朝上，手背向下，四指并拢，以肘关节为轴，指向被介绍者一方，并向另一方点头微笑。切不可用手指头指来指去。必要时，可以说明被介绍一方同自己的关系，以便介绍的双方增进了解和信任。

介绍者要注意，介绍时语言要清晰明了，不含糊其词，以便双方记清对方姓名；介绍某人优点时要恰如其分，实事求是，掌握分寸。如果要介绍几个朋友互相认识，应把他们邀在一起，简单扼要地介绍他们相互认识。介绍后应略停片刻，引导双方交谈，再借故离开。

3. 被他人介绍

被介绍者在介绍者询问自己是否有意向认识某人时，一般应欣然接受。如果实在不愿意，应向介绍者说明缘由，取得谅解。当介绍者走上前来为被介绍者进行介绍时，被介绍者除了女士和长者外，一般都应起身站立，面带微笑，大方地目视介绍者或对方，态度要谦和。在被介绍时若是在会谈进行中或宴会等场合，就不必起身，只微微欠身致意就可以了。

介绍后，身份高的一方和年长者，应主动与对方握手，问候对方，表示非常高兴认识对方等。身份低的一方或年轻者，应根据对方的行为做出相应的反应，如果对方主动与你握手，你应立即将手伸出去与对方相握。当双方身份相当时，主动、热情地对待对方是有礼貌的表现。

4. 集体介绍

集体介绍是他人介绍的一种特殊方式，是指介绍者在为他人介绍时，被介绍者其中一方或者双方不止一个人，甚至是许多人。在正式活动和隆重场合中，集体介绍时的顺序是个礼节性极强的问题，因此，应根据具体情况慎重对待。一般有两种情况：一是将集体的双方或各方相互做介绍；二是只将集体的一方介绍给另一方，即单向的集体介绍。

（1）集体双方相互介绍的礼仪。集体双方相互介绍所遵循的顺序规则一般是"尊者先知"，即尊者优先了解情况的规则。具体地说，其介绍的顺序有如下三种。

第一，"少数服从多数"的方式。这是指被介绍的各方在地位、身份上大体相似，或很难确定的情况下，可先将人数少的一方介绍给人数多的一方，再将人数多的一方介绍给人数少的一方。

第二，"尊者先知"的方式。这是指当双方在身份、地位、年龄等方面存在明显的差别时，不论各方人数的多少，都要按"尊者先知"的规则，先向位尊者一方介绍位卑者一方，然后再向位卑者一方介绍位尊者一方。

第三，"从高到低，从长到幼，从尊到卑"的方式。当被介绍的集体是三方以上时，其介绍的顺序应该是从高到低，从长到幼，从尊到卑。为此，在介绍前，应该正确地进行位次排序。位次排序的具体方法一般有六种：以其负责人的身份为准；以其单位的规模、规格为准；按单位名称的英文字母顺序为准；以抵达的时间的先后顺序为准；以座次顺序为准；以离介绍者远近为准。

以上三种介绍方式中，不论具体介绍哪一方，若需要对其中每一位都一一介绍时，也应按从高到低、先尊后卑、先长后幼、先女后男的顺序。

（2）集体单向介绍的礼仪。在进行集体的单向介绍时，介绍的顺序一般有两种方式。

第一，先尊后卑的顺序。这是指被介绍的一方彼此在身份、职务、年龄、性别等存在较大差别时，应该采取此种介绍顺序。

第二，按自然的顺序。这是指被介绍的一方彼此在身份、地位、年龄等方面差别不大，基本相似的情况下，可按其自然就座或站立的顺序加以介绍。例如，把主席台上就座的人介绍给观众，当这些人在职务和年龄上又无太大差别时，这时则应按其自然就座顺序介绍；或先从左边介绍起，或先从右边介绍起。一般应从右边介绍起为宜。

（3）集体介绍注意事项。在做集体介绍时，要注意以下三个问题：一是介绍的内容要准确。特别是涉及的名称、职务、职称、专长等，不可想当然地介绍，也不能用容易产生歧义的简称等。二是介绍内容的程度要恰当。该介绍哪些内容，介绍到何种程度，要根据情况需要做到恰到好处。三是介绍时的语言要清楚、简洁。必要的手势、眼神、表情的运用要协调、统一、得体，不可太夸张，也不可太呆板。

4.1.2 商务名片使用礼仪

案例 4-1

某公司新建的办公大楼需要添置一系列的办公家具，价值数百万元。公司的总经理已做了决定，向A公司购买这批办公家具。这天，A公司的销售部负责人打电话来，要上门拜访这位总经理。总经理打算等对方来了，就在订单上盖章，定下这笔生意。不料对方比预定的时间提前了2小时到达。原来对方听说这家公司的员工宿舍也要在近期内落成，希望员工宿舍需要的家具也能向A公司购买。为了谈这件事，销售负责人还带来了一大堆的资料，摆满了台面。总经理没料到对方会提前到访，刚好手边又有事，便请秘书让对方等一会儿。这位销售员等了不到半小时，就开始不耐烦了，一边收拾起资料一边说："我还是改天再来拜访吧。"这时，总经理发现对方在收拾资料准备离开时，将自己刚才递上的名片不小心掉在了地上，对方却并未发觉，走时还无意地从名片上踩了过去。但这个不经意的失误，却令总经理改变了初衷。A公司不仅没有机会与对方商谈员工宿舍的家具购买，连几乎到手的数百万元办公家具的生意也告吹了。

名片是人际交往的"身份证"、"介绍信"、社交的"联谊卡",是一种经过设计、能表示自己身份、便于商务交往和开展工作的卡片。在名片的小小方寸之中,浓缩着个人的重要资料,它在现代社会交际中越来越多地被运用。名片不仅可用作自我介绍,还可用作祝贺、答谢、拜访、辞行、委托、慰问、吊唁、赠礼附言、备忘、访客留话等。正确地使用名片,有利于商务交往的顺利进行。一般地,在自我介绍或经人介绍后常常寒暄数语,并交换名片,说几句客套话。若身上没带名片,应致歉说明。因此,了解和掌握名片使用的礼仪规则非常重要。

1. 名片的制作

名片的制作是有严格规定的。我国现在通用的名片规格为9厘米×5.5厘米,这是名片制作的首选规格。此外,名片还有另两种规格:10厘米×6厘米和8厘米×4.5厘米。10厘米×6厘米的规格多见于境外人士使用,8厘米×4.5厘米的规格多为女士使用。制作名片的材料多为再生纸。

印制名片时,以横排为佳,名片的质地应是柔软耐磨的白板纸、布纹纸,宜选用庄重、淡雅、端庄的白色、米色、淡蓝色、浅灰、浅黄为底色,并且一张名片最好是一种颜色。图案可以选择企业标志、本单位所处位置地图或本企业的标志性建筑、主打产品等,一般不提倡在名片上印人像、花卉、宠物等。我国的习惯是把职务用较小号字体印在姓名之后,姓名印在前面。外国人习惯把姓名印在中间,职务用较小号字体印在姓名下面。如果同时印中外文时,通常一面印中文,另一面印外文,外文要按国际惯例排列。无论是印制个人名片还是商务名片,上面列的职务都不要太多,列一两个主要职务即可,以免给人以华而不实之感。

名片在中国内地使用时,字体采用清晰、标准、易识的楷体或印刷体为好。尽量不采用草书、花体字印刷,更不要用手写体。与中国香港、中国澳门、中国台湾及海外华侨打交道的场合,名片字体采用繁体。名片上不要印格言警句。

案例 4-2

张小姐的美容小店开张在即,让她苦恼的是店铺的位置不太醒目。张小姐是个细心的人,她想利用名片来做文章。她要求自己的名片别具一格,体现美的内涵,让客户一看见名片就能有一种美的享受,最好还能有提示作用,让客户循着名片就能找到店铺。一家广告公司满足了张小姐的要求,并把张小姐的店铺名称做了特殊字符处理,让客户即使匆匆一瞥也能牢牢记住,而且整张名片都是四色印刷,精美大方。另外,名片的背面是一张小小的地图,中间醒目位置标出了张小姐店铺的位置,这下再也不用担心客户找不到店址了。小店也从最初只有几个人的门面发展到在全市拥有十几家分店的美容连锁店。后来,张小姐又给自己的连锁店设计了一套贵宾卡派送给客户。

2. 名片的类型和内容

常用的名片分为私用名片、商务名片和单位名片三种类型。单位名片的主角是单位,其内容大体是两项:一是本单位的全称及其徽号;二是与本单位联络的方法,包括地址、邮编、电话号码、传真号码、信箱地址等。私用名片、商务名片的主角则是个人。通常一枚标准的名片应包括三个方面的内容：一是本人所属的单位、徽号及自己所在的具体部门；二是本人的姓名、学位、职务或职称；三是与本人联络的方法，包括单位所在的地址、办公电话、邮政编码和信箱地址等。此外，还可酌情列出本单位的传真号码、本人的手机号码。私人名片和商务名片一般都不提供本人家庭住址。如确有必要，可在交换名片时当场提供。这样做，往往被视为是向交往对象表明自己的重视与信赖。

3. 名片的使用场所

名片通常在三种情况下使用：一是在礼节性社交拜访活动中；二是在具有商业性质的横向联系与交往中；三是在某些表达感情或表达祝贺的场合中。

4. 出示名片的方式

递送名片时要用双手或右手，应起身站立，走到对方面前，双目正视对方，微笑致意，文字正面朝向对方，用双手拇指和食指执名片两角，恭敬地递送过去，目的是让对方能够直接读出来，同时配以口头的介绍和问候，如"请多关照"、"请多指教"等。

5. 接受名片的方式

接受名片时，也应目视对方，用双手接，态度也要毕恭毕敬，说一声"谢谢"、"认识您很高兴"的客套话。要使对方感到你对他的名片很感兴趣，接到名片时要认真地看一下，最好用半分钟左右的时间从头至尾默读一遍对方名片所载内容，不懂之处可以当即向对方请教，可以重复一下对方名片上所列的职务或单位，以示仰慕。然后郑重地放入自己的口袋、名片夹或其他稳妥的地方。如果接下来与对方谈话，不要将名片收起来，应该放在桌子上，并保证不被其他东西压起来，使对方感觉到你对他的重视。

6. 递接名片的礼仪要求与禁忌

（1）递名片应该把握好时机。当双方谈得较融洽，表示愿意建立联系时就应出示名片。当双方告辞时，可顺手取出自己的名片递给对方，以示愿结识对方并希望能再次相见，这样可加深对方印象。

（2）递名片不能厚此薄彼。如果同时向多人递送本人名片，可按由尊而卑、由近而远的顺序，依次递送。对以独立身份参加活动的来宾，也应同样递送名片，不可只给领导和女士，跳跃式进行，给人以厚此薄彼的感觉。

（3）名片放于容易拿出的地方。可以将名片放入专门的名片夹中，若穿西装，宜将名片置于左上方口袋；若有手提包，可放于包内容易取出的部位。

（4）递送名片时，切忌不可漫不经心地滥发一气，尤其忌讳向一个人重复递送名片。

（5）切忌接过名片一眼不看就随手放在一边，或放到桌子及其他地方，也不要拿在手中随意玩弄，这样做是对对方的不恭，会伤害对方的自尊，影响彼此的交往。接到名片后，如自己带有名片，可立即送上，忌到处寻找或错把别人的名片递过去，这是严重的失礼；如没有带，可向对方说明，并主动做自我介绍。

4.1.3 商务称谓礼仪

称谓也可叫"称呼",是指人们在日常交往应酬之中,当面招呼对方,以表明彼此关系的名称。在商务交往中,采用正确、适当的称谓,反映着自身的教养与对对方尊敬的程度,甚至还体现着双方的友好程度和社会风尚。在商务交往过程中应注意避免使用不当的称呼,以致影响个人及集体形象,阻碍商务活动的开展。

1. 敬称

敬称是对对方及其有关者的一种表示尊敬的称呼。日常交际中主要有以下几种敬称法。

(1)人称称谓。常用的人称称谓有"您"、"您老"等,多用于对尊长、同辈,尊长对晚辈一般称"你",这些称谓都表明说话者的客气与谦敬。

(2)亲属称谓。日常生活中,对亲属的称呼一般以双方关系为基础,如叔叔、舅舅等。

(3)职业称谓。在比较正式的场合,习惯于用职业称谓,这带有尊重对方职业和劳动之意,也暗示谈话与职业相关,如冠之以姓的师傅、大夫、医生、老师等。

(4)职衔称谓。在我国,对国家工作人员,尤其是专业技术人员,在各种交际场所都流行职务(职称)称谓,对有职务的客户以此称呼显得特别尊敬,如书记、厂长、主任、主席、工程师、经理、总裁、教授等。可直接称其职衔,也可在其职衔前加上姓氏或姓名。按照我国的礼仪惯例,称呼副职时一般不说"副"字。需要注意的是,当我们面对的外国客人是政府官员时,按照国际礼仪惯例,是不称呼他们的官职的。

(5)姓名称谓。通常在正式场合称呼比较熟悉的同辈人为"老+姓",如老王、老张等。对长辈有时也称"姓+老"(李老)。长者对晚辈称"小+姓"(小孙)。在和客户交流的过程中,记住对方的姓名,是对他们最基本的尊重。

(6)家属称谓。对别人家属的敬称,使用最广的是令、尊、贵、贤、台等敬辞。使用亲属称呼能有效地拉进和客人的距离,营造一个温馨的谈话氛围。如对其长辈,可在称呼前加"尊"字,如"尊母"、"尊兄";对其平辈或晚辈,可在称呼前加"贤"字,如"贤妹"、"贤侄"。若在其亲属的称呼前加"令"字,一般可不分辈分与长幼,如"令堂"、"令尊"、"令爱"、"令郎"。

> **知识拓展 4-1**
>
> **涉外称呼**
>
> 因各民族习惯不同,语言不同,社会制度不同,所以称呼上的差别较大。需要注意的是,称呼对方要合乎礼节。在英国、美国、加拿大、澳大利亚、新西兰等讲英语的国家里,姓名一般由两部分构成,通常名字在前,姓氏在后。对于关系密切的,不论其辈分都可以直呼其名而不称姓。在对外交往中,应严格遵循国际上通行的称呼习惯,不得有丝毫的大意。
>
> 一般称男子为"先生",未婚女子为"小姐",已婚女子为"夫人"。对于称呼对象的婚姻状况不明,应该称"小姐",切不可错认。在外交场合女性都可以被称为"女士"。以上称呼可以连同姓名、职衔一起使用。对职位较高的官方人士,一般指部长以上的高

级官员，可称"部长阁下"、"总理阁下"等，以示郑重。在涉外场合，正确使用称呼非常重要，应该使用敬称的时候，切不可掉以轻心，因为这是表示对他人的尊敬，是礼仪的要求。否则容易伤害对方的感情，或者被对方认为缺乏教养。

（7）通称。在现实生活中，对一面之交、关系普通的交往对象，比较流行的称谓是，称男性为"先生"，女性为"女士"，年龄小的女士可称为"小姐"。在部队士兵间互称"战友"，在学校学生间互称"同学"等。

2．谦称

谦称是对自己及和自己有关者的一种谦卑的称呼。敬称是尊人，谦称则是抑己，用于表示对他人的尊重。

（1）谦称自己。最常用的是我、我们。沿用古人的自谦词有愚、鄙等。例如，称自己见解为"鄙见"、"愚见"、"陋见"，称自己著作为"拙著"、"拙文"，称自己住房为"寒舍"、"斗室"、"敝斋"、"陋室"等。

（2）谦称自己的亲属。称呼比自己辈分高的或年岁大的家属时，前面冠以"家"字，像"家父"、"家母"等。同辈冠以"愚"字，如"愚兄"、"愚弟"。晚辈冠之以"小"字，如"小儿"、"小女"等。

（3）从儿辈称谓。从说话人的子女或孙辈角度来称呼听话人。

3．美称

尊者对年幼者表示喜爱和看重时称呼可用美称，多用于书面语，以"贤"来构成，有"贤弟"、"贤侄"、"贤婿"等。美称对方的子女用"公子"、"千金"。

4．婉称

一般用"阁下"尊称长者、有一定职衔者。对人容貌称"尊颜"、"威颜"（用于男性长者）、"慈颜"（用于女性长者）等。

5．称谓的基本礼仪和禁忌

一般来说，称呼别人时态度要热情、谦恭、有礼，用语要确切、亲切、真切，并做到主动、适当和大方。此外，商务人员要想对他人采用正确、适当的称呼，通常须遵循合乎常规、区分场合、考虑双方关系、入乡随俗等规则。商务人员在称谓时还要注意禁忌使用一些错误的、不通行的、不当的、庸俗的称呼。

（1）错误称呼。错误的称呼主要有两种情况：一是误读。称呼他人时，由于粗心而出现的姓名误读，如将"查"、"单"等这些姓氏望字猜音、发生错误等。为了避免这种情况的发生，对于不认识的字，事先要有所准备。如果是临时遇到，就要谦虚请教。二是误会。误会是指对交往对象的年龄、辈分、婚否、职务及与其他人的关系等一些情况不清楚做出了错误判断。例如，将未婚的妇女称为夫人，就属于误会。相对年轻的女性，都可以称为小姐，这样对方也乐意听。

（2）地域性称呼。有些称呼具有一定的地域性，如山东人喜欢称呼伙计，山西人和北京人喜欢称人师傅；南方人会把伙计认为是打工仔，喜欢称小孩子为小鬼；中国人把配偶常称为爱人,而在外国人的意识里,爱人即为情人的意思。在商务交往活动中,如果采用这些称呼,往往会造成很大的误会。比如,南方人可能会把"师傅"当成"出家人"来理解。

(3) 过时的称呼。有些称呼会随着时代的变化而过时,称呼他人一定要合乎时宜、与时俱进。例如,现在用"长官"、"大人"等来称呼政府官员以表示尊重,那肯定会令人啼笑皆非的。

(4) 庸俗低级的称呼。在一些正式的交往场合,不要将私人交往的称呼搬到大雅之堂,要严格区分不同场合中不同的称呼,切不可混淆。比如,不能在正式的场合使用"兄弟"、"哥们儿"、"姐们儿"、"老兄"等一类的称呼,显得庸俗低级,没有档次。

(5) 绰号称呼。在交往中,不要随便给他人起绰号,也不要用绰号来称呼他人。因为这都是对别人的不礼貌、不尊重。

案例 4-3

几个年轻人到避暑山庄游玩,想抄近路去外八庙。有人向一位姑娘问路:"小师傅,请问去外八庙的路怎么走?""回家叫你娘师傅!"姑娘怒目圆睁,愤愤而去。几个年轻人莫名其妙,找不出哪里得罪了姑娘。原来,当地人称尼姑、和尚为师父,一个年轻姑娘对这样的称呼能不发怒吗?所以说,在交际过程中,怎样称呼别人是很有讲究的。得体的称呼,会使人感到亲切,交往也就有了一定的基础;称呼不得体,往往会引起对方的愠怒,使双方陷于尴尬的境地。

总之,称呼语可谓为交往语言中的"先行官",使用恰当的称呼,既体现交往者的基本礼貌修养与个人素质,也能在见面礼节中发挥至关重要的作用。

课内实训 4-1

请两位同学上台演示递接名片行为,请全班同学分析他们的行为有哪些需要肯定的地方和完善的地方,并将要点记录下来。

4.2 商务拜访与见面礼仪

4.2.1 商务拜访礼仪

商务拜访礼仪是商务交往工作中的一项重要内容。通过商务拜访,商务人员可以更好地沟通心灵,建立深厚友谊,取得支持与帮助;通过商务拜访,商务人员可以更好地互通信息,共享资源,有助于取得事业的成功。在商务交往过程中,如果懂得商务拜访礼仪,无疑会为拜访增添不少色彩。概括而言,拜访礼仪体现在以下几个方面。

1. 有约在先

拜访之前必须提前预约,这是最基本的礼仪。一般情况下,应提前三天给拜访对象打电话,简单说明拜访的原因和目的,确定拜访时间,经对方同意以后才能前往。一般情况下，拜访的具体时间应请对方定夺，或者双方进行共同协商，以免扑空或扰乱拜访对象的计划。同时，拜访时间应当避开节日、假日、用餐时间、过早或过晚的时间及其他一切对方不方便的时间。

2. 准时赴约

拜访时之所以要准时赴约，不只是为了讲究个人信用，提高办事效率，而且也是对交往对象尊重友好的重要表现。万一因故不得不迟到或取消访问，应立即通知对方，以免对方久候并求得对方谅解。必要的话，还可将拜访另行改期。在这种情况下，一定要记住向对方郑重其事地道歉。

3. 进行通报

进行拜访时，倘若抵达约定地点之后，未与拜访对象直接见面，或对方没有派员在此迎候，则在进入对方的办公室或私人居所的正门之前，有必要先向对方进行一下通报。具体而言，前往大型公司拜访他人，尤其是拜访职高位显的要人时，应首先前往接待处，向接待人员进行通报。或者先行前往秘书室，由秘书代为安排、通报。前往饭店、宾馆拜访他人时，首先应当在拜访对象下榻的饭店、宾馆的前厅里，打一个电话给对方，由对方决定双方见面的具体地点。

4. 安静等候

如果接待者因故不能马上接待，可以在接待人员的安排下，在会客厅、会议室或前台安静地等候，有抽烟习惯的人，要注意观察该场所是否有禁止吸烟的警示。如果接待人员没有说"请随便参观参观"之类的话，就随便地东张西望，甚至往房间里"窥探"，都是非常失礼的。如果等待时间过久，可向有关人员说明，并另定时间，不要显出不耐烦。

5. 登门有礼

不论与对方是深交还是初识，是因公会晤还是因私小聚，均应遵守以下基本的礼节。

（1）敲门有礼。前往私人居所或普通人的办公室进行拜访时，要首先用食指轻叩一两下房门，或轻按一两下门铃，等待回音。得到主人允许后，再推门而入。叩门或按门铃时要保持耐心，不要再三再四地叩门或按铃，或者二者并用。国外的有些私人居所的门上，为安全考虑，装有监视器、对讲机或门镜。拜访时，不要胡闹，或者吓唬主人。

（2）问候有礼。当主人开门迎客时，务必要主动向对方问好，并且与对方互行见面礼。倘若主人一方早已恭候于门口，并且不止一人时，则对对方的问候与行礼，必须在先后顺序上合乎礼仪惯例。标准的做法有两点：一是先尊后卑，即先向地位、身份高者问候、行礼，后向地位、身份低者问候、行礼；二是由近而远，即先向距离自己最近者问候、行礼，然后依次而行，最后再向距离自己最远者问候、行礼。然后，在主人的引导之下，进入指定的房间，并在指定的座位上就座。在就座之时，要与主人同时入座，不要抢先就座。

（3）举止得体。进入办公室或私人居所后，应当将自己的帽子、墨镜、手套和外套脱下来，以示对主人的敬意。在拜访时要注意自尊自爱，并且时刻以礼待人。如果与接待者是第一次见面，应主动递上名片，或做自我介绍并递送名片。对熟人可握手问候。不要有意回避其他人，或故意压低声音。如果是重要客户，记得要关掉手机。

对于在被访者家里所遇到的其他客人，不管对方来得比自己早，还是到得比自己晚，都要表示尊重，友好相待。不要在有意无意之间冷落对方，更不要对对方视若不见，置之不理。未经主人允许，不要自作主张地在主人家中四处乱闯，尤其是不应当进入其卧室，随意乱翻、乱动、乱拿主人家中的物品。在主人家里，不要随意脱衣、脱鞋、脱袜、吸烟，也不要大手大脚，动作嚣张而放肆等，要尊重主人的习惯。

（4）时间有度。在拜访他人时，尤其是在进行较为正式的拜访时，要注意在对方的办公室或私人居所里进行停留的时间的长度，应适可而止。一般而言，时间宜短不宜长。一般情况下，礼节性的拜访，尤其是初次登门拜访，应控制在 15~30 分钟之内。最长的拜访，通常也不宜超过 2 小时。有些重要的拜访，往往需由宾主双方提前议定拜访的时间长度。在这种情况下，务必要严守约定，绝不单方面延长拜访时间。自己提出告辞时，虽主人表示挽留，仍须执意离去，但要向对方道谢，并请主人留步，不必远送。在拜访期间，若遇到其他重要的客人来访，发生重要事件，或主人一方表现出厌客之意，应当机立断，知趣地告退。若是重要约会，拜访之后给对方谢函，会加深对方的好感。

4.2.2　商务见面礼仪

1. 握手礼

握手礼是在一切交际场合最常使用、适用范围最广泛的见面致意礼节。现代人的握手礼具有致意、亲近、友好、寒暄、道别、祝贺、感谢、慰问等多种含义，是世界各国通用的社交礼节。在我国，握手礼不但在见面和告辞时使用，而且还被作为一种祝贺、感谢或相互鼓励的表示。

（1）握手的场合。何时握手的问题，涉及双方的关系、现场的气氛，以及当事人的心理因素等条件。在商务活动中，适合施行握手礼的场合有：在商务和社交场合与认识的人道别；在本人作为东道主的社交场合，迎接或送别来访者时；拜访他人后，在辞行时；被介绍给不认识的人时；久别重逢时；在社交场合，偶然遇上亲朋故旧或上司时；他人给予你一定的支持、鼓励或帮助时；表示感谢、恭喜、祝贺时；对他人表示理解、支持、肯定时；得知他人遭受挫折时；向他人赠送礼品或颁发奖品时等。

（2）握手的顺序。在正式场合，握手时伸手的先后次序主要取决于职位和身份。在社交和休闲场合，则主要取决于年龄、性别、婚否。

握手有一个基本的原则，即尊者决定。尊者决定指在两人握手时，各自首先应确定握手双方彼此身份的尊卑，然后以此而决定伸手的先后。一般来说，以主动伸手行礼的一方为尊。通常，年长者、女士、职位高者、上级、老师先伸手，然后年轻者、男士、职位低者、下级、学生及时呼应。来访时，主人先伸手，以表示热烈欢迎。告辞时，待客人先伸手后，主人再伸手与之相握，才合乎礼仪。朋友和平辈之间谁先伸手可不作计较，一般谁先伸手，谁就被视为有礼貌。但要注意，男士和女士之间绝不能男士先伸手，这样不但失礼，而且有占人便宜之嫌。

在商务活动中，经常会遇到需要和多人握手。多人同时握手时，要注意别人握完再握手，不可交叉握手。与多人握手一定要讲究先后次序，由尊而卑，即先年长者后年幼者；先上级后下级；先女士后男士；先已婚者后未婚者。当然，也可以只跟相近的几个人握手，向其他人点头示意或微微鞠躬就行。为了避免尴尬场面发生，在主动和人握手之前，应想一想自己是否受对方欢迎，如果已经察觉对方没有要握手的意思，点头致意或微鞠躬就行了。

（3）握手时间。握手时间控制的原则可根据握手的亲密程度掌握。除了关系亲近的人可以长久地把手握在一起外，一般握手3秒钟就行。初次见面者，握一两下即可。如果要表示自己的真诚和热烈，也可较长时间握手，并上下摇晃几下。

（4）握手的力度。握手的力度一般以不握疼对方的手为限度。一般地，男士与女士握手，一般只轻握对方的手指部分，不宜握得太紧、太久。男士之间可握得较紧、较久，但不能握力太大，使对方有疼痛的感觉。

（5）握手的方式。握手有单手相握和双手相握两种。

第一，单手相握是常用的握手方式，即用右手与对方右手相握。采用单手相握时，双方相距约一步远，各自伸出右手，手掌均呈垂直状态，四指并拢，拇指张开，肘关节微曲，抬至腰部，上身微向前倾，两足立正，双手相握，上下轻摇，一般以3秒钟为宜。握手时双方互相注视，微笑、问候（如见到您真高兴、您好、幸会、再会等）、致意，不要看第三者或显得心不在焉。单手相握又有以下三种方式。

① 平等式握手。手掌垂直于地面并合握。为了表示地位平等或自己不卑不亢时多采用这种方式，这是一种最普通、最稳妥的握手方式。

② 友善式握手。自己掌心向上与对方握手。这种握手方式能够显示自己谦恭、谨慎的态度。

③ 控制式握手。自己掌心向下与对方握手。这种握手方式表现出一种支配欲和驾驭感，无声地告诉别人，他此时处于高人一等的地位。我们应尽量避免这种傲慢无礼的握手方式。

第二，双手相握。双手相握又称"手套式握手"，即为了表示对对方加倍的亲切和尊敬时，用右手握住对方右手后，再以左手握住对方右手的手臂。这种方式，适用于亲朋好友之间、年小者对年长者、身份低者对身份高者或同性朋友之间握手时使用。不适用于初识者或异性，否则会被误解为讨好或失态。

由此可见，各种不同的握手方法其含义是不同的，给人的礼遇也不尽相同。从礼貌的角度来讲，在社交中最好选择单手握法，不论对谁都能有一种亲切、平等、自然的感觉。

（6）握手礼的禁忌。握手是一个细节性的礼仪动作，做得好，不一定会产生显著的积极效果，但是做得不好，却能产生明显的负面效果。行握手礼时需要注意以下禁忌。

① 握手时切忌左顾右盼，心不在焉，不置一词、长篇大论、点头哈腰，过分客套或目光寻找第三者。

② 与客人见面或告辞时，不能跨门槛握手，要么进屋，要么在门外。

③ 握手双方除非是年老体弱或有残疾的人，否则应站立而不能坐着握手。

④ 若使用单手相握，应伸出右手与之相握，左手应自然下垂，不能插在口袋里或拿着报纸、公文包等物品。

⑤ 男士不能戴着帽子、手套（女士在社交场合戴着薄纱手套握手才是被允许的）或墨镜与他人相握。军人可不脱帽先行军礼，后握手。

⑥ 握手时不要抢握，应当依照顺序进行，以免两人握手时与另外两人相握的手形成交叉状。在和基督教信徒交往时，这种形状类似十字架，在他们眼里这是很不吉利的。

⑦ 不要用左手同他人握手，尤其是和阿拉伯人、印度人交往时。因为在他们看来左手是不洁的。

⑧ 不要在握手时仅仅握住对方的手指尖，也不要只递给对方一截冷冰冰的手指尖，这让对方认为你是在有意与他保持距离。

⑨ 不要在握手时把对方的手拉过来、推过去，或者上下左右地抖动。

⑩ 不要拒绝和别人握手，即使因为特殊情况，也要和对方说一声"对不起，我的手现在不方便"，以免造成不必要的误会。

⑪ 不要用很脏的手与他人相握，也不能在与人握手之后，立即揩拭自己的手掌。

案例 4-4

爱丽是个热情而敏感的女士，目前在中国某著名房地产公司任副总裁。一日，她接待了来访的建筑材料公司主管销售的李经理。李经理被秘书领到了她的办公室，秘书对爱丽说："爱总，这是××公司的李经理。"爱丽离开办公桌，面带微笑地走向李经理。李经理先伸出手来，让爱丽握了握。爱丽客气地说："很高兴你来给我们介绍产品。这样，你把资料留下，我看看再和你联系。"只几分钟，李经理就被爱丽送出办公室。此后，李经理多次打电话，却总被秘书告知"爱总不在"。

到底是什么使爱丽这么反感一个只说了两句话的人呢？在一次讨论形象的课上，爱丽提及了此事。"首次见面，他留给我的印象是不了解基本的商务礼仪，也缺少绅士风度。伸出的手毫无生气，让我感觉他的心和他的手一样冰冷。我们怎么能和这样的公司打交道呢？"

课内实训 4-2

请几位同学上台演示与女性、长者、晚辈、同学、迎接客人、送别客人的握手礼，归纳各种情境下行握手礼的注意事项，将要点记录下来。

2. 拱手礼

拱手礼是最具中国特色的见面问候礼仪，也叫作揖礼，已经有两三千年的历史了，从西周起就开始在同辈人见面、交往时采用了。拱手礼有模仿带手枷奴隶的含义，意为愿做对方奴仆。由于拱手礼简便易行，因而沿用至今，成了相见的礼节。古人通过程式化的礼仪，以自谦的方式表达对他人的敬意。这个礼既能表达对别人的感谢和尊敬，也是中华民族传统的见面礼仪，有着浓浓的中国特色和人情味儿。

拱手礼的动作要领是：行礼时，双腿站直，上身直立或微俯，右手半握拳，然后用左手在胸前握住右手，在目视对方的同时，相拱的手向着对方方向轻轻摇动。若要向对方表示谦恭和尊重，还可将双手向上抬，直到与额同高。因为古人认为杀人时拿刀都是用右手，右手在前杀气太重。所以右手握拳，用代表友好的左手在外，把右手包住。而对于女子来说，应该是右手在前、左手握拳在后。若为丧事行拱手礼，则男子为左手握拳在内，右手在外，女子则正好相反。

拱手礼一般用于喜庆的场合，现在也在商务活动中流行起来了。每逢重大节日，如欢庆节日而召开的团拜会上，大家欢聚一堂，互相祝愿，常以拱手致意；在升迁等喜庆场合，来宾也可以拱手致意的方式向当事人表示祝贺；商务聚会结束，双方告别，互道珍重时可用拱手礼；有时向对方表示歉意，也可用拱手礼表示。拱手致意时，往往与寒暄语同时进行，如"恭喜、恭喜""久仰、久仰""请多多关照""节日快乐""后会有期"等。

课内实训 4-3

分别请几位男同学和女同学上台演示我国传统的拱手礼，注意男女生行拱手礼有何差异，将要点记录下来。分析拱手礼与握手礼相比有何优点。

3. 鞠躬礼

鞠躬礼是我国的传统礼节，源于我国先秦时代，一般是指向他人躬身以示敬重或感谢之意，因此也被称为躬身礼，适用于庄严肃穆或喜庆欢乐的仪式，也适用于商务社交场合。应用鞠躬礼时，主要应注意如下四点。

（1）内外有别。自古以来，中国就有鞠躬礼存在，但是在中国，鞠躬礼多用于需要表达敬谢之意或道歉之意的场合。而在国外，它却主要用于见面或告别之际。

（2）对象特定。在国外，鞠躬礼主要通行于我国相邻的日本、韩国、朝鲜诸国。在欧美各国及非洲国家，它并不流行。

（3）中规中矩。向他们行鞠躬礼时，应当首先立正脱帽，距受礼者两三步，身体呈立正姿势，面带微笑，双目正视施礼对象，以臀部为轴心，将上身挺直向前倾斜 15°～90°，目光随身体向下，同时配以问候语等。鞠躬礼毕起身时，恢复站姿，目光再回到对方脸上。在此过程中，通常男士应将双手贴放于身体两侧的裤线之处，而女士的双手则应在下垂之后叠放于腹前，如图 4-1 所示。

图 4-1　鞠躬礼

（4）区别对待。施鞠躬礼时，外国人一般只会欠身一次，但对其具体幅度却十分在意。在正规场合，欠身的幅度越大，越表示自己对交往对象礼敬有加，不过欠身的最大幅度不宜超过 90°。

鞠躬礼的类型大致分为三种。一是 15° 左右的鞠躬礼，又称点头礼，用于工作环境中。如在公司与同事相遇，可施行此礼。二是 30° 左右的鞠躬礼，用于正式社交环境和公共场合接待服务。为了对客人表示郑重、尊敬，商务人员常对对方行鞠躬礼。三是 45° 左右的鞠躬礼，主要用于特殊的社交场合，如上台领奖或发言。

鞠躬礼在东南亚一些国家较为盛行，如日本、朝鲜等。因此，在接待这些国家的外宾时，可行鞠躬礼致意。作为商务人员，在行鞠躬礼时要注意：地位较低的人要先鞠躬；地位较低的人鞠躬要相对深一些；接受鞠躬礼后，应还以鞠躬礼。

4．致意礼

所谓致意，是指向他人表达问候的心意通过礼节、行为举止表示出来。通常用于相识的人之间在各种场合打招呼。具体的致意方法有以下几种。

（1）点头致意礼。点头致意的方法是头微微向下一动，幅度不大，表示对人的礼貌。点头致意，适于不宜交谈的场所，如在会议、会谈进行中。与相识者在同一场合见面或与仅有一面之交者在社交场合重逢，都可以点头为礼。

（2）注目致意礼。原为军人的特殊礼节，现已成为社交场合较广泛使用的礼节之一。行礼时双目始终凝视对方，并随他们的行走而转移。它一般在介绍、握手、点头、举手的同时使用，以示敬重。

（3）举手致意礼。举手礼也是军人施行的礼节之一，现已演变为日常交往时的一种礼节。举手致意，一般不必出声，只将右臂伸直，掌心朝向对方，轻轻摆一下手即可，不要反复摇动。通常是在公共场合遇到相识的人时或迎送时所用，在彼此相距较远、行走急促时可举起右手向对方招呼致意。招手时一般手中不能持有物品。

（4）欠身致意礼。欠身致意，即全身或身体的上部微微向前一躬，这种致意方式表示对他人的恭敬，其适用的范围较广。

（5）脱帽致意礼。与朋友、熟人见面时，若戴着有檐的帽子，则以脱帽致意最为适宜。即微微欠身，用距对方稍远的一只手脱帽子，将其置于大约与肩平行的位置，同时与对方交换目光。向对方致意问候时，应该诚心诚意，表情和蔼可亲。要注意文雅，一般不要在致意的同时向对方高声叫喊,以免妨碍他人。致意的动作也不可以马虎、满不在乎、毫无表情或精神萎靡不振,必须是认认真真的,以充分显示对对方的尊重。

5. 亲吻礼

亲吻,是源于古代的一种常见礼节。人们常用此礼来表达爱情、友情、尊敬或爱护。据说它产生于婴儿与母亲间的嘴舌相昵,也有人说它产生于史前人类互舔脸部来吃盐的习俗。据文字记载,在公元前,罗马与印度已流行有公开的亲吻礼。有人认为,古罗马人爱嚼香料,行亲吻礼足以传口中芳香。也有人说,古人用亲吻时努唇的形状来表示爱情的心形。有人考证,法国是世界上第一个公开行亲吻礼的国家。以吻表示感情在法国司空见惯,但是以吻表示礼节则是西方人士的专利。西方现代的亲吻礼,在欧美许多国家广为盛行。美国人尤其爱行此礼,法国人不仅在男女间,而且在男子间也多行此礼。法国男子亲吻时,常常行两次,即左右脸颊各吻一次。比利时人的亲吻比较热烈,往往反复多次。在当代,许多国家的迎宾场合,宾主往往以握手、拥抱、左右吻面或贴面的连动性礼节,以示敬意。

礼节之吻分"吻面礼"和"吻手礼"。吻面礼指朋友之间的接吻。吻手礼是流行于欧美上层社会的一种礼节,吻手礼主要受礼者应是已婚妇人。男性中只有牧师有权接受吻手。历史上,君主们在宫廷舞会上也会接受每个前来谒见人的吻手礼。这种礼节的正确方式是:男士行至已婚女士面前,首先垂首立正致意,然后以右手或双手捧起女士的右手,俯首用自己微闭的嘴唇,去象征性地轻吻一下其指背。

6. 拥抱礼

拥抱礼是流行于欧美的一种见面礼节,表达一种热烈、友好和亲密之意,多见于官方或民间的迎送宾朋或祝贺致谢等场合。所谓拥抱礼,一般指的是交往双方互相以自己的双手揽住对方的上身,借以向对方致意。在中国,人们对此不甚习惯,但在涉外的商务活动中,使用的频率是非常高的。常用的拥抱礼有三种:正面贴身拥抱、搂肩式拥抱和象征性拥抱(演出或体育比赛得胜后做出的姿势)。这里只介绍在商务活动中最常用的正面贴身拥抱。

正面贴身拥抱的动作要领是:两人正面站立,各自举起右臂,将右手搭在对方的左臂后面;左臂下垂,左手扶住对方的右后腰,先向左侧拥抱,再向右侧拥抱,最后再次向左侧拥抱。拥抱时,也可以用右手掌拍打对方的左臂后侧,以示亲切。

欧洲人非常注重礼仪,他们不习惯与陌生人或初次交往的人行拥抱礼、亲吻礼、贴面礼等,所以初次与他们见面,还是以握手礼为宜。在亚洲、非洲的绝大多数国家里,尤其是在阿拉伯国家,拥抱礼仅适用于同性之人,与异性在大庭广众之前进行拥抱,是绝对禁止的。

7. 合十礼

合十礼是流行于泰国、缅甸、老挝、柬埔寨、尼泊尔等佛教国家的见面礼。此礼源自印度。最初仅为佛教徒之间的拜礼,后发展成全民性的见面礼。世界上的许多种宗教也都将合十作为一种礼节。据记载,当人类还在原始阶段,彼此见面、道别时就以合十为礼。双手合十,可以让对方消除戒备和恐惧,不再疑心你是否将武器藏在身后,所以说合十也有和平的含义。对佛教徒来说,合十则是表现十界如一的最高境界。一般地,行合十礼时,有三点必须为施礼者所重视。

（1）神态庄严。在向他人行合十礼时，允许施礼者面含微笑，也可同时口颂祝词或问候对方。但是，最佳的神态却是神态庄严凝重。

（2）郑重其事。作为一种宗教礼节，合十礼在其施行之时要求郑重其事。其标准做法是：双掌十指相合于胸部正前方，五指并拢，指尖向上，手掌上端大体与鼻尖持平，手掌在整体上向外侧倾斜，双腿直立，上身微欠，低头。行礼之时，身体一般应当立正不动。不过，只要不是疾步狂奔，在缓步行进时，也可施行此礼。

（3）敬意有别。根据传统做法，在向别人行合十礼时，自己合十的双手举得越高则越能体现出对对方的尊重。然而一般情况下，在正式场合向别人行合十礼时，原则上不应使之高过自己的额头，唯有礼佛之时，才将合十的双手举得较高。

合十礼可分为跪合十礼、蹲合十礼和站合十礼三类。跪合十礼是指行礼时，右腿跪地，双手合掌于两眉中间，头部微俯，以示恭敬虔诚。此礼一般为佛徒拜佛祖或高僧时所行之礼节。蹲合十礼是指行礼时，身体要蹲下，将合十的掌尖举至两眉间，以示尊敬。此礼用于佛教盛行国家的人拜见父母或师长时用。站合十礼是指行礼时，要站立端正，将合十的掌尖置于胸部或口部，以示敬意。此礼为佛教国家平民之间、平级官员之间相拜，或公务人员拜见长官时用。现在在休闲场合和人际关系较轻松、和谐的社交场合，站合十礼使用率较高。如同事之间、平级之间相见，或商务人员与上级相遇时，均可行合十礼问候对方。

4.3 商务接待礼仪

4.3.1 商务接待的原则与次序

1. 接待原则

接待工作是商务人员与客人接触的首要工作，给对方留下良好的第一印象，就为进一步深入接触打下了基础。在商务接待工作中，需要遵循身份对等的原则确定接待规格。实际执行中，大体上可以划分为三种情况。

（1）对等接待。如果来访者是预先约定好的重要客人，己方作为主人，在接待客户时，要根据对方的身份、地位，同时兼顾对方来访的性质及双方的关系，安排接待的规格，以使来宾得到与其身份相称的礼遇，从而促进双方关系的稳定、融洽和发展。迎接人员"门当户对"这是商务礼仪的基本原则之一。如果当事人因故不能出面，或不能完全与来访者身份相当，则应适当变通，由职位相当的人员或副职出面迎接，并从礼貌角度出发，向对方做出解释。在办公室接待一般的来访者，谈话时应注意少说多听，最好不要隔着办公桌与来访者说话。对来访者反映的问题，应做简短记录。

（2）高规格接待。它是指主要陪同人员比来宾的职位高的接待。例如，上级领导派工作人员来了解情况，传达意见，兄弟企业派人来商量要事等须高规格接待。企业为强调自己对宾主双方特殊关系的重视和对于来宾的敬重，特意打破常规，提高对来宾的接待规格也是可行的。

（3）低规格接待。它是指主要陪同人员比客人的职位低的接待。在特殊情况下，若己方与来宾身份对等的人员身体不适或忙于其他事情难以脱身或不在本地，造成不能亲自出面迎送来宾时，委派低于对方身份的副手或与其身份相近的人员出面接待，应在适当的时候向来宾做出令人信服的说明和解释，以表示己方的诚意。

在无特殊原因的情况下，商务往来中必须贯彻身份对等的原则，这是为了更好地确定宾主双方都能够接受和感到满意的接待标准，也是为了充分地表达东道主对来宾的尊重与敬意。

2．礼宾次序

礼宾次序所要解决的问题是多边商务活动中的位次和顺序的排列问题（这是一个容易被忽视的问题），不当的排序会引发误解甚至纠纷。在正式的商务活动中，礼宾次序可参考下列四种方法。

（1）按照来宾身份与职务的高低顺序排列。例如，接待几个来自不同方面的代表团时，确定礼宾次序的主要依据是各代表团团长职务的高低或身份的高低。

（2）按照来宾姓名或姓氏笔画排列。在国内的商务活动中，如果双方或多方关系是对等的，可按参与者的姓名或所在单位名称的汉字笔画多少排列。具体排法：按个人姓名（姓氏）或组织名称的第一个字的笔画多少，依次按由少到多的次序排列。当两者第一字笔画数相等时，按汉字书写顺序排列，即按照横、竖、撇、点、折五种基本笔形顺序排列。起笔是横的排在竖的前面，起笔是竖的排在撇的前面，以此类推。如笔画数相同，而且起笔的笔形也相同，就比较第二笔，以此类推。姓氏的笔画数相同、起次笔顺序一致的，按姓氏的字形结构排序，先左右形字，再上下形字，后整体形字。例如，同是八画的字，"明"在先，"昌"次之，"国"在后。若姓名的第一个字相同，一般以姓名的第二个字的笔画多少为序。如果姓名是两个字，第二个字的位置可按零画对待。

课内实训 4-4

某公司职工代表大会主席团名单如下，假如由你负责会议文字材料，请你按姓氏笔画次序排列主席团成员次序。

冯继忠、李全柱、刘子利、丁迎祥、刘玉艳、于建江、李红英、马坤、马春丽、冯景玉、王琪、王广兴、王克勤、毛青华、付绍荣

（3）按照国家或企业名称的英文字母顺序排列。在涉外活动中，一般将参加者的组织

或个人按英文或其他语言的字母顺序进行排列。具体方法：先按第一个字母进行排列；当第一个字母相同时，则依第二个字母的先后顺序排列；当第二个字母相同时，则按第三个字母的先后顺序排列，以此类推。但每次只能选一种语种的字母顺序排列。

（4）其他排列方式。除了上述方式外，还可以按照有关各方正式回执的先后顺序，或抵达活动地点的时间先后顺序排列。

4.3.2 商务接待的种类与准备工作

1. 商务接待的种类

迎来送往是商务人员最基本的工作内容，特别是对外接待，如不了解接待的种类和性质，便很难做好这项工作。常见的商务接待工作主要有以下几种。

（1）业务往来接待。业务往来接待主要是指面向和本企业有商务往来的单位的接待工作。业务往来接待工作的好坏，直接影响彼此交往合作的顺利与否。所以，业务往来接待是接待工作的重点。

（2）对投诉者接待。接待用户的投诉是企业特别是零售企业经常遇到的问题。一般来说，投诉的主要原因是产品质量问题，其次是服务态度问题。对此，商务人员要以热情的态度、温和的方式、委婉的语气来安抚客人情绪，认真倾听投诉者的倾诉。对产品给用户造成的损失表示同情，调查属实后应尽快给予妥善解决。

（3）商务宣传活动接待。商务宣传活动主要是指企业为与大众沟通、树立形象而进行的宣传活动，主要包括新闻发布会、贸易展览会、茶话会、开业庆典等活动。主办单位在接待各方来宾时，要时时注意礼仪规范，服务热情周到，举止从容大方、彬彬有礼，以优雅的言谈、行为塑造良好的企业形象。

2. 商务接待的准备工作

在商务接待中，从接到来客通知后，接待工作就开始进入准备阶段。这是整个接待工作的重要环节，一般应该从以下几个方面来准备。

（1）了解客人基本情况。接待的准备工作是为接待好客人而做的。要想使接待工作做好，就必须事先详细了解客人的情况。一要了解客人的单位、姓名、性别、民族、职业、职务级别、人数、是否有夫妇同行等。二要掌握客人的意图，了解客人来访的目的和要求及在住宿和日程安排上的打算。三要了解客人到达的日期、所乘车次（航班）和到达时间。这些资料可以帮助我们安排接待规格，以及为安排交通工具和食宿做好准备。

（2）确定迎送规格。按照身份对等的原则安排商务接待人员。对较重要的客人，应安排身份相当、专业对口的人士出面迎送；也可根据特殊需要或关系程度，安排比客人身份高的人士接待。对于一般客人，可由公关部门派遣有礼貌、言谈流利或宗教、习俗比较接近的人员接待。

（3）布置接待环境。在客人到达前，要根据不同情况，精心布置会客地点。接待室的环境应该明亮、安静、整洁、幽雅，应配置沙发、茶几、衣架、电话，以备接待客人进行谈话和通信联络之用。适当准备一些水果、饮料、茶具、香烟等，还可以适当点缀一些花卉、字画、绿色植物等，增加雅致的气氛。还可放置几份和本单位有关的报刊或企业的宣传材料，供客人翻阅。主人的精心、周到，能给客人以宾至如归的感觉。

（4）做好迎宾安排。根据对方的工作内容，事先拟订出各个项目陪同人员的名单，报请领导批准后，即通知有关人员不要外出，并做好准备。根据实际工作需要，安排好来宾用车和接待工作用车。在国家规定标准的范围内，尽可能周到地准备好来宾的客房和膳食。根据来宾的身份和抵达的日期、地点，安排有关领导或工作人员到车站、机场、码头迎接；若对所迎接的来宾不熟悉，还需准备一块迎客牌，写上"欢迎×××先生（女士）"及本单位的名称；若有需要，还可准备鲜花。

4.3.3 商务接待的基本礼仪

无论是单位或个人在接待来访者时，都希望客人能乘兴而来，满意而归。所以，从事商务接待工作的人员，必须掌握好礼仪；为达到这一目的，在接待过程中要遵守一定的工作原则，即平等、热情、友善、礼貌。

1. 迎客礼仪

（1）接站。对远道而来的客人，要做好接站工作。要掌握客人到达的时间，保证提前等候在迎接地点。接站时确认来宾的身份，通常有四种方法。第一种方法是使用接站牌。使用接站牌时，牌子要整洁，字迹要大而清晰。接站牌的具体内容，主要有四种写法：一是"热烈欢迎某某先生"，二是"热烈欢迎某单位来宾的光临"，三是"某单位热烈欢迎来宾莅临指导"，四是"某单位来宾接待处"。同时，要高举迎客牌，以便客人辨认。做好这些工作，可以给客人以热情、周到的感觉，使双方在感情上更加接近。第二种方法是使用欢迎横幅。第三种方法是使用表示身份的胸卡。第四种方法是自我介绍。在方便、务实的前提下，上述四种确认来宾的方法可以交叉使用。

（2）会面。"出迎三步，身送七步"，这是我国迎送客人的传统礼仪，客人在约定时间按时到达，主人应主动迎接，见到客人应热情打招呼，先伸手相握，以示欢迎，同时应说一些寒暄辞令。如果客人是长者或身体不太好的应上前搀扶，如果客人手中提有重物应主动接过来。

（3）乘车。如果迎接地点不是会客地点，还要注意乘车礼仪。接到客人后，应为客人打开车门请客人先上车，坐在客人旁边或司机旁。在车上接待者要主动与客人交谈，告知客人访问的安排，争取客人的意见。向客人介绍当地的风土人情，沿途景观。到达地点后，接待者应先下车为客人打开车门，然后请客人下车。

（4）入室。下车后，应先安置客人休息。如果是所在地来宾，可在单位会议室或接待室稍作休息，并提供茶水、饮料等；若是远道而来的客人，应先把客人引进事先安排好的客房休息。

（5）协调日程。客人食宿安排就绪后，对一般客人可由商务人员出面协调活动日程。对重要客人，应由领导出面进一步了解客人的意图和要求，共同协商活动的具体日程。最后根据确定的活动内容、方式等尽快将日程安排印发有关领导和部门按此执行，并分发至每一位客人手中。

2. 待客礼仪

（1）敬烟。客人入座后，接待者应把桌上的水果给客人送上，请客人品尝。还要把烟盒打开，用手弹出几支，请客人抽烟，如果有女士，也应周到询问，不应忽视。如客人抽烟，应为其点着；如陪客也抽烟，要等客人点着后自己再点；如果客人不抽烟不要勉强，自己最好也不要抽；如自己要抽烟，也要问客人"可以抽烟吗"，以示对客人的尊重。

（2）敬茶。敬茶是中国传统的待客礼节，无论什么季节、什么时间客人来访，都要先敬上一杯热茶。敬茶时必须注意：茶壶、茶杯要干净，不能用剩茶或旧茶待客，用什么茶叶应事先征求客人意见；倒茶时要讲究"茶七酒八"的规矩，不要太满，并且茶杯要一字排开，来回冲倒，浓淡均匀；敬茶时应先客后主，如客人较多，应按级别或长幼依次敬上。上茶的具体步骤是：先把茶盘放在茶几上，从客人右侧递过茶杯，右手递上，手指不要搭在茶杯上，也不要让茶杯撞到客人手上。如妨碍客人交谈，应先说一声"对不起"。

（3）谈话。谈话是接待工作中的一项重要内容，直接关系接待工作的成功与否，通过谈话，双方可以增进感情交流和相互了解。商谈问题，首先要紧扣主题，围绕会谈的目的进行；其次要注意自己的态度和语气，要尊重他人，语气要温和适中；再次，会谈中要认真倾听别人讲话。此外，会谈中还要适时地以点头或微笑做出反应。他人谈完后再发表自己的看法。

（4）交换名片。为了便于双方相互了解和加强联系，在开始相识或准备告别时可以交换名片，一般是由地位低的先把名片交给地位高的，年轻的先交给年长的。假如对方已经先拿出名片，也不必太谦让，要落落大方地收下，然后拿出自己的名片来回报。

（5）组织活动。按照日程安排精心做好各项工作和活动。如来宾要进行参观学习，则应根据对方的要求，事先安排好参观点，并通知有关部门或单位准备汇报材料，组织好有关情况介绍、现场操作和表演、产品或样品陈列等各项准备工作。在条件许可的情况下，为来宾安排一些必要的文化娱乐活动，如电影、地方戏剧、晚会、书画活动、参观展览等。在陪同客人参观、访问、游览时要注意一些方式方法。首先，接待者要事先做好准备，熟悉情况，以便给客人做详细的介绍；其次，陪同时要遵守时间，衣着整洁，安排好交通事宜；再次，陪同时要热情、主动，掌握分寸，既不要过分殷勤，也不要冷淡沉默；最后，参观、游览时要注意客人的安全，车费、门票费用尽量由主人支付。

（6）安排返程。事先征询来宾意见，及早预订机票、车船票，安排送行人员和车辆，根据车次、航班的时间，及时与负责行李的部门、人员约定提取行李的时间，并通知客人。安排有关领导或工作人员到住地或去车站、码头、机场为客人送行；到达车站（机场、码头）后，要妥善安排好客人的等候休息，等客人登车（机、船）后方可离开。

3. 接待礼仪禁忌

商务接待人员要品貌端正，举止大方，说话口齿清楚，具有一定的文化素养，受过专门的礼仪、形体、语言等方面的训练，还要注意服饰的整洁、端庄、得体、高雅。女性应避免佩戴过于夸张或有碍工作的饰物，化妆应尽量淡雅。以下行为是禁止的：

（1）态度冷漠。接待时未表现出应有的热情，使客人有冷落感。

（2）对象不分。未根据来宾不同身份，按地位对等原则安排主接待人。

（3）准备不周。如接车脱班，住宿房间不如意，没有日程表等。

（4）以"利"取人。依照客人地位及影响力安排不同接待规格，冷落其他客人。

（5）有头无尾。后续接待工作没有跟上，客人离去时产生抱怨。

（6）日程不妥。日程安排应事先征求客人意见，日程表应得到大多数客人许可。

（7）言语失态。接待过程中应保持冷静，无论是会晤还是宴请，均不可言语失态，切勿说大话、空话、假话。

（8）身份混淆。主接待人不可经常更换，接待方的主要负责人不可从事与身份不称的服务工作。

（9）过分服务。接到来宾后，在步出迎宾地点时，迎宾人员应主动为来宾提拎行李。但是，对来宾手中的外套、提包或是密码箱，则没有必要为之"代劳"。

知识拓展 4-2

注意聆听

见客户时的眼神很重要，但耳朵更重要，不听清楚对方说什么，不明白对方想什么，见面便失去意义。礼仪专家用英文 listen（听）的六个字母组成六个单词，来说明聆听的重要：

L——Look，注视对方，试用"肯尼迪总统眼神法"。方法是轮流看对方的眼睛，看左眼、看右眼，再看回左眼，两眼交替注视。这种方法据说肯尼迪总统经常使用，最能打动对方的心。若不敢直视对方，看着对方鼻梁、眼镜也是方法之一。

I——Interest，表示兴趣，点头、微笑、身体前倾，都是有用的身体语言。

S——Sincere，诚实关心，留心对方的说话，做真心善良的回应。

T——Target，对准目标，当对方故意离题时，应马上带回主题。

E——Emotion，控制情绪，就是听到过分言语，也不要发火。

N——Neutral，避免偏见，仔细聆听对方的立场，不要急于捍卫己见。

4. 欢送礼仪

欢送是下一个迎接的开始。送别客人是接待工作最后的也是非常重要的一个环节。常言道"出迎三步，身送七步"，可见接待工作顺利完成后，作为一位商务人员必须认识到送客比迎客更为重要，这是为了给对方留下美好的回忆，以期待客人能再度光临。因此，来访者离开时，要做好送行的礼仪工作。

（1）欢送的准备工作。送别来访者时，应根据来访者的身份地位和迎接的规格确定送别的规格。一般来说，主要迎接人员都应参加送别活动；对于外地的客人，应提前为之预订返程的车、船票或机票；通常情况下，不管客人有没有在来访时带有礼品，在送别时都会准备一些具有象征意义的礼品馈赠。

（2）欢送仪式。在送客人时应注意，当客人告辞时，应起身与客人握手道别。对于本地客人，一般应陪同送行至本单位楼下或大门口，待客人远去后再回单位。如果是乘车离去的客人，一般应走至车前，商务人员帮客人拉开车门，待其上车后轻轻关门，挥手道别，目送车远去后再离开。如果来访者是本公司的重要客人，则应视具体情况，举行专门的欢送仪式。

（3）共同前往交通地点。送行人员直接前往客人下榻处，与来访者一起乘车到达机场、车站或码头。一般情况下送行人员可前往客人住宿处，陪同客人一同前往机场、码头或车站，也可直接前往机场、码头或车站恭候外宾。

（4）协助办理手续。应派专人协助来访者办理出境或机票（车、船票）手续，以及帮助客人提拎行李、办理托运手续。

（5）握手告别。客人在上飞机、轮船或火车之前，送行人员应按照身份和职务的高低一一与来宾握手告别，祝愿客人旅途平安并欢迎再次光临。

（6）目送离开。飞机起飞或轮船、火车开动之后，送行人员应向客人挥手致意，直至飞机、轮船或火车在视野里消失，送行人员方可离去。不可以在客人刚登上飞机、轮船或火车时，送行人员就立即离去。

案例 4-5

1957年国庆节后，周总理去机场送一位外国元首离京。当那位元首的专机腾空起飞后，外国使节、武官的队列依然整齐，并对元首座机行注目礼。而我国政府的几位部长和一位军队的将军却疾步离开了队列。他们有的想往车里钻，有的想去吸烟。周总理目睹这一情况后，当即派人把他们叫回来，一起昂首向在机场上空盘旋的飞机行告别礼。待送走外国的使节和武官，总理特地把中国的送行官员全体留下来，严肃地给大家上了一课："外国元首的座机起飞后绕机场上空盘旋，是表示对东道国的感谢。东道国的主人必须等飞机从视线里消失后才能离开，否则，就是礼貌不周。我们是政府的工作人员和军队的干部，我们的举动代表着人民和军队的仪表。虽然这只是几分钟的事，但如果我们不加以注意，就很可能因小失大，让国家的形象受损。"

4.4 商务馈赠与接受礼品礼仪

4.4.1 商务馈赠礼仪

馈赠是人们在交往过程中通过赠送给交往对象礼物来表达对对方的尊重、敬意、友谊、纪念、祝贺、感谢、慰问、哀悼等情感与意愿的一种交际行为。馈赠礼品能起到联络感情、加深友谊、促进交往的作用，随着交际活动的日益频繁，越来越受到人们的重视。

1. 确定馈赠目的

针对不同的社交场合和商务活动，商务馈赠的目的是有差别的。概括而言，馈赠目的主要有以下三种。

（1）交际沟通。礼品的选择，要使礼品能反映送礼者的寓意和思想感情，并使寓意和思想感情与送礼者的形象有机地结合起来。

（2）巩固关系。即"人情礼"，人情礼强调礼尚往来，以"来而不往非礼也"为基本准则。因此礼品的种类、价值、档次、包装、寓意等方面都呈现多样性和复杂性。

（3）感恩酬谢。这类馈赠是为答谢他人的帮助而进行的，因此在礼品的选择上十分强调其物质利益。礼品的贵贱厚薄，取决于他人帮助的性质。

2. 选择馈赠礼品

礼品的选择不是一件容易的事情，为使受礼者喜欢该礼品，选择时应注意以下三个问题。

（1）投其所好。要使对方愉快接受馈赠并不是件容易的事情，挑选礼品应当做到因人、因事而异。因人而异，指的是选择礼品时，务必要考虑风俗习惯，充分了解受礼人的性格、爱好、兴趣、修养与品位，尽量让受礼者感觉到馈赠者在礼品选择上是花了一番心思的，是真诚的。

知识拓展 4-3

赠送外国人礼品禁忌

向外国人赠送礼品，是绝对不能有悖对方的风俗习惯的。要了解受礼人所在国的风俗习惯，在挑选礼品时，主动回避对方有可能存在的下述六个方面的禁忌：一是与礼品品种有关的禁忌；二是与礼品色彩有关的禁忌；三是与礼品图案有关的禁忌；四是与礼品形状有关的禁忌；五是与礼品数目有关的禁忌；六是与礼品包装有关的禁忌。

此外，还应当了解下列八类物品一般不宜被选为送给外国人的礼品：第一类，一定数额的现金、有价证券。不少国家规定，在对外交往中拒收现金和有价证券。第二类，天然珠宝和贵金属首饰。第三类，药品和营养品。在国外，身体健康状况乃属"不可告人"的个人隐私。因此将药品和营养品赠送给外国人，通常都是不受对方欢迎的。第四类，广告性、宣传性物品。将带有广告词、宣传用语或明显的公司标志的物品送给外国人，往往会适得其反，被误解为是在利用对方，或借机进行宣传。第五类，易于引起异性误会的物品。向关系普通的异性送礼时，千万不要弄巧成拙，误送示爱的物品或对对方不恭的物品。第六类，为受礼人所忌讳的物品。比如，礼品有违受礼人的宗教禁忌、民族禁忌或个人禁忌。第七类，涉及国家机密或商业秘密的物品。第八类，法律法规禁止流通的物品。

（2）轻重得当。一般来讲，礼物太轻，很容易让人误解为瞧不起他，尤其是对关系不算亲密的人，更是如此。礼物太贵重，又会使受礼者有受贿之嫌，特别是对上级、同事更应注意。在涉外交往中，许多国家里，都不时兴赠送过于贵重的礼品。一般人即使收下，也会付钱，要不就日后必定设法还礼。如果对方拒收，礼物自己留着无用，便会生出许多烦恼。因此，礼物的轻重选择以对方能够愉快接受为尺度，争取做到少花钱，多办事，多花钱，办好事。

（3）富有意义。礼物是感情的载体，正所谓"千里送鹅毛，礼轻情意重"。所以，选择的礼品必须与自己的心意相符，并使受礼者觉得礼物非同寻常，倍感珍贵。在涉外商务活动中，赠送礼品时还要注重体现礼品的民族性。因此，选择礼物时要考虑它的思想性、艺术性、趣味性、纪念性等多方面的因素，力求别出心裁、不落俗套。

课内实训 4-5

某大型商务公司开业第一天，很多关系单位都送来了具有纪念意义的礼品，令公司的王总经理非常高兴。正在这时，天气骤变，突然下起雨来，半小时后，王总经理的朋友刘先生拿着 20 把雨伞作为礼物送到了王总经理的手中，只见王总经理的脸像外面骤变的天气一样沉了下来。

分析思考：刘先生这一做法的不妥之处。如果你是刘先生，从该事件中可以吸取哪些教训，将要点记录下来。如果你是王总经理，会如何对待此事？如果你是王总经理秘书，会如何对待此事？为什么？

3. 把握馈赠时机

馈赠虽然对商务往来活动能够起到非常重要的作用，但是，并不是在任何时间都要进行馈赠活动。馈赠的时机主要有以下几种情况。

（1）传统节日。春节、中秋节、圣诞节等，都可以成为馈赠礼品的黄金时间。

（2）喜庆之日。晋升、获奖、厂庆等日子，应考虑备送礼品以示祝贺。

（3）企业开业庆典。在参加某一企业开业庆典活动时，要赠送花篮、牌匾或室内装饰品以示祝贺。

（4）酬谢他人。当自己接受了别人的帮助，事后可送些礼品作为回报感恩。

送礼时机要视实际情况灵活掌握，赠送礼品没有严格的时间限制，一般习惯是：送花可以在迎送初期；会谈会见时一般在起身告辞时赠送；签字仪式一般在仪式结束时互赠礼品；正式宴会如果有礼品互赠仪式，应按计划在相应时间段赠送，除此之外，一般是在临近用餐结束时赠送；家宴一般在开始前赠送礼品；祝贺赠礼一般是开始时或者提前赠送。

4. 馈赠的注意事项

（1）包装要精心。礼品的包装是礼品的有机组成部分之一，被视为礼品的外衣，送礼时不可或缺。因此，馈赠礼品时一定要在事先进行精心的包装。对包装所用一切材料，都要尽量择优而用，而且在其色彩、图案、形状乃至缎带结法等方面，还要与受礼者的风俗习惯联系在一起考虑。

（2）礼品标签应清除干净。礼品选好后，应检查一下上面是否有价格标签。如果有，应及时取下。如果礼品是有保修期的"大物件"，如家用电器、电脑等，可以在赠送礼品的时候把发票和保修单一起奉上，以便将来受礼人能够享受"三包"服务或方便其转手处理。

（3）送礼的场合和态度适宜。当众只给一群人中的某一个人赠礼是不合适的，给关系密切的人送礼也不宜在公开场合进行。只有象征着精神方面的礼品，如锦旗、牌匾、花篮等才可在众人面前赠送。赠送礼品时，只有态度平和友善、动作落落大方并伴有礼节性的语言，才容易让受礼者接受礼品。

（4）注意送礼间隔时间。送礼的时间间隔也很有讲究，过于频繁或间隔过长都不合适。另外，礼尚往来，受礼人还必须还情于送礼人。一般来说，选择重要节日、喜庆、寿诞送礼为宜，这样送礼既不显得突兀虚套，又使受礼人收着也心安理得，两全其美。

(5) 区分送礼途径。送礼的途径是指如何将礼品送交受礼者。在商务交往中，送礼的途径主要被区分为两种：一种是当面亲自赠送；另一种则是委托他人转送。在一般情况下，馈赠的礼品，大都可以由送礼人亲自当面交给受礼人。向重要人士赠送礼品，也可专程派遣礼宾人员前往转交。委托他人转送礼品时，应附上送礼人的名片，既可以放在礼品盒之内，也可以放在一枚写有受礼人姓名的信封里，然后再设法将这枚信封固定在礼品的外包装之上。

4.4.2 商务接受礼品礼仪

在商务活动中，了解受礼的相关礼仪也是十分必要的。接受礼品的礼仪有以下几点需要注意。

1. 欣然接受

一般情况下，当别人向自己赠送礼品时，一般应当大大方方、高高兴兴地接收下来。在接受受赠礼品时，应当起身站立，面带笑容，用双手接过礼品，然后与对方握手，并且郑重其事地为此而向对方道谢。在接受礼品时，面无表情，用左手去接礼品，接受礼品后不向送礼人致以谢意，都是非常失礼的表现。

2. 启封赞赏

接受礼物时，不管礼物是否符合自己的心意，受礼者都应表示对礼物的重视。接受贺礼及精美礼物时，征得送礼人同意，可以当面打开，对礼物表示赞美。在许多西方国家，受礼人在接受礼品时，通常大都习惯于当着送礼人的面，立即拆启礼品的包装，然后认真地对礼品进行欣赏，并且对礼品适当地赞赏几句。接受礼品之后若不当场启封，或是暂且将礼品放在一旁，都会被视为失礼。对此务必予以注意。

3. 予以回礼

接受他人的馈赠后，如有可能应予以回礼。回礼的方式可以有很多种，既可以回赠一定物品，也可以用款待对方的方式来回礼。如果是回赠礼品，应注意以下几点：一是不超值，回礼的价值一般不应超过对方赠送的礼品，否则会给人攀比之感；二是收到私人赠送的礼品，回礼时应该有一个恰当的理由和合适的时机，不能为了回礼而不选时间、地点单纯回送等值的物品；三是分别时是最好的回礼时机之一。

4. 拒绝有方

一般而言，赠送的以下物品不宜接受：违法、违禁物品；有辱人格的物品；可能会使双方产生误会的物品；价格过分昂贵的物品；一定数额的现金、有价证券等。如果不能接受对方赠送的礼品，应当即向对方说明原因，并且将礼品当场退还，可能的话，最好不要在外人面前这么做。若对方并无恶意，在退还或拒绝礼品时，还须向对方表示感谢。

5. 事后再谢

接受对方赠送的礼品后，尤其是接受对方赠送的较为贵重的礼品后，最好在一周之内写信或打电话给送礼人，向对方正式致谢。

知识测试与技能训练

1. 知识测试

(1) 介绍的相关礼仪有哪些?
(2) 名片使用礼仪有哪些?
(3) 常见的称谓方式有哪些?
(4) 常用的见面礼仪有哪些?
(5) 商务接待的基本原则是什么?
(6) 商务接待的基本礼仪有哪些?
(7) 赠送礼品的礼仪有哪些?
(8) 接受礼品的礼仪有哪些?

2. 技能训练

项目1 接待礼仪

情景设定：在某次班会上，让同学们在30分钟的时间里讲述自己参加过的一次重大接待工作中的礼仪细节，激发学习迎来送往礼仪的兴趣。

训练目标：口头与文字表达能力，信息整合能力，公关礼仪意识。

训练方案：随机抽选几位同学上台发言，然后由老师引导全班同学分析总结这几位同学发言过程的优缺点及需要改进完善的方面。

测评要点：表述逻辑条理，用语规范不俗；普通话标准规范，声音洪亮清晰；举止优雅端庄，表情自然亲和，礼仪规范应景；引起共鸣。

项目2 案例分析

张扬和李菲在公司门口迎接前来公司洽谈业务的客户。一辆轿车驶到，客户下车。

李菲上前，道："陈总您好!"呈上自己的名片。

又道："陈总，我叫李菲，是宏大集团公关部经理，专程前来迎接您。"

对方道谢。

张扬上前："陈总好! 您认识我吧？"对方点头。

张扬又道："那我是谁？"

对方尴尬不堪。

分析思考：李菲和张扬的做法是否正确？并说明原因。

第 5 章
商务语言礼仪

学习目标

养成自觉遵守商务语言礼仪规范的习惯和修养素质;理解语言交谈、演讲语言的基本要求;掌握符合接打电话语言交谈礼仪和不同形式演讲语言礼仪要求的基本技能。

任务驱动

有一天,办公室的章经理收到一条留言,上面的内容是"章经理:刚才一位姓王的先生来电,让你晚上 8:30 在老龙山宾馆大门口等他。小马"。该留言有哪些不妥当的地方?正确的留言应该具备哪些信息?

5.1 商务语言的要求与技巧

5.1.1 商务语言的基本要求

交谈是指两个或两个以上的人所进行的对话。它是人际交往中最迅速、最直接的一种沟通方式。国人素来讲究"听其言,观其行",所以,交谈不仅是人们交流感情、增进了解的主要手段,还是考察人品的一个重要标准。在商务交往中,一个善于使用语言与他人沟通的人,本身就具备了取得成功的可能性。在商务活动中,谈话要自觉遵守交谈方面的规则和要求,以礼待人、以情动人、以理服人,这也是商务人员拓展业务的一种优势。

课内实训 5-1

在一次商务宴请活动中,某公司请了联办单位的领导就餐。到了用餐时间,公司请的三位客户只来了两位,还有一位没有到。公司负责人一着急,说了一句:"该来的怎么还不来?"听了这句话,一位客户起了疑心:是不是我不该来呀?于是起身告辞:"对不起,我还有点事,失陪了。"负责人送走这位客户回来以后,叹了口气说:"唉!这是怎么搞的?不该走的倒走了。"剩下的那位客户听了心里不乐意了:就我们两个客户在这儿,他不该走,那该走的是我了?于是,生气地说:"我该走了。"愤然离去。

分析思考:这两位客户为什么没等宴席开始就走了?这位负责人在语言方面该怎样表

述才能既不让客户曲解自己的意思,又能准确地表达自己焦急的心情?如果是你,你会怎么做?

语言交谈的基本要求表现在以下两个方面。

1. 用语文明礼貌,准确得体,表达流畅

这是交谈的最基本规则。俄国著名哲学家、作家赫尔岑说过:"生活中最主要的是有礼貌,它比最高的智慧,比一切学识都重要。"

只有先尊重别人,才能赢得别人对你的尊重。人类的语言,尤其是汉语非常丰富多彩,一字之差,所表达的情感就可能大不相同。例如,坐、请坐、请上坐;喝茶、请喝茶、请用茶,就令人明显感到所获礼遇等级的差别。只有准确把握词义的细微差别,才能把握好说话的分寸。

在交谈中还应注意发音准确、语速适度、口气谦和、内容简明、少用土语,尽量避开书面语言,用口语交谈,但应该去掉过多的口头语,诸如"那个"、"反正"、"然后"等,以保持语言的准确、得体、流畅,有利于彼此各方之间的沟通。

不论在何种场合,问候时表情应该自然、和蔼、亲切,脸上应有温和的微笑,显得彬彬有礼,以获得他人对自己的友好与尊敬。同时,还可借助于表情、动作、音高、音调等非语言因素使谈话亲切动听。

案例 5-1

我国电影界德高望重的前辈夏衍老先生,临终前遭受病魔折磨,在最痛苦的时候,身边的工作人员情急之下说:"我去叫医生。"夏公听见,用尽最后一丝力气说:"是'请',不是'叫'!"在场的每个人无不为之动容。照理,夏公已 90 多岁高龄,从年龄看,医生是他的孙子辈,夏公怎么"叫"都是可以的。但夏衍先生一辈子都注意尊重他人,医生是为自己看病的,无论辈分大小,都要用"请",而不是"叫"。

知识拓展 5-1

常用礼貌用语七字诀

与人相见说"您好",问人姓氏说"贵姓",问人住址说"府上"
仰慕已久说"久仰",长期未见说"久违",求人帮忙说"劳驾"
向人询问说"请问",请人协助说"费心",请人解答说"请教"
求人办事说"拜托",麻烦别人说"打扰",求人方便说"借光"
请改文章说"斧正",接受好意说"领情",求人指点说"赐教"
得人帮助说"谢谢",祝人健康说"保重",向人祝贺说"恭喜"
老人年龄说"高寿",身体不适说"欠安",看望别人说"拜访"
请人接受说"笑纳",送人照片说"惠存",欢迎购买说"惠顾"
希望照顾说"关照",赞人见解说"高见",归还物品说"奉还"
请人赴约说"赏光",对方来信说"惠书",自己住家说"寒舍"
需要考虑说"斟酌",无法满足说"抱歉",请人谅解说"包涵"

第 5 章 商务语言礼仪

> 言行不妥说"抱歉"，慰问他人说"辛苦"，迎接客人说"欢迎"
> 宾客来到说"光临"，等候别人说"恭候"，没能迎接说"失迎"
> 客人入座说"请坐"，陪伴朋友说"奉陪"，临分别时说"再见"
> 中途先走说"失陪"，请人勿送说"留步"，送人远行说"平安"

2. 态度认真诚恳，神态专注，自然平等

认真诚恳是交谈的基础，只有诚心待人，才能换取对方的信任和好感，才能为进一步的交谈创造融洽的气氛。交谈要做到文雅、诚恳、坦率、认真。说话时应多用征求、商讨的口气，要让他人觉得你是有诚意地同他人沟通思想、交流意见。交谈中，出于对他人的尊重，有必要对自己的神态加以约束，特别是要注意自己的眼神和手势。交谈时要排除干扰，神态专注、聚精会神地同他人交谈。交谈双方也可能身份、地位不同，但不论在何人面前，交谈的态度都应该坦诚平等。在交谈中，"说话"者应充满自信、真诚热情、不卑不亢。"听话"者应表现得神态专注，认真倾听，不要用心不专。在交谈的过程中，要理解和信任对方，建立和谐的人际关系。说话应该让人感到亲切，交谈时，亲切友好、轻松愉快的语言意味着平等、和谐、坦率和诚实。

5.1.2 商务语言的技巧

交谈是一种语言的沟通。对于商务人员来讲，言谈不仅要使对方理解、听懂，还应使对方认清事实，同意你的观点，进而改变其态度，修正其行为，这便是人们常说的语言技巧。

1. 选择合适的交谈话题

交谈话题是指交谈的中心内容。选择得体的话题，选择交谈各方都感兴趣的，并能愉快地接受、积极参与的话题，往往是使交谈取得成功的关键。一般来说，交谈话题多少可以不作限定，但在某一特定时刻则宜少不宜多，最好只有一个。话题少而集中，有助于交谈的顺利进行。话题过多、过散，会使交谈者无所适从。因此，商务人员应该学会选择适当的交谈话题。选择合适的话题，可以有以下几种考虑。

（1）选择大家共同关心、都能谈的事情为话题。选择的话题能让在座的每一个人都参与谈话，这是对人的一种理解和尊重。在这个前提下，一般可以选择一些轻松、时尚且交谈各方都擅长的话题。

（2）选择对方感兴趣的事情为话题。对方感兴趣的事情往往是对方所擅长的话题，乐意与人交谈，双方关系必然随着语言交往的顺利进行而变得融洽。

（3）以对方喜欢听的话为话题。依据对方的心理状态，选择自己说话的方式与内容。例如，朋友的儿子考上大学，不妨多夸奖他的儿子聪明、用功；朋友碰到了不顺心的事，宜表示同情，多加劝导等。

（4）依据谈话对象与自己关系的亲疏来选择话题。关系密切者，可推心置腹，甚至无话不谈，话题可随心所欲；关系一般者，可顾及其爱好和兴趣，选择"中性"话题，保持恭敬之心；关系生疏者，可选择问候、寒暄等客套性话题，以缩短心理距离；关系相抵触者，可坦诚相见，以德报怨，借交谈消除误会，增进了解；关系敌对者，不妨主动上前问

候,避重就轻地聊上几句,也是有益处的。

总之,在话题的选择上,应避免在交谈过程中进入对方的"隐私区"和"敏感区";涉及国家秘密、企业秘密、商业秘密,无论是人员调动、关键技术还是经营信息,都不应在商务活动中作为话题,以免给国家和单位造成不必要的损失。

2. 懂得聆听的艺术

案例 5-2

古代,有个小国向中国进贡了三个一模一样的金人,金碧辉煌。这小国的人同时出一道题目:这三个金人哪个最有价值?皇帝想了许多办法,请来珠宝匠检查,称重量,看做工,都是一模一样的。怎么办?最后,有一位退位的老臣胸有成竹地拿着稻草,插入第一个金人的耳朵里,稻草从另一边耳朵出来了。插入第二个金人的稻草从嘴巴里直接掉出来了。而插入第三个金人耳朵里的稻草进去后掉进了肚子里。老臣说:第三个金人最有价值!使者默默无语,答案正确。

这个故事告诉我们,最有价值的人,不一定是最能说的人。老天给我们两只耳朵和一个嘴巴,本来就是让我们多听少说的。善于倾听,才是人最基本的素养。

在交谈过程中,每个人既是谈话者,又是聆听者。有一则外国谚语说:"用十秒钟的时间讲,用十分钟的时间听。"有人调侃地说,上帝给人造了一张嘴巴说,却造了两只耳朵听。可见,在交谈中,听比说更重要。聆听可以及时捕捉宝贵的信息,获取重要的知识和见解;可以了解对方谈话的意图和个性特征;通过观察对方的反应,用较为充足的时间想一想自己该怎么说;有利于心灵沟通;能给他人以被尊重和被欣赏的感受。要成为一名高超的谈话者,首先要站在对方的角度去听、去理解、去感受,学会充当一名高超的聆听者。

案例 5-3

堪萨斯纽麦超市的服务员凯琳娜因为对一位顾客表现出不耐烦,导致该顾客要求面见总经理尼亚克。这位顾客坐在尼亚克办公桌的对面,诉说他刚才在该超市购买的牛肉不新鲜,并且告诉尼亚克,他将会联合其他顾客提出索赔。尼亚克亲自给他递上咖啡,安静地聆听他喋喋不休的埋怨。大约过了20分钟,那位原本牢骚满腹的顾客火气稍减,尼亚克就巧妙地把话题转换到对方感兴趣的篮球联赛上。在剩下的半小时内,尼亚克除了偶尔插话之外,主要是在听对方关于他所崇拜的男篮明星的谈话。最后,那位顾客表示不再考虑索赔的事情,还主动邀请尼亚克下周一起去为本地球队的一场比赛呐喊助威。

聆听的艺术或技巧主要体现在以下几个方面。

(1) 全神贯注。当与别人交谈时,应目视对方,不东张西望或做一些与谈话无关的下意识的小动作,以示全神贯注。还可以通过点头、微笑及其他体态语言的运用,使对方感到这一点。对外界造成的种种干扰,要尽量做到视而不见、听而不闻。主观上产生的心理干扰,也要尽量控制。一个出色的聆听者,本身就具有一种强大的感染力,能够引起对方的谈话兴趣。

（2）呼应配合。认真倾听，不是毫无反应地傻听，而是随着谈话者情感和思路的变化相呼应配合，或击掌响应，或以笑回之，或点头赞同，总之，使对方感到你在实实在在地听，表示出你的诚意和对对方的尊重。呼应配合在某种程度上可极大地调动说话人的情绪。同时，还应学会适时地发问、简短地评述等，如"您看呢"、"您觉得如何"、"您怎么理解"、"原来如此"、"说得对"、"是这样"、"请继续说下去"等表示听者对说者观点的赞赏和鼓励。发问或简短评述的目的主要是激发对方谈话，同时，通过发问可以了解自己所不了解的情况。

（3）正确判断。倾听对方谈话，要善于体味对方的弦外之音，弄清其意图。当自己还不能完全摸透对方意图时，切不可自以为是，以免曲解或误会对方的本意。为使接收的信息更准确，对一些重要意见，最好能得到对方的认可，如"您的意思是说……"、"我理解你的意思是……"，如果符合对方的意图，便会得到首肯；如果不符合对方的意图，对方会给你解释。这样做还会给对方留下你听得很认真的印象。

（4）辅以体态语言。倾听时，身体要稍微向对方倾斜，态度要认真、谦虚、诚恳，并温和地看着对方。这样既向对方表示自己的注意力，也有助于细致观察对方的表情和姿态，并能更好地了解、体会对方的感情和心境。听是交流的一半，注意和善于倾听的人永远是善于沟通、深得人心的人。

总之，交谈是一种双向的行为。无论是什么类型的交谈，都离不开说和听的配合。商务人员在同他人进行交谈时，应时刻不忘克己敬人，在礼仪上尽量做到中规中矩，需要自己说时应该如此，需要听时也应该如此。

3. 巧用赞美、幽默、争辩、说服和拒绝

（1）赞美。赞美是对他人长处的一种肯定。商务人员应该学会如何恰当赞美他人。赞美过程中应该注意以下几个问题。

第一，要实事求是。最美好的言语是发自内心深处的。赞美对方首先要学会欣赏对方，只有发现对方值得赞美的地方，赞美才能真实自然，否则赞美就会显得勉强和虚伪，成了盲目吹捧别人。

第二，要因人而异、措辞得当。赞美的言辞、方式要根据赞美对象的不同而有所区别。即使是同一优点，在不同的人身上，也要通过适当的言辞和方式加以赞美。同时，赞美别人的言辞一定要得当，既要让对方正确理解，又不能让对方想得太多。当说赞美话的时候，再加上和悦的眼神、亲切的微笑、恰当的手势都可使赞美更加有力。

案例 5-4

推销员小王去某工厂推销产品，该厂厂长说："本厂已有订货，不再需要。"小王早已从其他途径了解到该厂有容纳其产品的能力。于是在午餐前夕，他去了厂长家。他并没有提任何与产品销售有关的问题，而是跟厂长的小孩"玩"起来，并连连向大人夸孩子的优点。听到他恰如其分的赞美，大人、孩子都很高兴，于是由孩子提议"留叔叔在家吃饭"。这下子气氛就更融洽了。轻松、愉快地用完午餐后，厂长对小王说："关于你推销产品的事，下午到办公室咱们再谈谈。"就这样,一个没有希望的订货,在这样的特定场合下竟然变成了现实。

(2) 幽默。幽默是社交谈话的润滑剂。在日常生活中,具有幽默感的人几乎毫无例外地受到欢迎。幽默的语言,不仅反映说话人的教养、学识与机智,更能使谈话气氛轻松愉快,迅速拉近说话人和听话人之间的距离,充分表达说话人的意思,说服别人接受、认同自己的观点,还能起到以下几个作用。

第一,活跃气氛,打破僵局。幽默的语言能以一种愉悦的方式让人获得精神上的快感,润滑人际关系,使人感到轻松、愉快、舒适,并能活跃气氛,打破僵局,沟通感情,在笑声中拉近双方的心理距离。

案例 5-5

有一次中外两家公司就一笔生意举行谈判,在某一问题上讨价还价两个星期仍没结果。这时中方主谈人说:"瞧我们双方至今还没有谈出结果,如果奥运会设立拔河比赛的话,我们肯定并列冠军,并载入吉尼斯世界纪录大全。我敢保证,谁也破不了这一纪录。"此话一出,双方都开怀大笑,随即双方都做出让步,很快达成协议。

第二,解除尴尬,塑造形象。风趣幽默、意味深长的语言,有助于提升讲话人自身的形象魅力与修养风度。幽默感所表现出的随机应变的机智、应对自如的从容、快乐达观的性格、丰富深刻的思想,都会给人留下深刻的印象。

案例 5-6

深受美国民众爱戴的美国前总统林肯的容貌比较难看,他自己也不避讳这一点。一次演讲时,他的论敌说他是两面派。林肯平和地说道:"现在,让各位评评看,要是我有另一副面孔的话,您认为我会戴这副难看的面孔吗?"结果观众哄然大笑。幽默,显示了林肯的达观与真诚,也为他赢得了理解和信任。

第三,说服他人,事半功倍。说服他人需要摆事实、讲道理,需要冷静分析、严密推理,需要循循善诱、以理服人。但若能把深刻的哲理与幽默风趣的语言技巧结合起来,就能够使人在轻松愉快的笑声中明白事理、增长智慧,心悦诚服地接受你的观点,起到事半功倍的效果。

案例 5-7

一位年轻的画家拜访德国著名的画家阿道夫·门采尔,向他诉苦说:"我真不明白,为什么我画一幅画只用一会儿工夫,可卖出去却要整整一年。""请倒过来试试吧,亲爱的。"门采尔认真地说,"要是你花一年的工夫去画它,那么只用一天,就准能卖掉它。"

(3) 争辩。在商务活动中,特别是在某些正式场合,为了捍卫国家利益或单位利益,有时免不了要同交往对象针锋相对,争论某些问题,辨别谁是谁非,这便是人们所说的争执与辩论,通常也称作争辩,但一定要谨记,即使进行争辩时,也须讲究礼仪。

在进行争辩时,应考虑的头等大事是它有没有实际意义。通常,为公事而进行争辩是必要的。为大事应当进行争辩，并且应当据理力争；为小事则宜求同存异，不必非争不可。

在进行争辩时，还须静思三个细节性问题：一是自己争辩胜利后，对自己是利大还是弊大，不妨先自我评估一番，再决定是否需要争辩；二是自己争辩的欲望是出自理智还是情感，若为情感而冲冠一怒，则毫无必要；三是自己对争辩对手有无敌意或成见，如果有，则务必克制、冷静，不要被个人的情感所左右。

在进行争辩时，务必要对事不对人，要处处礼让对方，尊重对方，充分考虑对方的感受，始终以礼相待。

（4）说服。在商务交谈中，各自的利益不同，决定了双方在交谈中不可能处处都达成共识，常常会就某些问题产生意见分歧。说服是改变对方原有意见、见解、思想及态度的一种语言技巧。

说服对方时，应该注意以下几个问题。第一，为对方着想。了解对方，并设身处地为对方着想。只有如此才会缩短心理距离，才容易打动对方。第二，姿态平等。把自己放在与对方平等的位置上。第三，表达得当。语意要明晰，语气要委婉，说法要含蓄，不直接陈述令对方不快、反感的意见，更不能因此伤害对方的自尊心。神情要平和，即便对方提出反驳意见，也不要急躁恼怒，应善于启发和开导。

（5）拒绝。拒绝就是不接受。在彼此的交谈中，由于利益取向或其他方面的原因，不可能做到有求必应、事事同意，所以，商务人员在交谈过程中要学会拒绝的技巧。

课内实训 5-2

美国总统罗斯福在当选为总统以前，曾经在海军担任要职。在一次新闻发布会上，有记者问他有关在加勒比海的小岛上建立潜艇基地的计划。罗斯福在回答问题之前小声问："你能保密吗？"记者回答："我能保密。"罗斯福立即接上说："你能，我也能。"

分析思考：罗斯福为什么要这样回答？这样回答有什么样的效果？

第一，直接拒绝，说明原因。这是指将拒绝之意当场讲明。采取此法时，重要的是应当避免态度生硬、说话难听。一般情况下，在直接拒绝对方的同时，不妨将拒绝理由及自己的难处一并陈述给对方，只要是真诚的，对方多半能理解和谅解。但同时也应主动理解对方，表示自己对其好意心领神会，借以表明自己通情达理，有时还应向对方致歉。

案例 5-8

某顾客到商场购买收音机，把货架上的收音机几乎都试了一遍，还是觉得不满意，要求售货员带他到仓库去挑。对于这个过分的要求，售货员没有简单地说"不行"，而是抱歉地解释说："真对不起，我们经理宣布过，任何人不得私自带顾客去仓库挑商品。这样好了，我明天通知仓库多送些机子来，麻烦你明天再跑一趟，准能选到满意的机子。"这样一说，顾客也不好强求了。

第二，使用敬语，婉言拒绝。与直接拒绝相比，运用温和曲折的语言表达拒绝的本意，可以使它更容易被接受。因为这在更大程度上，顾全了被拒绝者的尊严。例如："你今天能把保费交上来吗？""能是能，不过我正在开会走不开。开完会，银行可能就下班了。"

第三，答非所问，回避拒绝。商务活动比较复杂，有许多问题不便直接表态，不好接着对方的话回答"行"或"不行"，可来个答非所问，紧接着前面的话茬，提出一个新的话题，把对方的注意力引到一个新的问题上来。在对于提出的问题不便作答，又不想将关系搞僵的情况下，这一技巧比较适用。

> **知识拓展 5-2**
>
> **遭遇拒绝时的应对方法**
>
> 在商务交往上，拒绝别人及被别人拒绝是很正常的事情，对此要有一点超脱精神。当遭到拒绝的时候，应当注意以下几个应对方法。
> 1. 保持良好的风度，留给对方一个美好的印象。
> 2. 及时撤出，不要勉强。
> 3. 做好善后工作。在遭人拒绝时，心情是不可能愉快的，但一个成熟的商务从业人员，应迅速摆脱情绪干扰，另辟蹊径，表现出百折不回的顽强毅力。

5.2 商务电话礼仪

5.2.1 接听电话礼仪

电话是现代人进行沟通交流的一种便捷工具。虽然电话交谈不是面对面的沟通，但同样可以反映通话人的素质与礼仪修养。接听电话的步骤如图 5-1 所示，并应注意以下礼仪。

接听：铃响两声 → 问候：您好 → 通报：报公司、部门、姓名 → 询问：来电需要的服务 → 倾听：来电内容 → 道别：对方挂机

图 5-1 接听电话的步骤

1. 铃响两声，最宜接听

通常，应该在电话铃声响过两声之后拿起听筒接听电话，不要故意延误。如果铃声一响马上接听，显得过于仓促，双方精神上准备都不够，影响交谈质量；如果电话铃声响了三声之后仍然无人接听，客户往往会认为这个公司员工的精神状态不佳。在铃响三遍后接听，应向对方说："对不起，让您久等了。"如果铃响五六遍之后接听，除了致歉还应向对方说明迟接的原因。

2. 左手听筒，右手记录

在与客户进行电话沟通的过程中，应左手持听筒，右手拿笔进行必要的文字记录或操作计算机，这样就可以轻松自如地达到与客户沟通的目的。电话接听完毕之前，不要忘记复述一遍来电的要点，防止因记录错误或者有所偏差而带来误会。电话记录的内容一般包括来电时间（年、月、日、时、分）、

来电单位、来电人姓名及电话号码、来电内容、受话人姓名和记录人姓名。其中，来电内容记录要点即可，但整个电话记录中的数字、地址、来电时间等必须准确无误。电话记录的书写，也应尽量端正。

课内实训 5-3

请用 6 个英文单词概括代接电话时需要记录的 5W1H（Who、Where、When、What、Why、How）六项基本内容。

3. 自报家门，用语规范

在电话接通之后，接电话者应主动向对方问好，并立刻报出本公司、部门的名称或个人的名字，以方便对方确认电话是否打错。礼貌用语是接电话时不可缺少的，它能给人以亲切、友好、文明的感觉。

在正式的商务交往中，接电话时拿起话筒所讲的第一句话，通常有三种形式。第一种是以问候语加上单位、部门的名称及个人的姓名。例如："您好！××××公司人事部×××。请讲！"第二种是以问候语加上单位、部门的名称，或问候语加上部门名称。它适用于一般场合，例如："您好！×××广告部。请讲！"对于由总机接转的电话可以说："您好！人事部。请讲！"第三种是以问候语直接加上本人姓名。它仅适用于普通的人际交往。例如："您好！×××。请讲！"

如果接听后，对方要找的不是自己，应说："请少候，我帮您去找。"但不能尚未放下听筒就大叫："××，你的电话！"这样会显得你缺乏教养。如果要找的人不在，应告诉对方并表示歉意，询问是否有事要转告，如有，应详细做好记录，并复述一遍，以免有误。若是对方不愿告诉，切不可贸然打听。

接到打错的电话时，绝不能冲着电话筒大叫"你打错了"，然后把话筒一摔，而应客气地告知"您打错了，我这里是×××"，或者说"对不起，您要找的人我们这里没有"，也可以说"您打错了，请查清号码后再打"。

> **提醒您：**
> 代接电话时，首先要告诉电话拨打方其要找的人不在，然后才可以问他是何人，所为何事，绝对不允许将这一顺序颠倒。

4. 确认来电，耐心倾听

在确认来电者身份及姓名的过程中，尤其应注意自己的语气，要亲切随和，避免令对方尴尬。对于电话中提出的问题，事后应及时处理，该传达的传达，该汇报的汇报，必要时还应主动答复，切不可言而无信。接到不指名找人的电话时，一定要耐心倾听。在正确听取事情的内容后，必须马上判断能否处理，能处理的则果断处理，尽量使对方满意，不能处理的应婉转回答对方。

5. 不同来电，区别对待

了解清楚来电的目的，有利于对该电话采取合适的处理方式。电话的接听者应该弄清楚的问题有：本次来电的目的是什么？是否可以代为转告？是否一定要被指名者亲自接听？是一般性的电话行销还是电话来往？公司的每个员工都应该积极承担责任，不要因为不是自己的电话就心不在焉。

6. 礼貌道别，以客为尊

电话商谈完毕，最后的道别也需要讲究"来者是客、以客为尊"的礼仪。按照惯例，电话应由拨电话者先挂断。挂断电话时，应轻放。在电话商谈即将结束时，应该礼貌地请对方先收线，这时整个电话商谈才算圆满结束。如果电话来的不是时候，自己正有事忙着，而对方谈兴正浓，一时不想挂断电话，这时不妨委婉地告诉对方："真想和你多谈谈，但现在我正有件急事需要处理，明天我打电话给你好吗？"听完电话要轻轻放下，更不能在双方谈不拢时摔下电话筒。

> **电话接叫的基本技巧：**
> ➤ 左手持听筒、右手拿笔
> ➤ 电话铃声响过两声之后接叫电话
> ➤ 报出公司或部门名称
> ➤ 确定来电者身份姓氏
> ➤ 听清楚来电目的
> ➤ 注意声音和表情
> ➤ 保持正确姿势
> ➤ 复述来电要点
> ➤ 最后道谢
> ➤ 让客户先收线

5.2.2 拨打电话礼仪

拨打电话之前要做好准备工作：弄清对方的电话号码、单位名称、姓名；简要记一下通过电话所要传达的内容，问题的要点和次序；收齐必要的资料和文件；准备好记录的纸笔。拨打电话的步骤如图 5-2 所示，并要注意掌握如下礼仪。

拨打：时机适宜 → 问候：您好 → 确认：确认拨打无误 → 通报：自我介绍及要找的人 → 通话：长话短说 → 道别：轻声挂机

图 5-2 拨打电话的步骤

1. 选择时机，控制时长

拨打电话之前，应先考虑对方的时间，通常以不影响对方的休息和工作为前提。一般来说，如果双方事先有约定，可以选择在约定的时间拨打电话；如果没有事先约定，一定要选择对方方便的时间拨打电话。如果与国外通话，还要考虑时差和生活习惯。接通电话后，要先询问对方时间是否合适，有无妨碍。通话时间一般要求以短为佳，有意识地控制通话时间，不超过 3 分钟最佳。

> **知识拓展 5-3**
>
> **拨打电话时机三不选**
>
> 1. 不选周一上午、上班后前一个小时拨打电话。
> 2. 不选周末、周五下班前拨打电话。
> 3. 不选晚上 10 点到第二天早上 7 点之间拨打电话。

2. 自我介绍，直奔主题

电话接通后，首先要证实一下对方，确认一下接电话者是不是自己所要找的人，并且做自我介绍。拨打电话时规范的开场白有两种形式：一种是用礼貌用语把双方的单位、职衔、姓名一一道来，例如，"您好！我是×××公司××部副经理×××，我要找×××分公司经理×××先生，或者副经理×××先生"；第二种是使用礼貌性问候以后，应同时准确地报出双方完整的姓名，例如，"您好！我是×××。我找×××"，适用于一般性的交往。

如果电话是由总机接转，或由双方秘书代接，在对方礼节性问候之后，应当使用"您好"、"劳驾"、"请"之类的礼貌用语与对方应对。如果电话打过去是旁人所接，要客气地请他人帮忙找人。对方不在时，要问清对方可能在的时间。请接电话的人转达事项时，要先说一句"对不起，麻烦您……"，再简要说明。此后，要问清对方的姓名，以示慎重，最后表示感谢。如果自己打错了电话，要连忙道歉，等对方挂断电话，自己再放下话筒。

在通话时，发话人讲话要务实，问候完毕对方应该立即开宗明义，直奔主题，不要无话找话，短话长说。如果内容过多，应逐项商谈，还要不时地有礼貌地询问对方是否听清楚了。如果对方声音不清楚，应马上告知。

3．通话结束，道别挂机

正题讲完后，应再寒暄几句，说些客套的结束语，如"拜托、拜托"、"给您添麻烦了"、"改日登门拜访"等。要确认对方没有其他事了，再道别，并轻轻地放下话筒。

课内实训 5-4

请两位同学分别扮演打电话者与接听电话者角色，演示接打电话礼仪，并将接打电话礼仪要点归纳记录下来。

5.2.3 手机礼仪

手机已成为人们日常生活中越来越重要的通信工具。手机礼仪也越来越受到关注。在使用手机时，除了应遵守基本的电话礼仪之外，还应该遵守以下几点基本要求。

1．携带得当

手机的主要功能是通信，而非炫耀的装饰品。在一切公共场合，手机在没有使用时，都要放在合乎礼仪的常规位置。商务人员携带手机的正确位置有两种：一是公文包或手提包里；二是上衣内侧口袋里。在商务活动中，放在随身携带的公文包里是最正规的位置。开会时可以交给秘书、会务人员代管，或者调成静音放在不引人注目的地方。

2．保持畅通

使用手机的主要目的是保证自己与外界联系方便快捷，所以既然配有手机，就不要让那些急于同你联系的人着急。因此，一般情况下都要让手机处于开机状态。而在特殊场合，如飞机上或正在开车、开会、动手术、讲课、表演、会谈及参加各种仪式时，就必须关机。这既是安全的需要，也是礼仪的要求。

3．遵守公德

保持公共场所的肃静，是每个人都应该遵守的社会公德。公共场合，如参加报告会、研讨会、宴会、舞会、音乐会、听证会或参观博物馆、展览馆，以及在医院、图书馆、公交车、办公室等处时，应把手机调成静音或振动状态。这既是对他人的尊重，也会显示自身的礼仪修养。

4．及时回话

如果开机，手机就要随身携带，或放在容易拿到的地方，以便及时接听。如果当时不方便接听，一有空闲，就应及时回话，说明原因并致歉。

5．重视私密

一般而言，手机的号码不宜随便告人。即便在名片上，也不宜包含此项内容。因此，不应随便打探他人的手机号码，更不应不负责任地将别人的手机号码转告他人或对外界广而告之。考虑到相同的原因，随意借用别人的手机也是不适当的。

6．注意安全

使用手机时，对于有关的安全事项绝对不可马虎大意。按照常规，在驾驶车辆时，不宜使用手机通话，否则极有可能导致交通事故。乘坐飞机时，必须自觉地关闭随身携带的手机，因为它所发出的电子信号会干扰飞机的导航系统。在加油站或者医院，应该关闭手机，否则就有可能酿成火灾或影响医疗仪器设备的正常使用。此外，在一切标有文字或图示禁用手机的地方，均须遵守规定。

7．文明发信

在会议中、与别人洽谈时，如需使用手机接收短信，也要设成振动状态，不要在别人能注视你的时候查看短信。一边和别人说话，一边查看手机短信，是对别人的不尊重，也是不礼貌的行为。在短信的内容选择和编辑上，应该和通话文明一样重视。短信的内容，反映了发信者的品位和水准，所以不要编辑或转发不健康的短信。

8．铃声高雅

时下的个性化铃声为生活增添了许多色彩。但选用的个性化铃声应该高雅，而且应注意区分场合。在办公室及一些严肃的场合，不合适的铃声不断响起，对周围的人无疑是一种干扰。一般而言，选用铃声应注意以下几个问题。

（1）铃声内容不能有不文明的内容。例如，"有话快说，有屁快放"，终究显得不雅，让拨打者尴尬。

（2）铃声不能给公众传导错误的信息。在某市，曾经发生这样一件令人啼笑皆非的事。一位巡警在街上巡逻，突然听到一阵急迫的呼救声："抓贼呀，抓贼呀，抓偷手机的贼！"巡警立即警觉起来，"抓贼呀……"的"喊声"再次响起，巡警循声望去，原来"呼救"是从远处一名路人的手机里传出的。可想而知，如果这样的铃声到处都是的话，公共秩序一定大乱。

（3）铃声选用要适合自己的身份。相对来说，个性化的铃声与年轻人的身份比较匹配，长者或者有一定身份的人如果选择与自己身份不太匹配的铃声，反而会损害自己的形象。

（4）铃声音量不能太大。无论是座机还是手机铃声，都不能调得过高，一般以离开座位两米可以听见为宜。在办公区、医院、幼儿园等公共场所，过大的铃声已成为一种公害。

9. 慎重拍照

使用具有拍摄功能的手机,谨记不要随意拍照。在用手机拍照或者摄像时,应该征得对方同意,在车厢、剧院、餐馆等地方不要用手机对着行人随意拍照。如果对方允许你拍照,也不能未经对方同意将其照片转发给其他人欣赏或者传播。

5.2.4 接打电话语言礼仪

人们对一个企业的了解常常是通过电话接触开始的。因为接打电话只能察言,不能观色,只凭声音传达意思,因此,无论是接听电话,还是拨打电话,商务人员都要格外讲究电话语言交谈的基本礼仪。

1. 声音清晰悦耳

接打电话时,声音要清脆、柔和、悦耳,吐字要清晰,声调要热情、愉快。这样对方就会对说话人及其所在公司产生良好的印象。打电话时,嘴部与话筒之间应保持3厘米左右的距离,因为只有这样,对方接听电话时才能听得清晰。

2. 表情亲切自然

面部表情会影响声音的变化。所以,微笑着打电话,可以让对方"听"到亲切、友善的形象,从而有利于双方的沟通,促进合作的顺利进展。当你微笑着接听电话时,客户会感到受尊重、受欢迎,就会和你保持长期的、忠诚的业务关系,同事朋友也会继续和你保持良好的友谊。

3. 姿势端正优雅

接打电话时,对方不但能"听"到表情,还能"听"到姿态。在办公室里接电话,尤其是外来的客人在场时,如果不需记录,最好是走近电话,双手捧起话筒,以站立的姿势,面带微笑地与对方友好通话。如果需要及时记录有关信息,最好的姿势为:挺直脊背,端正地坐好,左手稳稳地握住话筒,右手随时记录。如果坐姿端正,所发出的声音也会亲切悦耳、充满活力。

4. 语言规范礼貌

接听电话时要注意语言和语气。礼貌的语言和亲切的语气,可以和客户取得良好的沟通,从而利于以后的交往。

在通话时,若电话中途中断,按礼节应由打电话者再拨一次。拨通以后,须稍做解释,以免对方生疑。

案例 5-9

有一次,中国台湾一家公司的老总邀请吴教授到自己公司去咨询一些事情,时间已经定好了。到了那天,吴教授准备去这家公司。出于礼貌,去之前,她先给这家公司的办公室打了一个电话,告诉对方自己要去了。但是对方拿起电话后第一句却是"喂,你是谁",非常不礼貌。吴教授就说:"我是××,请你告诉你们老总我一会儿就去见他。"对方却大声大气地说："他不在。"接着"啪"的一声挂了电话。吴教授随后又打了第二个电话。这一次还没等她说话，对方就很不耐烦地说："已经告诉你了，他不在，烦人。""啪"的一声又挂了电话。从此以后，这家公司老总的邀请都被她婉言谢绝了，尽管这位老总保证不会再出现类似事件，而且还炒了那位接电话人的鱿鱼。但就这么一个电话，这家公司的形象全被毁了。可见，礼仪对一家企业来说很重要，它是一家公司的形象窗口，不是个人的小节无足轻重。

5. 节奏快慢适度

在不能谋面的情况下，节奏快，给人匆忙感、催促感，带来的是情绪的不安；而拖着长腔、慵慵懒懒的声音同样会使对方怀疑你的工作热情和能力，留给对方的是满腹的狐疑不安。所以，打电话时，一定要把握好说话的节奏与速度。另外，在接打电话时，通话双方都不可自己说个不停，应适当停顿，即使想迅速解决某项事务，也应给对方足够的时间，让对方对你的要求做出反应。

6. 话音轻声不噪

拨打电话时，为了不影响他人的工作，通话双方都应控制自己的音量，不可高声谈笑。话筒应轻拿轻放，不宜用力摔挂。通话时，也需避免过分的肢体动作，以防止嘈杂声响。接打电话时，如果对方没有离开，就不要和他人谈笑，也不要用手盖住听筒和他人谈话。

7. 树立保密意识

拨打电话时，要树立保密意识。需要保守商业秘密的电话，一般不宜在大庭广众之前拨打，尤其不宜使用公用电话拨打，也不宜借用外人或外单位的电话拨打。即使不是保密的电话，也不应长时间借用别人的电话，或拨打长途电话。

5.3 商务演讲语言礼仪

5.3.1 商务演讲语言礼仪的基本要求

常规意义上的演讲又称为演说或讲演，它是当众所进行的一种正规而庄严的讲话，旨在向听众就某一事件、某一问题，发表个人见解或论证某种观点。

演讲从不同的角度，可以分为不同的类型。按演讲的内容，可以分为政治演讲、学术演讲和礼仪演讲。商务人员所发表的演讲多数都是礼仪性的，如致欢迎词、欢送词、祝贺词、答谢词、介绍词、解说词等。按是否提前做过准备，可以分为有准备演讲和即兴演讲。即兴演讲需要较高的社会修养和机智，是对商务人士学识、口才、应变能力、表达能力的一场公开"考试"。

演讲语言是人们交换思想、表达情感、传送消息的工具。演讲语言使用得好与坏，将间接影响着演讲的成效。所以，在演讲时要注意语言礼仪的运用。

1. 演讲前及登台的礼仪规范

（1）就座前后。当演讲者与随同者走到座位前时，不应马上坐下，而是要以尊敬的态度主动请大会主席或陪同人员入座，对方肯定会礼貌地恳请演讲者入座，这时双方稍事相让，即可落座。入座时声音要轻，要坐正、坐稳。

（2）介绍之时。当主持人介绍演讲者时，演讲者应自然起立，向主持人点头致意，并向听众鼓掌或点头，以表示感激之意。

（3）登上讲台。正式登台演讲时，先向主持人点头致谢，然后从容稳健、充满自信、精神饱满地走上讲台，郑重、恭敬、诚恳地向听众鞠躬或敬礼。除严肃的场合外，演讲者都应面带微笑，并用目光环视全场，表示光顾和招呼；站稳后不要急于开口，而应用亲切的目光注视或扫视会场几秒钟，使听众的大脑做好接收信息的准备，得到无声的感染。

知识拓展 5-4

演讲登台六项注意

谨记从容不迫、落落大方、潇洒自信；不能松松垮垮，随随便便，弓背弯腰。不能矫揉造作，扭捏作态，怪模怪样；不能缺乏谨慎，匆匆忙忙，大步流星。不能过于迟缓，拖拖拉拉，萎靡不振；切忌左顾右盼，装腔作势，轻佻傲慢。

2. 演讲的开场白

演讲的开场白没有固定模式，演讲者一般先介绍自己的姓名，并向听众致意，然后选用以下形式的开场白。

（1）提纲概要式开场白。演讲开始前，可以先把自己要讲的问题简明扼要地介绍一下，使听众有个总体的认识，可以使随后的演讲顺藤摸瓜、脉络清楚、一气呵成。

（2）设问祈使式开场白。在演讲开始前，可以向听众提几个问题，使听众与演讲者进入一个共同的思维空间思考。如果演讲者的问题提得富有艺术性，听众自然会格外留神，等待富有见解的答案。这样做还能激发听众参与对演讲内容的讨论。

（3）即兴发挥式开场白。演讲者可根据会场气氛拟一段即兴开头，这可以把演讲者与听众一开始就紧紧地联系起来，使听众与演讲者在感情上产生共鸣。

（4）引发好奇式开场白。即把一些与演讲内容有关的罕见的问题先提出来，使听众产生一种非听下去不可的兴趣。例如，有一个与演讲内容有关的有趣的故事，也可用它作为开头。

3. 演讲中的礼仪规范

（1）演讲的内容。演讲的选题应当言之有物，内容充实。演讲应当尽量生动、形象、幽默、风趣，可以多举例证，多打比方，多使用名言警句。

（2）演讲的发音。在演讲时，演讲者的声音要响亮。音量的大小根据会场的大小和听众的多少而定，既不要过高，也不要过低。过高易失去自然亲切感，过低会使会场出现不应有的紊乱。同时，应当注意抑扬顿挫、有所变化，借以突出重点、表达感情或调动听众情绪。演讲者声音发出的方向应该沿着嘴部的水平线而稍微向上，注意声音的力度、发音的规范、语音的正确、音色的考究。

(3)演讲的称谓。演讲中对听众的称呼有泛称和类称两种，泛称是具有较大的广泛性，能普遍使用的称呼，如"同志们"、"同胞们"、"朋友们"等；类称是指具体适用于某一类别的称呼，如"领导们"、"同学们"、"战友们"等。使用泛称还是类称应灵活掌握。例如，曲啸在对劳改犯演讲时用"触犯了国家法律的年轻朋友们"一下子拉近了与劳改犯的心理距离，使演讲效力大大增强。

(4)演讲的语言。演讲语言应准确、鲜明、生动，语句精练，晓畅易懂。要使演讲上口入耳，一般来说，句子不宜过长。宜把长句改为适合听的短句，把倒装句改为一般主谓句，把生僻的词换成常用的词。同时，要慎用文言和方言词语。对于艰深的专业术语和抽象的科学概念，要尽可能用浅显明白的语言进行解释，做到深入浅出。在语音方面，要避免因同音词而产生误解。应把单音词换成双音词。这些都是演讲最基本的要求。

(5)演讲的仪态。演讲必须站着，这是一个基本原则。其原因就在于：第一，表示对听众的尊重；第二，避免长篇大论，或埋头念稿子的毛病；第三，显示演讲者的精神风貌；第四，增强和听众的交流，调节会场的气氛；第五，演讲者站立，可以给人一个完整的形象，只有站立，才能使手势、身势自由地摆动。

演讲者站在台上时要保持两肩相平，上身和两脚与地面要基本垂直。演讲者的重心应放在自己的脚上。要保持稳固的站立，通常有两种方法：一种是两脚并行，分开20厘米左右，这种姿势一般用在短篇演讲和比赛演讲中；另一种是一脚稍前，一脚稍后，重心主要压在后脚上，也就是介于立正和立息之间的姿势。相比之下，后一种方法好处要多些，它可以两脚调剂，减轻疲劳，长篇演讲者一般都采用这种站姿。

站立时两手的姿势一般有四种情况：双手自然垂下，放在身体两侧；两手合拢，放在腹部；一手拿书，一手垂下；两手按在讲桌边。

演讲时头部要端庄，举止自然大方。当听众鼓掌时，演讲者可略停一会儿，并点头或用手势表示谢意。

(6)演讲的眼神。演讲者运用眼神的方法主要有以下几种。

一是环视法，即演讲者有意识地环顾全场的每个听众，从左到右，从前到后，从听众的各种神态中了解和掌握现场的情况与情绪。这种方法既使用在演讲的开头，也不断地作用在演讲的过程中。开头的环视，即演讲者一走上讲台，站定之后，就立即环视全场，戏剧中叫"亮相"。这种环视的作用有三：其一，向听众打招呼，是尊重听众的一种表现；其二，体验听众情绪和现场情况，便于把握好演讲的方式与重点；其三，帮助静场。

二是点视法，即把目光集中投向某一角落、某一部分，或者个别听众，并配合某种手势或表情。这是一种最有实效、最有内涵的眉目语言。譬如有的听众，面带微笑，频频点头，甚至情不自禁地鼓掌喝彩，演讲者投去一丝亲切的目光，这是表示赞许、感谢；有的听众轻轻摇头，甚至还在嘀咕着什么，演讲者在做了某种调整以后，再盯着看一眼，这是表示征询、探讨；有时会场的某一角或某一部分听众发出议论声，甚至有骚动，演讲者立即把目光投过去，这是表示调整和制止。

三是虚视法，即虚眼。演讲者的目光在全场不断扫视，好像是看着每个听众的面孔，实际上谁也没看，只是为了造成演讲者与听众之间的一种交流感，弥补因为环视和点视而可能使部分听众感觉受冷落的缺陷。

在演讲的过程中,演讲者总是把实眼与虚眼交替使用。环视法与点视法使用的是实眼,虚视法使用的是虚眼,只是一种神态。

(7) 演讲的着装。服装对人体有扬美与遮丑的功能,它可以反映人的精神风貌、文化素质和审美观念。演讲者的衣着应该典雅美观、整洁合身、庄重大方、色彩和谐、轻便协调。一般而言,演讲服装遵循"三子"原则,即一要有领子,二要有袖子,三要有扣子。在此前提下力求使自己的服装与演讲主题和内容相协调,与体形、肤色相适应。演讲者的服饰款式和色彩还要注意与演讲的现场气氛相和谐,与季节相符合,与广大听众的装束相协调。

(8) 演讲的手势。人们听演讲,除了获得信息、受到启迪之外,也需要获得美的享受。演讲的体态动作要做到姿态优美、恰如其分,符合人们的审美习惯。演讲以讲为主,以演为辅,没有动作的演讲只能算是讲话而已,但动作要和演讲者的体态协调才美。同时需要注意,手势要与演讲内容相适宜,手势的多少要适量,手势动作要简单精练。演讲者要根据自身条件,选择符合自己的身份、性别、职业、体貌的、有表现力的、合适的手势。

4. 演讲后的礼仪规范

(1) 演讲结束语。各种研究表明,演讲结束语比起正题来说更能被听众注意。好的结尾应该既是收尾又是高峰;既水到渠成,又戛然而止;既别开生面,又自然巧妙。一般可以用总结全篇式、号召式、引用名言式、重申重点式等。

(2) 走下讲台。演讲结束时,应面带微笑说一声"谢谢"或"我的演讲结束了,谢谢大家"等。先向观众鞠躬或敬礼,再向主持人致意一下后,从容不迫地回到原座。坐下后,如大会主席和听众以掌声向演讲者表示感谢时,应立即起立,面向听众,点头敬礼,以示回谢。

(3) 离开会场。会议结束后,主持人或单位负责人陪同演讲者走出会场时,听众常常会出于礼节而鼓掌欢送。这时,演讲者更应谦虚谨慎,面带微笑,自然、得体地用鼓掌或招手和频频点头的方式,向听众表示诚挚的谢意,直到走出会场为止。

5.3.2 不同形式商务演讲语言礼仪

1. 欢迎演讲

在商务活动中,有来宾参观、访问,或有新职员加入,在见面之初,致上一篇热情洋溢的欢迎词,往往是必不可少的。

准备欢迎词时,通常应考虑对象、场合、内容与态度等几大问题。不要忘记,其重点是"欢迎"两字。对象不同,欢迎词便有所不同。通常,对前来检查的上司应当谦恭;对初来乍到的客户应当诚恳;对新加入的职员应当热情。

致欢迎词的最佳地点,首推经过特意布置的接待室、会客室或会议室。

在内容上,欢迎词应包括自我介绍、表示郑重的欢迎之意及对被欢迎者的建议与希望等,其中尤以致词者的自我介绍必不可少。

演讲的态度要胸有成竹,充满自信,面带微笑。特别要注意,在与听众交流眼神时,要坚持一视同仁，不要只看着上司和熟人，而让其他人受冷落。致欢迎词时，演讲者既可以提前撰写演讲稿，也可不照稿宣读而即兴演讲。用不用稿子，可以依个人状况而定。

2. 欢送演讲

每逢同事离职、朋友远去或来访的同行、客户告辞之际，为了表示对他们的尊重，于情于理，商务人员都应当赠之以临别之言。

在正式的欢送会上，当着被欢送者及其他送行者的面，致上一篇欢送词，可以体现致词者对友情的珍惜，也可以使被欢送者备感温暖。正式致欢送词的一大好处，是可以说出某些当致词者自己单独面对被欢送者时难以直言的话语。致欢送词的重点，是要充分地表达致词者的惜别之意，一般包括四项要素：一是对被欢送者的高度评价；二是对既往与之相处的时光的温馨回忆；三是自己真心实意的惜别之情；四是对被欢送者的美好祝福。与欢迎词相比，欢送词应更富有文采，更具备真情实感。

3. 祝贺演讲

在商务活动中，不要轻易地放过每一个可以向自己的交往对象表示好感、敬意与尊重的时机。在他人适逢喜庆之时予以正式的祝贺，本身就是一种有助于双向沟通的方式。祝贺的方式不少，其中致祝贺词就是一种被广泛接受的做法。祝贺词又称贺词，是指用以向他人表示祝贺的演讲词。

适合致贺词的机会有许多。例如，同事或同行立功、受奖、升职，协作单位成立、开业、周年庆典等，都可以致词祝贺。在准备贺词时，需要仔细斟酌词义，既要语言优美、感人，又要力戒过度恭维或词不达意。在贺词的字里行间，要自始至终充满热烈、喜悦、愉快、激动的气息。贺词一定要加入对对方称颂、赞扬、肯定的内容，同时也应借机表示致词者对被祝贺者的敬重与谢意，还须认真、诚恳地表达致词者的良好祝福。

4. 答谢演讲

商务人士在商务交往中需要即时答谢的场合很多。例如，获得奖励、被授予荣誉称号、本单位举行庆典、事业上取得重大成就的庆祝时刻，都应当向来宾或在场者致辞答谢。在商务往来中，在适宜的时机发表一篇热情洋溢、言之有物的感谢词，较之于在无外人在场时悄声说一个"谢"字，要更为郑重其事，影响更大，更能让人感动。

答谢词的内容一般包括：一是"此时此刻"的感触；二是回顾自己取得成绩的过程中，其他人对自己的支持与帮助；三是说明自己的不足，以及今后努力的方向，借以请求各位继续一如既往支持帮助自己。

5. 简介演讲

简介是指主动或应邀向公众介绍自己、介绍他人、介绍自己所在单位、介绍自己所负责的某项工作等。

简介自己既要谦虚、诚实，又要注意扬长避短，争取给人以好感。在内容上，简介自己应包括个人姓氏、单位、职务、专长、业绩等。在简介自己所负责的工作时，应突出其特征，并对其充满信心。此外，还可加上籍贯、兴趣等较为轻松的个人资料。还要欢迎他人多加指正。

简介他人，应当因人而异，并且在内容上应有主有次。大体上来说，简介他人时，应将其姓名、职衔、学位、单位等个人资料及其特殊专长、突出成绩等不同凡响之处都包括进去。简介重在突出特点，如人的特点、事的特点、物的特点等。

6. 解说演讲

解说，就是应他人的要求，或为了满足他人的需求，就某一事件或物品所进行的专门解释与说明。例如，在新产品与新技术的陈列会、展示会、发布会上，或者日常的推销、促销工作中，商务人员经常需要发表解说词。

解说词一定要有针对性，而且要尽可能地设想一下，听众会提出哪些问题，对此应如何回答，要做好充分准备。准备解说词，一定要突出"被解说者"的特征、长处与优势。这样才能给听众深刻的印象，真正地打动听众、吸引听众。

知识测试与技能训练

1. 知识测试

（1）商务交谈的基本要求是什么？
（2）接听电话的礼仪有哪些？
（3）拨打电话的礼仪有哪些？
（4）接打电话的语言礼仪有哪些？
（5）不同形式商务演讲语言的礼仪要求有哪些？

2. 技能训练

项目1 主题演讲

训练目标：口头与文字表达能力，信息整合能力，公关礼仪意识。

训练方案：由老师指定题目或者由学生自选题目，随机抽选几位同学上台分别演示解说演讲、简介演讲、答谢演讲、祝贺演讲、欢迎演讲和欢送演讲等演讲形式，然后由老师引导全班同学分析总结这几位同学发言过程的优缺点及需要改进完善的方面。

测评要点：表述逻辑条理，用语规范不俗；普通话标准规范，声音洪亮清晰；举止优雅端庄，表情自然亲和，礼仪规范应景，引起共鸣。

项目2 案例分析

某杂技团计划于某月赴美国演出，该团团长李佳就此事向市文化局做请示。于是，他拨通了文化局局长办公室的电话。可是电话响了足足有半分钟，还不见有人接听。李佳正纳闷着，突然电话那端传来一个不耐烦的女高音："什么事啊？"李佳一愣，以为自己拨错了电话："请问是文化局吗？""废话，你不知道自己往哪儿打的电话啊？""哦，您好，我是市歌舞团的。请问王局长在吗？""你是谁啊？"对方没好气地盘问道。李佳心里直犯嘀咕："我叫李佳，是杂技团团长。""李佳？你跟我们局长是什么关系？""关系？"李佳更是丈二和尚摸不着头脑。"我和王局长没有私人关系，我只想请示一下我们团出国演出的事。""出国演出？王局长不在，你改天再来电话吧。"没等李佳再说什么，对方就"啪"地挂断了电话。李佳感觉像是被人戏弄了一番，拿着电话筒半天没回过神来。

　　分析思考：如果你是团长李佳，你会怎么想？怎么做？如果你是王局长，得知此情此景后你会怎么做？

第 6 章 商务办公与文书礼仪

学习目标

养成基本的商务办公礼仪习惯与素质；了解商务办公礼仪基本要求，商务文书礼仪基本要求；熟练掌握信函类文书、帖类文书、致辞类文书写作技能。

任务驱动

"咱们关系怎么样？"是宋先生的一句口头禅。通常说完这句话，不等你回答，宋先生自己又接着说，"不错吧，是不是？"望着他那笑成两条缝的小眼睛，谁好意思否认呢？既然是关系不错的铁哥们儿，就得像个哥们儿的样子。例如，没有烟抽了，宋先生就挨桌子地搜寻，看到谁的抽屉里有，管它半盒还是一盒，抓住就装到自己的口袋里；上班时渴了，不管是谁的茶杯，端起就喝；最有失分寸的是，他连刮胡子刀都没有，今天用这个同事的，明天用那个同事的。谁要是不高兴，那句口头禅就从笑成弥勒佛似的嘴里溜了出来，让你哭也不是，笑也不是。单位里的人，背地里谈起宋先生，都忍不住摇头摆手。请你为宋先生提供合理化建议，如何才能与同事们和谐相处。

6.1 商务办公礼仪

6.1.1 商务办公环境礼仪

办公室是公司业务人员、管理人员处理日常事务、集中办公的地方，同时也是接待来访者进行商务洽谈、协商、交流的场所。在一个整洁干净、格调高雅的办公环境中，人们会自觉地要求自己与环境相协调，从而自然而然地变得文明礼貌、庄重大方。办公区内整洁明亮、工作环境舒适，不但会使员工产生积极的情绪、充满活力、工作卓有成效，而且也会给来访者以积极的心理暗示。

1. 办公环境整洁有序

环境的清洁卫生，不仅能使人振奋精神，也能使人爱惜这个环境。一间办公室，始终保持清洁卫生、一尘不染，不仅体现了对办公室主人的尊重，也体现了对客人的尊重。办公室的地面、墙壁、走廊应经常打扫，门窗玻璃、办公桌应擦洗得干净明亮，办公室的办公用品及公共设施等都需要保持干净整洁、井井有条。

办公室一般设有办公桌、文件柜、坐椅、电话、传真机、复印件、计算机等办公设施。办公桌要求干净清爽，一般只放些必要的办公用品，并且一定要摆放整齐，废纸废物应及时丢到纸篓中。文件应及时归类整理，收放到抽屉或放入文件柜，在下班时文件应当锁好。

办公设备、办公用品的现代化是社会组织实力的象征和办公高效的体现，在办公室的空间安排上做到整齐美观、安全有序，既能有效利用空间，又便于工作人员行动和联系。

2．办公氛围清新舒适

办公环境不但要注意整洁有序，还要拥有包括企业独特的精神风貌、经营理念和企业文化在内的美好舒适的办公氛围。

（1）空间装饰的美好舒适。办公室的布置要体现以人为本，强调为人服务。这里的"人"，既包括本单位员工，也包括进出此地的各类人员。所以，办公室不但要整洁有序，还要注意其光线、色彩、音响及空气流通等因素。办公室要选用符合大多数人审美情趣的色调，要有效地控制噪声的产生与传播，使工作人员在办公时保持心情的愉快、轻松。办公室里还可以有一些附加陈设，如造型美观的茶几、精致的台灯、古朴的书柜，以及晶莹的花草等，还可以设有衣帽架、杂志架、消毒柜等。这些辅助设施的点缀，一方面可以给工作人员和来访者提供方便，另一方面也可以给严肃的办公环境增添几分情趣。

（2）人际心理空间的美好舒适。日常工作中，人际关系的融洽非常重要。商务人员如果没有健康的心理素质，不懂得正确的办公礼仪，那么，整个办公室人们的精神状态必然是压抑而紧张不安的。所以，工作中，应选择适当的心理调节方式，以礼貌的言谈举止、衣着打扮、表情动作及健康的思维方式与他人和谐相处，创造一个美好舒适的心理空间，使整个办公室充满积极、稳定的工作氛围。工作效率也会大大提高。同时这种积极的氛围势必会影响来访者，塑造良好的企业形象。

6.1.2　商务办公人员礼仪

在进出办公室工作之前，商务办公人员要对自己的仪容、仪表进行修饰，还要注意自己的仪态。这不仅是个人形象问题，也是企业形象的问题。工作时的形象应当庄重而规范。

1．着装礼仪

男女员工上班时都应按公司要求，规范着装。要求统一着装的，应该穿统一的工作服；不要求统一着装的，应该与办公室工作性质和工作环境相协调，以能够体现权威、声望和精干的服饰为宜。一般来说，服装必须干净、平整、合体、大方，不能标新立异、奇装异服，更不可华丽妖艳。休闲装、运动装、牛仔装等都不适宜在办公室里穿着。发型要整齐规范，不可太新潮。女士应当化妆，但妆色一定要淡雅，不露妆痕。不要在鞋跟上钉铁钉，以免在办公室走动时发出扰人的声响。

2．谈吐礼仪

（1）谈吐礼仪要求。上班进入办公室时，应向每个人微笑打招呼，下班走出办公室时与大家礼貌道别。同事之间可互相称呼姓名，但对长者或上司则应用尊称或职务称呼。如果同事、领导、长辈等因病、因事未来上班，应该主动打电话问候，并根据情况决定是否去看望。对同事的成功、升迁、得奖应予以衷心的祝贺。要注意保持安静,在办公室讲话声音要轻。对新来的同事,应该不厌其烦地回答他的问题,以帮他尽快熟悉环境,助他尽快投入工作。如果是初来乍到,应多听少说,待人应一视同仁,还应注意保持距离。做事要留有余地。如果向人做了承诺,就一定要言而有信。

(2)谈吐礼仪禁忌。商务办公活动中的礼仪禁忌主要体现在以下几个方面。

第一,忌拉帮结派。同事间的关系远近有所不同,也是正常现象,但万不可拉帮结派,这样容易引起圈外同事的对立情绪。

第二,忌谈与工作无关的话题。工作上的交流、生活上的互助都是应该的,但旁若无人地拉家常、问隐私,背后议论领导和同事,传播小道消息、搬弄是非等,都是商务办公活动中非常忌讳的事情。这些会得不到他人的真心对待,对你避之不及。如果你是外企的职员,还要知道薪水也是一个在办公室里应当回避的话题。假如有人试图打听你的薪水多少,不妨一笑置之,或给他一个不着边际的答复。

第三,忌将个人情绪带入办公室。每个人随时随地都可能会有一些消极的、颓废的情绪状态,但切勿将此带入职场。不要牢骚满腹、逢人诉苦,更不要在当时的状态下去划分同类和异己。

第四,忌礼仪用语不规范。说粗话、带脏字、恶语伤人及给同事起绰号等,都是言语有失分寸的表现。同事之间,即使私交很深,在工作场合言语也不宜太过随便。

第五,忌人际交往趋炎附势,攀龙附凤。不要人前人后两张面孔,领导面前拼命表现自己,同事面前爱答不理。

课内实训 6-1

如果你是客户服务部经理,你会如何概括下列客户接待礼仪要求:
商务接待三声,是指"来有(   )声,问有(   )声,去有(   )声"。
尊敬语在接待服务"五声"要求中,体现较明显。这"五声"指的是宾客到来有(   )声;遇到宾客有(   )声;得到协助有(   )声;麻烦宾客有(   )声;宾客离店有(   )声。

3. 行为举止礼仪

在办公室工作,商务人员应该注意行为举止的细节,因为这最能反映一个人的道德水准和礼仪风范,所以务必要做到行为举止庄重自然、大方规范。

上下班准时。走路时要身体挺直,速度适中,给人以正派稳重、积极自信的印象。坐姿要端正优美。开关门窗、橱柜、抽屉时,动作要轻缓。去其他办公室应该先轻轻敲门,得到允许后方可入内。与他人一同进出门时,请他人先行。尊重客户,对客户的态度要热诚。如果遇到棘手的问题,首先要找直接领导,切勿越位去见一个更高的领导。非休息时间不吃东西、打牌、下棋、玩游戏、看小说、打瞌睡、叼着烟卷等。在办公室不拨打或接听私人电话,一般情况下不在办公室接待私人来访,不占用工作时间办私事,不要利用办公设备(用品)干私活等。在男女交往中,要避免过于亲密,把握好交往尺度。下班之前,要将办公室桌上的物品摆放整齐,将文件锁好,将椅子放回原处,这是工作作风严谨的表现。

总之，在办公室人员的礼仪要求中，这些规范性的分寸得当的言谈举止行为既表达了对他人的尊重（同事、长辈、领导、客户等），也维护了办公室的严肃性。

6.2 商务文书礼仪

6.2.1 商务文书礼仪的概念

所谓商务文书礼仪，是指在商务交往中，单位、企业及个人使用的各种信函类、致辞类等应用文书的内容、格式等的礼节规范，其基本要求体现在两个方面：一是将信息以人们都可以接受的方式，准确、全面、完整地传递给对方，达到最充分的沟通；二是能让接受方在"读"懂信息的同时，又能感受到发出方附加在文书中的情感交流信号。

6.2.2 商务文书礼仪的写作要求

1. 实用性和情感性并重

文书礼仪较多地应用于日常交际、应酬，既可以处理公务，也可以涉及私事。主要以实用为目的，如请柬、启事、信函等，有直接的应用性。因此，写请柬就必须突出"请"的目的；写启事就要突出"启"的目的，把所启之事说明，使大家知道此事该怎样去办。在写作时应注意每一种文书礼仪的不同用处。但是，礼仪文书还要体现交际双方或者多方的愿望、喜好、情感，反映的是一种"多边"关系。所以在突出实用的同时，还需以情感相衬，体现出相互之间的感情。因此，发出者在写作中还要情溢文中，使商务文书不但能互通信息还能交流情感，促进人际关系的和谐。

2. 规范性和灵活性并重

文书礼仪一般都具有比较固定的格式和用语，是一种比较规范化的文体，运用时要特别注意。比如信函，不仅称谓语、开头结尾的应酬和问候语有很多讲究，而且也要注意行文中书写的款式。如果用错了对象、用错了场合就会影响交际效果。与此同时，在文书的写作中还要具有灵活性。因为礼仪文书的语体不受公文语体的束缚，白话、文言、文白相间均可。在语言表达方式上强调因人、因事、因地、因时而有针对性地注意在称呼、语气、祝颂语方面的礼貌、礼节就可，具体写作中可用多种手法来表达。

总之，商务文书礼仪的写作要求是以简洁精练、顺畅得体的语言准确适合所述对象、所表之情、所达之意，达到相互沟通、相互交流的目的。

案例

宋代欧阳修奉命修《唐史》时，有一天，他和他的助理——翰林学士们外出散步，看到一匹狂奔的马踩死一条狗。欧阳修想试一下他们写史稿做文章的手法，于是请大家以眼前的事写出一个提要——大标题。一个说："有犬卧于通衢，逸马蹄而杀之。"另一个说："马逸于街衢，卧犬遭之而毙。"欧阳修说，照这样做文章写历史，恐怕写一万本也写不完。众人问该怎么写？欧阳修说："逸马杀犬于道。"六个字就清楚了。书面语言务必精练，切忌啰唆，这需要有扎实的文学功底，这也是对商务文书的基本要求。

6.3 商务信函文书礼仪

6.3.1 信函文书的分类

信函是人们生活中最为普通、最为古老的一种沟通方式，是人们在日常生活、社会交往及工作中用来传递信息、交流思想感情的应用文书。信函作为礼仪中最为常用的载体，从内容到结构、从信封到落款都有一定的礼仪要求。掌握信函的基本结构和写法，有助于更好地发挥信函的功能，促进商务往来和良好的人际交往。信函分为一般信函和专门信函，专门信函又包括贺信、感谢信、介绍信等类型。

信函礼仪是指人们以信函的方式进行文字信息交流时应遵守的礼仪规范。

6.3.2 信函文书的结构

信函作为一种交际、交往的工具，有它相对稳定的结构，一般由封文和笺文两部分组成。笺文就是写在信笺上的文字，也称信瓢，包括寄信人对收信人的称呼、问候、对话、祝颂等。笺文是信函内容的主体，它决定信函的雅俗、繁简及风格。封文就是写在信封上的文字，包括收信人的邮政编码、地址、姓名和寄信人的地址、姓名及邮政编码等。封文是写给邮递员看的，使邮递员知道信的来源地及送达地址，若找不到收信人，仍可将信退还给寄信人。

6.3.3 一般信函文书的礼仪

1. 信封和信纸

一般地，在选择信封、信纸时，强调高雅大方，对纸质、印刷、式样都必须加以考虑，至于颜色方面则多以浅灰、米黄、浅色调为主。有些比较讲究的人或公司喜欢烫上名字的缩写，有些则喜欢滚上花边。信纸的纸质、颜色要与信封相协调，正如服装一般，信函的搭配也要以整套合宜大方、感觉上有品位为好。

信封的写法一般分为横写和竖写两种。竖写的较为少见，多是横写的。横写是从上至下的顺序，竖写是从右至左的顺序。

以横写信封为例，信函封文一般先写收信人邮政编码、详细地址、姓名，后写寄信人地址邮政编码、或加上姓名。

（1）收信人邮政编码。左上方印有六个方格，用来填写收信人所在地的邮政编码。邮政编码要用标准字体，填写正确、清晰、规范，每一格填写一个数字。

（2）收信人的地址、单位。写在邮政编码下边，不要与邮政编码靠得太近。这部分一定要写得详细、具体，字迹工整、清晰，便于投递员准确投递。要写清收信人所在省（市、自治区）、县（区）、乡（街）、村（门牌号码）或高层建筑的房号。写单位地址的话不仅要写清单位的详细地址，还要写明单位和部门的全称。托人捎带的信，收信人地址如果为捎信人所熟悉，可不写。

（3）收信人的姓名。写在信封中间，字体要大些。为了表示对收信人的尊重，可将姓名写大一些并且落笔略靠左一些，姓名之后空一到两格写"先生"、"女士"、"同志"等称呼，之后写"收"、"启"、"鉴"或"敬启"等（也可以不写）。注意不要使用写信人对收信人的亲属称谓或者收信人的行政职务，如"×××弟弟"、"×××科长"，因为信封主要是给投递人员看的，这样写对投递人员是不礼貌的。写姓名时要写全称。若是让他人转给收信人，则先写转信人姓名，字体稍小些，接着写"转"或"转交"、"面交"、"烦交"等字，后写收信人姓名，字体稍大些。即使捎信人熟悉收信人，收信人姓名也一定不能省略。

（4）寄信人地址、姓名和邮政编码。信封的右下方应写明寄信人的详细地址，字迹要比收信人姓名略小一些，要按收信人地址的顺序详写，不管是否挂号信，应写上姓名。否则信一旦未送到收信人手中，便无法退还。寄信人的邮政编码写在信封右下角的六个空格内。

要特别注意的是，在写信封时，姓名、地址要用标准简化字写上全称。在信封的右上角大方格处贴上邮票或在邮局盖上"邮资已付"戳。如果是委托他人转交的信，一般不封口，以表示尊重。当然涉及隐私、保密的除外。常见的横式信封如图6-1所示。

图 6-1　横式信封

2. 笺文

笺文是信函的主要部分，一般包括称谓、问候、正文、结尾、署名、日期和附言等几部分。

（1）称谓。也称抬头，是礼仪在信函中最直接、最明显的一种表现。在通常情况下，称谓应写在信文的第一行左起顶格处，单独成行，称呼之后加上冒号，以引领下文。确定对收信人的称谓时，应兼顾其性别、年龄、职业、身份及双方关系。在称谓前，也可适当加上一些词语，以进一步表示对对方的尊重和友好，如"尊敬的"、"敬爱的"、"亲爱的"等形容词。

（2）问候。又称启辞，是信文的开场白，表示问候、赞颂、怀念或者提示写信的原因，通常不允许省去。问候的位置一般在称谓下一行左起空两格的位置书写，单独成行。可问候"您好"、"新年好"等。

（3）正文。正文是信函的主体、核心部分，一般包括缘由、主体、总括三部分。缘由即说明写这封信的原因;主体是准确清楚表达写信人的意图;总括是对主体内容加以概括总结,或对重点加以强调。按惯例,正文应紧接着写在问候语后面,并要另起一段书写。头一行要空两格,此后转行顶格书写。根据实际需要,正文可以分作数段,每段头一行要空出前两格,此后转行顶格。在一般情况下,正文中每讲一件事情,原则上都应当另起一段,以便层次清晰,使收信人能够一目了然。在信文中叙述条理要清楚,措辞要得体,语言尽量口语化,注意礼貌用语。

(4)结尾。位于正文之后,属于信文的结束部分,一般情况下,由以下五个部分构成。

第一,结束语。它是专门写在信尾的应酬话和按惯例所用的谦辞、敬语。目的是呼应全文,宣布"到此为止"。该部分可自成一段,也可以紧接着正文的最后一段书写,不再独立分段。

第二,祝福语。它是对收信人所表达的良好祝愿,有时又叫祝词。通常它应采用专门的习惯用语,分成两行书写。写在头一行的部分,需空出前两格;写在后一行的部分,则应顶格写。

第三,落款语。它一般分为自称、署名、日期三个部分。署名就是写上写信人的名字,必要时前面可以写上与对方的关系用语,后面写上必要的谦辞,如"学生佳龙拜上"等。自称与署名,可在祝福语之后另起一行书写,也可视整封信的内容及占用纸张的情况适当多空几行。但要注意,横写信文时,这一内容要偏右写,但不要写到顶住右边行末,距离行末以两到五个字为宜;竖写信文时,则须使之偏下。日期的部分,可与署名写在同一行,并位于其后。有时也可另起一行,写在自称与署名的正下方。

第四,附问语。它是发信人附带问候收信人身边的亲友,或者是代替自己身边的亲友问候收信人及其身边的亲友。附问语应另行书写,其具体位置,可以是在结束语之前,也可写在落款语后面。

第五,附言。又叫补述语,指的是信文写完之后,发现遗漏的内容,用附言的形式对正文进行补充。一般情况下,补述语最好不要出现。有必要写上这一部分时,要以"又及:"或"又启:"开头,独立成段,写在信的最后。需要强调的是,按照国内现行惯例,信文均应横写。在没有必要时竖写信文,未免会给人以"舞文弄墨"之感。万一需要竖写信文,最好选用竖式信封与之相配套,不要出现一横一竖的不般配组合。信文内容如图6-2所示。

图 6-2 信文内容

在笺文的书写中，商务人员必须注意：使用规范、整洁的信笺，语言要礼貌，尊称和敬语使用要得体。尽量用规范和文明礼貌的词句，表达意思要清楚。书写用的墨水一般应以黑色、深蓝色为主。手写信函一定要字迹工整，字体适度、规范、清晰。信函中的文字不仅要让人看懂，而且要让人看着舒服、心情愉快，这就要求写信人从信函的内容到文字的书写，都能使收信人感到顺畅、亲切和优雅。如果用计算机打印的信件，署名一定要手写，以示尊重。

3. 信纸的折叠

一般来说，信纸的折叠并不为人计较，常见的信纸折叠方法有以下四种。

（1）先将信纸三等分纵向折叠，然后再将其横折，并令其两端一高一低。此法叫作"以低示己法"，意在表示谦恭之意。

（2）在折叠信纸时，有意将收信人姓名外露。它叫"外露姓名法"，使收信人拆信时很容易看见自己的名字，令收信人产生亲切感。

（3）先将信纸纵向对折，随即在折线处再往里卷折1~2厘米宽，最后再将其横向对折。此法叫作"公函折信法"，多用于因公通信。

（4）将信纸先横向对折两次，然后再将其折叠到可以装入信封中的长度。此法称为"随意折叠法"，适用于日常通信。

6.3.4 专门信函类文书礼仪

1. 贺信

贺信是表示祝贺的信函的总称，是从古代祝词演变而来的。一般用在企业、团体或个人有突出成绩或喜庆之时。现在的贺信已成为表彰、赞扬、庆贺对方在某个方面所做贡献、所取得的成就的一种常用形式；它还兼有表示慰问和赞扬的功能。贺信的内容一定要有针对性，语言要热情洋溢、令人振奋，内容要实事求是，评价要恰如其分。贺信既可以宣读，也可以通过邮寄送达对方，或者刊登在报纸杂志上。如图6-3所示，贺信的格式与一般信函大致相同，具体包括以下内容。

（1）标题。可以写"贺信"，也可以在此之前写上何人给何人的贺信或祝贺的理由。

（2）称谓。即受贺者的姓名称呼或者单位名称。

（3）正文。首先表示贺意，接下来写祝贺的事实，表示肯定与赞扬，评价要适当且有新意，然后提出自己的希望。通常以"谨祝取得更大的成功"一类祝愿语结尾，如果祝愿的内容写得详细具体，也可以不用祝愿词收尾。写作时要注意颂扬得体、感情真挚、文字简练。

（4）落款。写明发信人和发信日期。

商务活动中用贺信的目的，除了一般的社交意义外，可能还会有生意上的考虑，所以就更要注意祝贺得及时。

第 6 章 商务办公与文书礼仪

图 6-3 贺信的格式

2．感谢信

感谢信是为感谢对方的关心、支持和帮助而写的信函。它的对象及事迹，一般都和写感谢信的人有直接的关系，所以满怀感激之情，把对方的好思想、好作风及光荣事迹概括出来。感谢信不仅有感谢的意思，而且有表扬的内涵。其内容要求真实具体、感情鲜明。感谢信可以张贴，也可以邮寄。感谢信的格式与一般信函基本相同，如图 6-4 所示。

（1）标题。第一行正中写"感谢信"或"致×××的感谢信"等字样，字体要大些。

（2）称谓。顶格书写感谢对象的单位名称或个人姓名。

（3）正文。从第三行空两格起，首先要写感激的心情，其次精练概括地叙述对方的事迹，说明为什么要感谢，通过这种叙述以表现出对方的优秀品格、优良作风与先进事迹，特别是要重点叙说在关键时刻，因对方的关心、支持、帮助而产生的效果。叙述时，要将事迹叙述清楚并有条理，把人物、事件、时间、地点、原因、结果等要素说清楚，使对方能够回忆起来或让他人了解清楚。最后再次表示谢意，并表明向对方学习的态度和决心。

（4）结尾。写上表示敬意、感激的话，如"致以最诚挚的敬礼"、"此致"、"敬礼"等。

（5）落款。署单位名称或个人姓名，并注明写信的年、月、日。

图 6-4 感谢信的格式

3．介绍信

介绍信是用来介绍联系接洽事宜的一种应用文体。它具有介绍、证明的双重作用。介绍信主要有两种形式：普通介绍信和专用介绍信，如图 6-5 所示。普通介绍信一般不带存根，正中写"介绍信"。介绍信的内容包括：称呼、正文、结尾、署名和日期，并注上有效日期。专用介绍信共有两联，一联是存根，另一联是介绍信的本文。两联正中有间缝，同时编有号码。

(a) 普通介绍信　　　　　　　　　　(b) 专用介绍信

图 6-5　介绍信的格式

4．慰问信

慰问信一般用于重要节日或者有灾害发生时，向有关集体或个人表示关怀、勉励、慰藉的情意；也可以用来表彰做出突出事迹的人。它既可以寄给当事人及其所在单位，也可以登报或广播。慰问信的写作要根据慰问对象的不同而进行相应的调整，但其格式大致相同。

（1）标题。一般写为"慰问信"或"×××致×××的慰问信"。

（2）称谓。即慰问的对象及其所在单位。

（3）正文。慰问信的正文通常包括以下几个要素。

① 原因。简明扼要地交代慰问的背景和原因。

② 事实。较为全面具体地叙述慰问对象遇到的困难或者做出的事迹。对于遇到困难的，要肯定他们艰苦奋斗、战胜困难的精神；对于做出突出成就的，要肯定其成就。然后再有针对性地表示慰问。

③ 结语。结合当前的形势和任务对慰问对象表示良好的祝愿，表示通过共同努力最终能够渡过难关，或者提出对对方更上一层楼的期望。最后一般用一句慰勉祝愿的话收尾。

④ 落款。写下慰问者的姓名或单位名称及日期。

以上格式只是一种参考，因为慰问信的主旨是使被慰问者感到慰问者的亲切、诚恳，不能一味地套用格式，更不能过多地使用单调的文书用语，应适当进行有感而发的抒情。在恰当的时机使用慰问信慰问一下企业的员工，也是企业增进与员工感情的一种策略。

5．致歉信

致歉信是因工作失误，私人误会，弄坏或丢失了别人的东西，忘记参加事先约定好的活动或临时取消预约等，引起对方的不快，以表示赔礼道歉、消除误解、增进友谊和信任的信函。它既可以寄给当事人及其所在单位，也可以登报或广播。致歉信的写作要根据写作对象的不同而进行相应的调整，但其格式大致相同。

（1）标题。一般写为"致歉信"或"×××致×××的致歉信"。

（2）称谓。即致歉的对象及其所在单位。

（3）正文。诚恳说明造成对方不快的原因，表示歉意，请予以理解、见谅。

（4）落款。写下致歉者的姓名、单位名称及日期。

写致歉信时一定要记住对自己的言行负责，语气一定要诚恳。解释的理由要真实，从而使收信人能理解自己，并达成最终谅解。

6．邀请函

邀请函是用于邀约的一种社交信函。商务活动中的邀请函通常是邀请行政机关、企事业单位、社会团体或个人前往某地参加某项活动或事宜的专用信函。

邀请函的措辞不必过于拘束，其基本要求是：言简意赅，说明问题，同时又不失友好之意。可能的话，将它打印出来，并由邀请人亲笔签名。收到邀请的人无论应约与否，都要及时回复。同时，邀请函的发出时间也要多加注意。

相比较而言，邀请函更朴实、更常用一些。它没有请柬那么庄重严肃，但也礼仪周到，受到人们普遍的喜爱；邀请函的信函体格式，在用语上也比请柬随意，而且要求有较详细的邀约内容。

例文 6-1　邀请函

尊敬的××公司负责人：

"××展销会"定于××××年×月×日至×日在我市国际会展中心举行，欢迎贵公司报名参加。

报名时间：××××月×日至×日

报名地点：光明路 10 号

联系电话：1234567

××组委会敬邀
××××年×月×日

课内实训 6-2

自拟主题，分别撰写一封贺信、感谢信、介绍信、慰问信、致歉信、邀请函，然后同学之间互相分析是否符合商务礼仪要求。记录下你撰写这几种信函时容易出错的地方。

6.3.5　电子邮件礼仪

电子邮件是网上的另一种信函方式，可以被记录下来，并且很方便地进行复制。作为信件，电子邮件不仅具有一般信函的基本礼仪要求，而且还要遵循其特殊的礼仪规范。

1．认真撰写

向他人发送的电子邮件，一定要精心构思，认真撰写。在撰写电子邮件时，必须注意以下三点。

（1）主题要明确。一封电子邮件，一般只有一个主题，并且收件人打开电子信箱首先看到的就是信件主题。若将其归纳得当，收件人见到它便可以对整个电子邮件一目了然。如果不写主题，或者随意写个主题，很可能被收件人以为是垃圾邮件而删除。主题不能太长，最好不要超过15个字。

（2）语言要流畅。电子邮件要便于阅读，就要以语言流畅为要，尽量避免生僻字、异体字。引用数据、资料时，则最好标明出处，以便收件人核对。同时要谨慎使用幽默。

（3）内容要简洁。网络用户一般都以简捷快速为追求，所以，要表达的内容，应尽量简单扼要、条理分明，避免长篇大论。在邮件寄出前，最好自己从头到尾先检查一遍。有没有词法错误、语意不通或者错别字。尤其是写给上司和客户的邮件，更要特别注意。

2．发邮件要署名

写匿名信给他人有违信函礼仪，发电子邮件也如此。虽然收件人都可看到信件来自何方，但电子信箱名称往往是五花八门的，与真实姓名有时并不相同。因此，当你发出电子邮件时，别忘了署上真实姓名或公司、单位名称，以免让对方费时、费力地去猜。当然，如果是经常联系、彼此熟悉的网友，省略署名也未尝不可。

3．每天检查新邮件并尽快回复

既然你拥有了为朋友所知晓的电子信箱，那么，就应该经常打开信箱，最好是每天检查新邮件并尽快回复（哪怕是简短的回复也好）。回复信件时应当附上原文，以便收件人能很快知道来信主旨。

4．慎选功能

现在市场上所提供的先进的电子邮件软件，可有多种字体备用，甚至还有各种信纸可供选择。这固然可以强化电子邮件的个人特色，但是此类功能商务人员是必须慎用的。主要是因为，一方面，对电子邮件修饰过多，难免会使其容量增大，可能会降低发送速度，既浪费时间，又有可能导致发送失败。另外，电子邮件的收件人所拥有的软件不一定能够支持上述功能。这样一来，他所收到的那个电子邮件就很有可能会大大地背离了发件人的初衷，因而使之前功尽弃。

5．英文信件中不能都用大写字母

全使用大写字母的英文信件，在互联网上被看做在大声喊叫，意味着要表达一种非常强烈的观点，有咄咄逼人之意，而且也不易阅读，伤人眼睛。如果要强调某一个词或者一句话，这个词或这句话方可全部用大写字母，并在两端用"＊"符号标记。

6．基于许可的邮件营销

基于许可的邮件营销是指企业只选定那些表示有兴趣的潜在顾客。许多国家已立法，试图设法杜绝垃圾邮件。不少网络服务供应商的服务政策也包含反垃圾邮件，并设立用做投诉的电邮地址。如果企业盲目发送未经许可的电子邮件,既有损企业形象,还有可能违反相关法律法规。同时,企业还应该注意不转发未经原发件人许可的邮件。

6.4 商务致辞类与商务帖类文书礼仪

6.4.1 商务致辞类文书礼仪

致辞是指在迎送客人和集会等礼仪活动时所用的礼仪类文书。常用的致辞主要有开幕词、闭幕词、祝酒词、答谢词等。由于致辞是一种面对面交流的形式,因此可以起到与对方交流感情、融洽关系的作用。

1. 开幕词

开幕词是在交易会、展览会或其他专项活动开始时,向来宾介绍会议的意义、宗旨或者主办方意愿的致辞,一般是在欢迎词之后。它对会议起着重要的指导作用。开幕词的基本格式一般包括以下几方面内容。

(1)标题。一般由事由和文种构成,有的标题由致辞人、事由和文种构成,也有的只写文种"开幕词"。例如,×××同志在××会议上的开幕词。

(2)称谓。一般根据会议性质、与会者身份来确定称谓及称谓的修饰语。称谓要顶格写。

(3)正文。包括开头、主体和结尾三部分。

① 开头。既可以开门见山地宣布会议开幕,也可以对会议的规模及与会者的身份等做简单介绍,并对会议的召开及对与会人员表示祝贺。需要说明的是,开头部分即使只有一句话,也要单独列为一个自然段,将其与主体部分分开。

② 主体。阐明会议的意义、宗旨。比如,通过对以往工作情况的概括性总结和对当前形势的分析,说明会议是在什么形势下,为了解决什么问题和达到什么目的而召开的;随后说明会议的主要议程和安排。为保证会议的顺利举行,还可以向与会者提出会议的要求。

③ 结尾。提出对与会者的祝愿和希望,要做到简短有力。

例文 6-2　洽谈会开幕致辞

女士们、先生们、朋友们、同志们:

　　值此××省国际经济合作和出口商品洽谈会开幕之际,我代表××省人民政府、××市人民政府、××省对外贸易总公司,向远道而来的五大洲各国来宾、港澳同胞、海外侨胞表示热烈的欢迎和良好的问候!

　　××××年×月,在庆祝××对外贸易中心落成典礼时,我们曾在这里举办过一次洽谈会。今年这次洽谈会,规模和内容比上一次洽谈会更加广泛和丰富。这次洽谈会,将进一步扩大我省同世界各国及港澳地区的经济技术合作和贸易往来,增进相互了解和友谊。

　　××省是我国沿海经济比较发达的省份之一,幅员辽阔,物产丰富,人力资源充足，工农业生产和港口、交通均有一定的基础，对外经贸事业的发展有着广阔的前景。目前，我省已同世界上140多个国家和地区建立了贸易往来和经济技术合作关系，这种合作关系正在日益巩固和发展。

本次洽谈会，我们将提出200多种对外经济合作项目，包括轻工、纺织、机械、电子、化工、冶金、建材、水产及食品加工等，供各位来宾选择。所展出的商品不少是我省的名牌产品和新发展的出口产品。欢迎各位来宾洽谈贸易，凭样订货。

今天在座的各位来宾中，有许多是我们的老朋友，我们之间有着良好的合作关系。对于你们的真诚合作精神，我们表示由衷的赞赏和感谢。同时，我们也热情欢迎来自各国、各地区的新朋友，为有幸结识这些新朋友感到十分高兴。我们欢迎老朋友和新朋友到××地观光游览，发展相互间的友好合作关系。

最后，预祝××省国际技术合作和出口商品洽谈会圆满成功。

谢谢！

2．闭幕词

闭幕词是党政机关、社会团体、企事业单位的领导人在会议闭幕时所作的总结性讲话。闭幕词一般由首部、正文和结束语三部分组成。

（1）首部。包括标题、时间、称谓三个方面的内容。

① 标题。与开幕词的标题构成形式基本一样，一般由事由和文种构成，如"中国共产党第十一次全国代表大会闭幕词"；有的只写文种，以"闭幕词"作为标题；也有的由致辞人、事由和文种构成，其形式是"×××同志在××××会议上的闭幕词"。

② 时间。标题之下，用括号注明会议闭幕的年、月、日。

③ 称谓。根据会议性质及与会者的身份来确定称谓，如"同志们"、"各位代表"等，要顶格写。

（2）正文。包括开头、主体和结尾三部分。

① 开头。简要说明大会经过，是否圆满完成了预定的任务。

② 主体。对大会进行概括性总结。

③ 结尾。对保证大会顺利进行的有关单位及服务人员表示感谢。

（3）结束语。宣布会议结束，通常只有一句话："现在，我宣布，××××大会闭幕。"

例文6-3　科学与和平周大会闭幕词

（××××年×月×日）

女士们、先生们：

一年一度的国际科学与和平周活动，经过几天的发言、讨论，针对发展自然科学和社会科学作为维护世界和平的工具而进行了交流。这种观念从未像今天这样具有如此的实际意义。大家都开始认识到没有一个国家是能够仅仅依靠自己站稳脚跟的。我们只有通过合作和交流，才能保证创造一个使我们的后代能够和平、安全生存下去的经济、技术和自然环境。

国际科学与和平周,集中体现了全球许多人在从事的日常活动,得到了广泛的支持,取得了光辉的成就,使大会圆满成功,我表示衷心的感谢,并希望我们在下一届大会上再相会。谢谢大家!

3. 欢迎词

欢迎词是指行政机关、企事业单位、社会团体或个人在公共场合欢迎友好团体或个人来访时致辞的书面文稿。欢迎词通常分为"私人交往"和"公事往来"两大类。通常由欢迎人在被欢迎人到达欢迎现场时以口头形式表达,有时也可在报刊上发表。欢迎词一般由标题、称谓、正文等三部分组成。

(1)标题。标题写法一般有两种:一种是直接以文种命名,如"欢迎词";另一种是由活动内容加文种名称构成,如"在××学术研讨会上的欢迎词"。致辞人不需念标题。

(2)称谓。称谓要求写在开头顶格处,要写明来宾的姓名称谓,如"尊敬的女士们、先生们"。

(3)正文。欢迎词的正文一般由开头、主体和结尾三部分构成。开头通常应说明现场举行的是何种仪式,发言者代表什么人向哪些来宾表示欢迎。主体部分一般要阐述和回顾宾主双方在共同的领域所持的共同立场、观点、目标、原则等内容,较具体地介绍来宾在各方面的成就及在某些方面做出的突出贡献,同时要指出来宾本次到访或光临对增进宾主友谊及合作交流所具有的现实意义和历史意义。结尾部分对到场的有关单位及个人表示欢迎。

例文 6-4　欢迎词

女士们、先生们:

我是×××公司董事长×××。很高兴在各位新职员加入本公司的第一天,就和大家相识。

首先,让我代表公司、代表公司领导和同事们,向各位新同事表示热烈的欢迎。

正如大家所知,我们公司在社会上有着良好的声誉与一定的影响。但是,我们依旧不断进取,毫不懈怠。今天,见到各位朝气蓬勃的新同事加入本公司,我颇感欣慰,因为以大家所具有的真才实学,定然会使本公司更上一层楼。

相信各位都是有志之士,都是真正来这里干事业的,那么让我们一道友好合作,同舟共济,发愤图强吧!本公司鼓励各位出人头地,并愿意为此向大家提供各种方便。

再一次向各位表示欢迎!

谢谢大家!

课内实训 6-3

自拟主题,分别撰写一封开幕词、闭幕词和欢迎词,然后同学之间互相分析是否符合商务礼仪要求。记录下你撰写这几种致辞时容易出错的地方。

6.4.2 商务帖类文书礼仪

帖类文书，又称柬类文书。在商务活动中，为了促进贸易双方相互了解、增进友谊、扩大贸易，解决一些通过函电难以解决的问题，常用帖类文书。帖类文书能够显示邀请的礼貌性，它的作用在于表示对客人的尊敬和邀请者的郑重态度。

帖类文书包括请柬、赠礼帖、谢帖、封包、名片、聘书等。

1. 请柬

请柬也称"柬帖"，是人们在交往活动中用来知照对方的一种书面文体。"请"即邀请、约请之意。"柬"是信、帖子等的统称，也叫"简"，凡有重大、隆重的事情，应用"请柬"邀请宾客，即使近在咫尺的宾客，也需要送请柬，这是表示对对方的尊重，也是表示邀请者对被邀请人的庄重态度。

请柬从形式上分为横式写法和竖式写法两种。竖式写法从右向左写。

请柬一般有两种样式：一种是单面的，直接由标题、称谓、正文、敬语、落款构成。另一种是双面折叠式，一为封面，写"请柬"二字，二为封里，写称谓、正文、敬语、落款等。

请柬的篇幅有限，书写时应根据具体场合、内容、对象，认真措辞。行文应达雅兼备。达，即准确；雅，即优美。在遣词造句方面，有的使用文言语句，显得古朴典雅；有的选用较平易通俗的语句，则显得亲切热情。不管使用哪种风格的语言，都要庄重、明白，使人一看就懂。

（1）标题。通常请柬已按照信函格式印制好，发文者只须填写正文。封面也已直接印上了名称"请柬"或"请帖"字样。还有一种请柬，标题是由活动内容加"请柬"两字组成。

（2）称谓。一般起首顶格写被邀请人或单位的姓名或名称，其后加冒号。个人姓名后要注明职务或职称，如"××先生"、"××女士"。称谓一般都用全称，不用简称，英文请柬中也不用缩写字。另外，若是邀请夫妇同时出席，宜把两个人的名字都写上。

（3）正文第二行空两格书写，交代会议或活动的性质、内容、时间和地点。必要时还应将入场券等凭证附上。为慎重起见，可征询对方能否应邀。若有其他要求，也须注明，如"请准备发言"、"请准备节目"等。

（4）敬语。请柬的结尾已形成套语，常常要写上礼节性问候语或恭候语，如"恭请光临"、"敬请莅临"、"欢迎指导"等，有的还缀以"此致—敬礼"等字样。另起行前空两格写"此致"，再另起行顶格写"敬礼"等词。

（5）落款。最后要在正文内容的右下方写明发出请帖的单位名称或个人姓名，个别情况下也有两者都写的。名称要写全称，以单位名义发的请帖，落款要盖章，以示郑重。最后写清发出请帖的日期。

例文 6-5

请　柬

××先生：

　　兹订于××××年×月×日在××路华侨大厦召开××商场开业五周年庆典活动。

　　恭候光临

××敬约

例文 6-6

开业请柬

恭　请

××先生（小姐）：

　　本饭店筹备就绪，定于××××年×月×日×时正式开张营业，请光临并剪彩，本店同人将感到不胜荣幸。

××饭店总经理（签字）
××××年×月×日

2．聘书

聘书也称聘请书，是聘请有关人员从事某项工作或担任某种职务的文书。聘请书要说清楚聘请的理由和要做的工作，否则被聘请者无法应聘。聘书文字要简洁，不必太具体、详尽。聘书一般已按照信函格式印制好，中心内容由发文者填写即可。完整的聘书格式一般由以下几部分构成。

（1）标题。聘书往往在正中写上"聘书"或"聘请书"字样，有的聘书也可以不写标题。已印制好的聘书标题常有烫金或大写的"聘书"或"聘请书"字样。

（2）称谓。聘书上被聘者的姓名称呼可以在开头顶格写，然后再加冒号，也可以在正文中写明受聘人的姓名称呼。常见的聘书则大都在第一行空两格写"兹聘请××"。

（3）正文。聘书的正文一般包括：交代聘请的原因和所做的工作，或所要担任的职务；聘任期限，如"聘期两年"、"聘期自××××年×月×日至××××年×月×日"；聘任待遇，聘任待遇可直接写在聘书之上，也可另附详尽的聘约或公函，上面写明具体的待遇，这要视情况而定；正文还要写上对被聘者的希望，这一点一般可以写在聘书上，也可以不写，而通过其他的途径使受聘人切实明白自己的职责。

（4）结尾。聘书的结尾一般写上表示敬意的结束语，如"此致—敬礼"、"此聘"等。

（5）落款。落款要署上发文单位名称或单位领导的姓名、职务并署上发文日期，同时要加盖公章。

例文 6-7

聘请书

为了提高教学质量，本校总部成立了××教学研究会。特聘请××老师为指导教师，参加教学研究，并关心、指导本校的教学工作。

  此致

敬礼

××大学（盖章）
××××年×月×日

课内实训 6-4

  自拟主题，不要购买预先印制好格式的请柬，自己设计并撰写请柬和聘书这两列帖类文书。同学之间互相分析是否符合商务礼仪要求。记录下你设计、撰写过程中容易出错的地方。

知识测试与技能训练

1．知识测试

（1）办公室环境礼仪有哪些要求？
（2）办公室人员有哪些礼仪规范？
（3）商务文书礼仪的写作要求是什么？
（4）信函类文书的结构是什么？
（5）一般信函类文书的礼仪有哪些要求？
（6）商务帖类文书的礼仪有哪些要求？

2．技能训练

项目 1　致欢迎词

情景设定：班里新转来一个新同学，让同学们在 10 分钟的时间里做欢迎词，激发学习文书礼仪的兴趣。

训练目标：口头与文字表达能力，信息整合能力，公关礼仪意识。

训练方案：随机抽选几位同学上台发言，然后由老师引导全班同学分析总结这几位同学发言过程的优缺点及需要改进完善的方面。

测评要点：表述逻辑条理，用语规范不俗；普通话标准规范，声音洪亮清晰；举止优雅端庄，表情自然亲和，礼仪规范应景，引起共鸣。

项目 2　案例分析

  某单位为销售额突破百万元举行庆功联谊会，给一些单位发送了请柬，邀请大家参加，并准备了精美的礼品，用来感谢平时对本单位的支持与帮助。结果有些单位没有接受邀请，活动不太成功。单位主要领导很困惑，经和有关人士接触，方知所送请柬有问题。

  分析思考：为何发出请柬来的人却不多？请你尽可能地分析一下请柬中有可能存在的问题。

第 7 章 商务会议礼仪

学习目标

了解洽谈会、发布会、赞助会、展览会、茶话会的作用；掌握洽谈会、展览会、茶话会、发布会、赞助会的基本程序和礼仪规范，并能在实践中灵活运用。

任务驱动

从山东起家的 JY 公司于 2010 年推出一款称作"营养王"的豆浆机。据该公司称，"营养王"采用了"智能全营养技术"，由超微精磨器和超微精磨刀组合而成超微精磨系统，各种食物被研磨得更细更香，更易被人体吸收，口感也就更好。为了有效推广该产品，该公司计划召开一次新闻发布会，请你为该公司策划制定新闻发布会方案。

7.1 洽谈会礼仪

7.1.1 洽谈会的概念

商务洽谈是指在商务交往中，存在着某种关系的有关各方，为了进行合作、达成交易、拟定协议、签署合同、要求索赔或为了处理争端、消除分歧、维护各自经济利益而坐在一起进行面对面的讨论与协商，以求达成某种程度上的妥协。因洽谈而举行的有关各方的会晤，便称为洽谈会。

商务洽谈主要由主体、对象、场合和议题四个方面的内容构成。主体指主持洽谈的当事人或组织者。对象指参与洽谈的对手，代表对方利益的人或群体。场合指洽谈所处的背景，如时空、情境、政治经济条件、人际关系等。议题指洽谈的具体内容，它围绕"责、权、得"的划分、分享或承担而展开，可以是商品或服务，也可以是资金的运转，还可以是技术或经济合作等。

在商务洽谈中，正确的做法应当是既要讲谋略，又要讲礼仪，这样才有助于洽谈的成功。

7.1.2 洽谈会前的准备工作

洽谈前的充分准备是保证洽谈成功的关键。在准备过程中，洽谈的目标、策略固然重要，但礼仪方面的准备也不可忽视。

1. 掌握洽谈对手基本信息

（1）对方公司的基本情况。了解对方的法人资格、信贷状况、公司地址、经营范围，这些都是洽谈的前提。一般而言，对这些基本情况应予审查或取得旁证。另外，还要了解该公司的历史改革、所处行业和市场状况、主导产品、市场定位、市场竞争近况、主要的商务伙伴、竞争对手等。

（2）对方洽谈小组成员的基本情况。了解对方洽谈小组成员每个人的信息，并尽可能详细准确，尤其要尽可能获得决策者或负责人的个人情况。

2. 组建洽谈小组

根据掌握的对方洽谈小组的信息，遵循对等性原则，选派与对方洽谈小组职务相近的人员参加洽谈。洽谈小组中要有起决定性作用的主谈人员，也要有懂业务、技术的各种专业人员和有洽谈经验的翻译人员。

3. 熟悉洽谈"七部曲"和洽谈策略

洽谈"七部曲"是指洽谈过程中由探询、准备、磋商、小结、再磋商、终结及洽谈重建组成的七个环环相扣的具体步骤。每个步骤都有其特殊的"起、承、转、合"作用，都有一系列台前幕后的准备工作要做，并且需要当事人具体问题具体分析。

商务人员在进行洽谈时，总的指导思想是平等、互利，但是这并不排斥努力捍卫或争取己方的利益。事实上，在洽谈中取得成功，不仅要凭借实力，更要依靠洽谈策略的灵活运用。

4. 选择洽谈地点

根据洽谈地点的不同，商务洽谈可分为客座洽谈、主座洽谈、客主座轮流洽谈、第三地点洽谈四种。客座洽谈是指在洽谈对手所在地进行的洽谈。主座洽谈是指在我方所在地进行的洽谈。客主座轮流洽谈是指在洽谈双方所在地轮流进行的洽谈。第三地点洽谈是指在不属于洽谈双方任何一方的地点进行的洽谈。

7.1.3 洽谈会的基本程序及礼仪要求

以主座洽谈为例，洽谈会的基本程序及礼仪要求包括以下几个方面。

1. 迎接

参加商务洽谈，主方人员应提前到达，一般以提前 5～10 分钟到达会谈地点比较适宜。利用这段等待的时间，可以再巡视一下会议室的布置有无不妥之处。接待人员应在大楼门口迎候客人，并将其引入会议室，洽谈人员则在会议室门口迎接客人即可。

洽谈人员要特别注意给洽谈对手留下良好的第一印象，使洽谈有一个良好的开端。

正式出席洽谈的人员应根据自己的年龄、身份、地位及场合选择服饰的样式和搭配。在涉外洽谈时，还要考虑不同国家、不同地区、不同民族的服饰习惯和禁忌，遵守涉外礼仪的要求。

2．就座

主方应请客方首先入座，或双方一起入座。

一般而言，双边洽谈时，应使用长方形或椭圆形桌子，主客应分坐于桌子两侧。若桌子横放，则面对正门的一方为上，应属于客方；背对正门的一方为下，应属于主方。若桌子竖放，则应以进门的方向为准，右侧为上，属于客方；左侧为下，属于主方。在进行洽谈时，各方的主谈人员应在自己一方居中而坐。其余人员则应遵循右高左低的原则，依照职位的高低自近而远地分别在主谈人员的两侧就座。假如需要翻译人员，则应安排其就座于仅次主谈人员的位置，即主谈人员的右侧，如图 7-1 所示。

举行多边洽谈时，按照国际惯例，一般均以圆桌为洽谈桌来举行"圆桌会议"。在具体就座时，有关各方的与会人员尽量同时入场，同时就座。

图 7-1　双边洽谈座次

3．寒暄

洽谈双方有可能是初次见面，这时各方人员可以先进行相互介绍，彼此寒暄几句，有助于缩短彼此之间的距离，缓解紧张氛围，同时也为接下来的洽谈创造和谐的氛围。

4．会谈

寒暄之后最好不要马上进入洽谈正题，可选择一些与会谈正题无关的中性话题来沟通感情，创造融洽、和谐的会谈气氛。当然这一时间不能太长，可以控制在 10 分钟之内。正式会谈时，除洽谈小组成员和必要的翻译、记录员之外，其他工作人员均应退出。在整个会谈过程中，不允许其他人员随意出入。主谈人交谈时，其他人员不得随意交谈，也不能翻看与此会谈无关的材料，不允许打断他人的发言，更不允许使用粗鲁的语言。

商界人士在洽谈会上，尽可能在平等协商、求同存异、依法办事的基础上谋求互利互惠。在洽谈桌上，各方为利益而争的过程中，大家彼此对既定的目标都志在必得、义不容情，有可能会发生分歧或争执。但是洽谈人员必须做到人事分开，必须正确认识和处理己方与对手之间的相互关系，对"事"要严肃，对"人"要友好，对"事"不可以不争，对"人"不可以不敬。洽谈人员排除一切干扰，自始至终对自己的洽谈对手讲究礼貌，时时、处处、事事表现出对对方的敬意。

课内实训

运达公司要与某公司洽谈合作事宜，委派年轻能干的李先生先行商谈。李先生去了不久，对方就打电话过来，要求换人，否则将不再合作。运达公司负责人很惊讶，恳请对方解释原因。对方说，李先生来后，和他们谈话时，跷着二郎腿，仰靠沙发；当他们谈自己的想法时，李先生不是玩弄自己的笔，就是东张西望。对方说："虽然事情不大，但是我们不愿意和这种人合作。"分析思考李先生为什么会被拒绝。

5. 送客

会谈结束后，主方应将客方送至门口或车前，礼貌握手道别，目送客方离去后，才可退回室内。商务洽谈的基本程序告一段落。

7.1.4 洽谈会语言礼仪

商务洽谈是洽谈者运用语言表达意见、交流观点的过程，语言的运用是否得当往往决定着洽谈的成败。洽谈人员在运用语言的过程中，除要注意洽谈语言的客观性、逻辑性、针对性以外，尤其要注意用语的规范性和灵活性。

（1）洽谈语言必须坚持文明礼貌的原则，符合商界的特点和职业道德的要求。

（2）洽谈用语必须清晰易懂，尽可能标准化。

（3）洽谈语言应注意抑扬顿挫、轻重缓急。洽谈者应通过语调的变化显示自己的信心、决心、不满、疑虑和遗憾等思想感情；同时，也要善于通过对方不同的语调来洞察对方的感情变化。

（4）洽谈语言应当准确、严谨，特别是在磋商的关键时刻，更要用严谨、精准的语言准确地表述自己的观点和意见。

（5）如确需使用某些专业术语，则应以简明易懂的惯用语加以解释。一切用语均要以达到双方沟通、保证洽谈顺利进行为前提。

（6）洽谈过程中所使用的语言，应当丰富、灵活，富有弹性。对于不同的洽谈对手，应使用不同的语言。如果对方谈吐优雅，很有修养，己方语言也应十分讲究，做到出语不凡；如果对方语言朴实无华，己方用语也不必过多修饰；如果对方语言爽快、直露，己方语言也不必迂回曲折。总之，要根据对方的学识、气质、性格、修养和语言特点，及时调整己方的洽谈用语。这是迅速缩短洽谈双方距离、实现平等商讨的有效方法。

7.2 新闻发布会礼仪

7.2.1 新闻发布会礼仪的概念

新闻发布会也称记者招待会，是一种组织机构主动传播各类有关信息，谋求新闻界对某一社会组织或某一活动、事件进行客观、公正的报道的有效沟通方式。

对商界而言，举办新闻发布会，是企业联络、协调与新闻媒介之间相互关系的一种重要手段。商务活动中，新闻发布会的常规形式是：由某一商界单位或几个有关的商界单位出面，将有关的新闻界人士邀请到一起，在特定的时间里和特定的地点内举行一次会议，宣布某一消息，说明某一活动，或者解释某一事件，争取新闻界对此进行客观而公正的报道，并且尽可能地争取扩大信息的传播范围。简而言之，新闻发布会就是以发布新闻为主要内容的会议。

所以，新闻发布会礼仪是指有关举行新闻发布会的礼仪规范。新闻发布会的礼仪规范与大多数社交场合不同的是，它较少有客套的东西，其核心是诚，即真诚地面对新闻记者、坦诚地公布与组织机构相关的信息。对商界而言，新闻发布会礼仪至少应当包括会前准备、现场的基本程序及礼仪两个方面的主要内容。

7.2.2 新闻发布会的准备工作

新闻发布会的准备工作比较烦琐，其中应着重做好以下几项具体工作。

1．确定主题

决定召开一次新闻发布会之后，首先就要确定其主题。新闻发布会的主题，指的是新闻发布会的中心议题。主题确定是否得当，往往直接关系到本单位的预期目标能否实现。

一般而言，新闻发布会的主题共有以下三类：一是发布性主题，主要是发布如企业经营权的变动、重要人事变更等方面的消息；二是说明性主题，主要是说明诸如企业推出新产品等活动；三是解释性主题，主要是解释某一事件，如企业产品质量出现问题、企业出现重大事故、遭到社会误解等事件。此时，新闻发布会主要是对所发生的事件进行解释。

2．选择时间

新闻发布会的时间选择需要注意三个问题。

（1）举行新闻发布会的恰当时间。社会组织一般应在遇到重要活动或重大事件时才有必要举行新闻发布会。以企业为例，公司开张，新产品开发、生产与投放市场，企业重组上市，发生重大（或紧急）事件，受到公众和新闻界的公开批评，开展重大的社会公益活动，重要的人事变动，企业的重要庆典或纪念活动等，就应该通过举行新闻发布会实现与社会公众的有效沟通。

（2）举行新闻发布会要避开的时间。在选定举行新闻发布会的时间时，为确保被邀请人员能够及时到会，提高信息发布会的效果，在社会上产生预期的影响，一般应注意以下时间：一要避开节假日；二要避免与其他重大社会活动相冲突；三要防止与新闻界宣传报道的重点冲突或相左；四是避开其他单位的新闻发布会。

（3）新闻发布会召开的时间长度。通常来讲，一次新闻发布会时间长度应当限制在 2 小时以内。举行新闻发布会的最佳时间是周一至周四的上午 10 点至 12 点，或下午 3 点至 5 点。

3．举行地点

新闻发布会的举行地点，除可以考虑本单位所在地、活动或事件所在地之外，还可考虑首都或其他影响较大的中心城市，必要时还可考虑在不同地点举行内容相似的新闻发布会。举行新闻发布会的现场，应交通方便、条件舒适、面积适中，本单位的会议厅、宾馆的多功能厅、当地最有影响的建筑物等，均可酌情予以选择。

4. 安排人员

在准备新闻发布会时，主办方必须精心做好相关安排，包括主持人、发言人、礼仪接待人员、预备材料、邀请媒体。按照常规，新闻发布会的主持人都应当由主办单位的公关部部长、办公室主任或秘书长担任。其基本条件是：年富力强，仪表堂堂，见多识广，反应灵活，幽默风趣，语言流畅，善于把握大局，长于引导提问，并且具有丰富的主持会议经验。

新闻发布会的发言人是会议的主角，发言人通常由本单位的主要负责人担任。除了在社会上口碑较好、与新闻界关系较为融洽之外，对发言人的基本要求还应当包括思维敏捷、学识渊博、记忆力强、能言善辩、修养良好、善解人意、彬彬有礼等。

除慎选主持人、发言人之外，还须精选一些本单位的员工，负责会议现场的礼仪接待工作。依照惯例，一般由品行良好、相貌端正、工作负责、善于交际的年轻女性担任。为了宾主两便，主办单位所有正式出席新闻发布会的人员，均须佩戴事先统一制作的工作卡，工作卡应该清晰写明姓名、单位、部门与职务。

5. 预备材料

在筹备新闻发布会时，主办单位通常需要事先委托专人预备好以下四个方面的材料。

（1）宣传提纲。为了方便新闻界人士在进行宣传报道时抓住要点，主办单位可事先精心准备好一份以有关数据、图片、资料为主的宣传提纲，并且打印出来，在新闻发布会上提供给每一位外来的与会者。在宣传提纲上，通常应列出单位名称及联系电话、传真号码，以供新闻界人士核实之用。有公司（单位）主页的商界单位，还可同时列出本单位的网址。

（2）发言提纲。发言提纲是发言人在新闻发布会上进行正式发言时的发言提要，既要紧扣主题，又必须全面、准确、生动、真实。

（3）问答提纲。为了使发言人在现场正式回答提问时表现自如，事先就要对可能被提到的主要问题进行预测，并就此做好充分准备。

（4）辅助材料。如果条件允许，可在新闻发布会的举办现场预备一些可强化会议效果的形象化视听材料，如图表、照片、实物、模型、录音、录像、影片、幻灯、光碟等，以供与会者使用。在会前或会后，也可安排与会者进行一些必要的现场参观或展览、陈列参观。

6. 邀请来宾

（1）媒体记者。新闻记者是新闻发布会的主宾，邀请哪些新闻媒介的记者参加应根据新闻发布会主题的性质而定。目前，新闻媒体大体上分为电视、报纸、广播、杂志、网络等。在了解上述各种新闻媒体的主要优缺点后选择合适的媒体记者，可以实现事半功倍的效果。邀请新闻单位具体数量的基本规则是，宣布某一消息时，尤其是为了扩大影响、提高本单位知名度，邀请新闻单位通常多多益善。不论是邀请一家还是数家新闻单位参加新闻发布会，主办单位都要尽可能地优先邀请那些影响巨大、主持正义、报道公正、口碑良好的新闻单位派员到场。

邀请的记者名单确定后，应提前 3~4 天将请柬或邀请信送到新闻单位或记者本人手中，并与重要媒介做好沟通工作，以确保其派记者出席。主办单位如欲取得新闻发布会成功，就必须求得对方的配合。主办单位，特别是主办单位主要负责人与公关人员在与新闻界人士打交道时，一定要对对方尊重友好、坦诚相待、一视同仁，不应亲疏有别、厚此薄彼，还要与新闻界人士保持联系。

（2）相关企业人员。广告公司、客户、同行等一般也是发布会受邀请的对象。确定邀请对象后，要拟订详细的邀请名单，提前 7~10 天发出邀请函，临近开会时还应打电话一一落实。

7.2.3 新闻发布会的基本程序及礼仪要求

新闻发布会的程序要安排得详细、紧凑，避免出现冷场和混乱的局面。同时，与会者还应注意各种礼仪。

1．签到

新闻发布会的入口处要设立签到处，安排专人负责签到、分发材料、引入会场等接待工作。接待人员要热情、大方，举止文雅。

2．会议开始

会议开始，主持人要将召开新闻发布会的目的、将要发布的消息、要公布的事件经过或真相等做简要介绍。在新闻发布会上，主持人和发言人要特别注意自己的仪表，塑造良好的形象。除非是流行时装发布会等特殊性质的新闻发布会，从主持人、发言人到会议服务人员，男士一般宜穿深色西装套装，女士宜穿单色套裙。服装必须干净、挺括，一般不宜佩戴首饰。按惯例，主持人、发言人需要进行必要的化妆，并且以化淡妆为宜，发型应当庄重大方。在面对新闻界人士时，主持人、发言人都要注意做到举止自然而大方。要面带微笑，目光炯炯，表情松弛，坐姿端正。

3．领导发言

领导在会上发言时，要突出重点，具体而恰到好处，语言要生动、自然，吐字要清晰。

4．回答记者提问

发言人在回答记者提问时，要准确自如。对于不愿透露或不好回答的事情，要婉转、幽默地向记者做出解释。遇到不友好的提问，应该保持冷静，礼貌地阐明自己的看法。

在新闻发布会上，主持人与发言人分工有所不同，因此必须各尽其职，相互配合。主持人主要是主持会议、引导提问。主持人应根据会议主题调节好会议气氛，当记者的提问离会议主题太远时，要善于巧妙地将话题引向主题；当会议出现紧张气氛时，能够及时调节、缓和。切实把握好会议的进程和时间。发言人主要是主旨发言、答复提问。在新闻发布会进行期间，主持人与发言人必须保持一致的口径，不允许相互拆台。当新闻界人士提出的某些问题过于尖锐或难于回答时，主持人要想方设法转移话题，不使发言人难堪。而当主持人邀请某位新闻记者提问之后，发言人一般要给予对方适当的回答。在新闻发布会上，主持人、发言人的一言一语，都代表着主办单位。因此，必须对自己的讲话分寸予以重视，主要应注意四点：要简明扼要；要提供新闻；要生动灵活；要温文尔雅。

5. 会议结束

新闻发布会结束后，主办人员要与参加者一一道别，并感谢他们的光临。对于个别记者有特殊要求时，有关人员还应耐心地予以答复。

新闻发布会后，主办单位应对照现场所使用的来宾签到簿与来宾邀请名单，核查一下新闻界人士的到会情况。据此可大致推断出新闻界对本单位的重视程度；整理保存新闻发布会的有关资料，便于全面评估会议效果，为此后举行同类会议提供借鉴；及时收集会记者做出的报道。检查是否达到了举办新闻发布会的预期效果，是否有不利于本单位的报道，对于批评性报道，主办单位应当闻过即改，虚心接受。对于失实性报道，主办单位应通过适当途径加以解释、消除误解。对于敌视性报道，主办单位则应在讲究策略、方式的前提下据理力争，立场坚定，尽量为自己挽回声誉。

7.3 赞助会礼仪

7.3.1 赞助会礼仪的概念

所谓赞助，通常是指某一单位或某一人拿出自己的钱财、物品，对其他单位或个人进行帮助和支持。在现代社会中，赞助是社会慈善事业的重要组成部分之一。对于商界而言，积极地、力所能及地参与赞助活动，一向颇受重视。为了扩大影响，商界在公开进行赞助活动时，往往会专门为此举行一次一定规模的正式会议。这种以赞助为主题的会议，即为赞助会。

赞助会礼仪，一般指的是筹备、召开赞助会整个过程中所应恪守的有关礼仪规范。

7.3.2 赞助会的准备工作

1. 确定赞助项目

常见的赞助项目有赞助体育事业、赞助文化活动、赞助教育事业、赞助社会福利事业等。依据不同的目的选择不同的赞助项目，同时还要注意考虑是以现金、实物、义卖还是义工的形式进行赞助。

2. 安排赞助会的时间

一般需要根据主办方的目的和受助方的需要确定具体时间。一般而言，一次赞助会的时间控制在1小时内，所以赞助会的具体议程要周密紧凑。

3. 选择赞助会的举行地点

会场可以在接受赞助单位所在地，也可租用其他会议厅。接受赞助单位根据出席赞助会的人数选择面积适中、条件适合的会场。如果是由赞助单位承办的赞助会，也可在赞助单位所在地进行。

4. 确定赞助会的承办人

根据商务礼仪的规范，赞助会通常应由接受赞助的单位出面承办，而由赞助单位给予适当的支持。有时，赞助会也可由赞助单位操办。

5. 布置赞助会会场

赞助会会场以干净、整洁为宜，会场装饰不必过度豪华张扬，否则，极有可能会使赞助单位认为受赞助单位滥用资金、铺张浪费，引起赞助单位的不满。召开赞助会的会议厅内，灯光应当亮度适宜。在主席台的正上方，或是面对会议厅正门之处的墙壁上，还需悬挂写着"××单位赞助××项目大会"或者"××赞助仪式"字样的大红横幅，以突出赞助单位的义举和强调接受赞助的具体项目。

6. 邀请参加赞助会的人员

参加赞助会的人员，在数量上不必过多，但要有一定的代表性。赞助会的组织者一般会邀请赞助单位、受赞助者双方的主要负责人及员工代表、政府代表、社区代表、群众代表等参加。除此之外，为了扩大赞助会的社会影响，特别需要邀请那些在全国或当地具有较大影响的新闻界人士到会，并请求其发表相关报道。所有参加赞助会的人士，与会时都要身着正装，注意仪表，个人动作举止规范，以与赞助会庄严神圣的整体风格相协调。

7.3.3 赞助会的基本程序及礼仪要求

1. 赞助会正式开始

在宣布赞助会正式开始前，主持人（一般应由受赞助单位的负责人或公关人员担任）恭请全体与会者各就各位，保持肃静，并且邀请贵宾到主席台上就座。

2. 奏（或唱）国歌

全体与会者起立奏（或唱）国歌。此后，还可奏（或唱）本单位标志性歌曲。

3. 赞助单位正式实施赞助

首先，赞助单位的代表出场，口头宣布其赞助的具体方式或具体数额。随后，受赞助单位代表上场。双方热情握手之后，由赞助单位的代表正式将标有一定金额的巨型支票或实物清单双手捧交给受赞助单位代表。必要时礼仪小姐要为双方提供帮助。若赞助的物资重量轻、体积不大时，可由双方在此刻当面交接。在此过程中，全体与会者应热情鼓掌。

4. 赞助单位代表发言

发言人在对本单位简况略作介绍后，着重阐述赞助的目的与动机。

5. 受赞助单位代表发言

由受赞助单位的主要负责人或主要受赞助者向赞助单位表示感谢。

6. 来宾代表发言

根据惯例可以邀请政府有关部门的负责人讲话。讲话内容主要是肯定赞助单位的义举，同时呼吁、倡导全社会积极发扬这种互助友爱的美德。该项议程，有时也可略去。

7. 赞助会结束

赞助单位、受赞助单位双方的主要代表及会议的主要来宾合影留念。此后，宾主双方可稍做晤谈，然后来宾即应一一告辞。在一般情况下，在赞助会结束后，东道主大都不为来宾安排膳食。如确有必要，则以便餐为好，而绝对不宜设宴待客。

7.4 展览会礼仪

7.4.1 展览会礼仪的概念

所谓展览会，对商界而言，主要是指为了介绍本单位的业绩，展示本单位的成果，推销本单位的产品、技术或专利，采用集中陈列实物、模型、文字、图表、影像资料等供人参观了解的形式，组织的宣传性商务活动。对商务单位来说，积极参与各种类型的展览会，是其从事商务活动的一种常规手段。

所谓展览会礼仪，通常是指商务单位在组织、参加展览会时，应当遵循的规范与惯例。

7.4.2 展览会的准备工作

1. 明确展览会的主题

任何一个展览会都应有一个鲜明的主题，才能明确展览会的对象、规模、形式等问题，并以此来进行展览会的策划、准备和实施，使展览会的宗旨和意图更加突出。在这个过程中，要以给参展者和参观者提供方便为原则。

2. 确定展览会的时间和地点

在选择展览会举办的时间、地点时，要针对展览会的目的、对象、形式及效果等多种因素综合考虑。地点的选择可根据参展单位的地理区域不同来确定。另外，还应注意交通、住宿是否方便，辅助设施是否齐全等问题。时间的选择要于己有利、于参展者有利，并与商品的淡、旺季相匹配。

3. 选择参展单位

展览会主题确定后，可根据展览会主题与具体条件，通过分别给相关参展单位发邀请函、刊登广告、上门洽谈、发布网上信息、召开新闻发布会等方式召集参展者。在具体考虑参展单位时，一要尊重参展单位的意愿，不得强求参展单位参展；二要对报名参展单位的资质和展品质量进行审核把关，不给不法厂家和假冒伪劣产品提供可乘之机，以达到对参观洽谈者负责的目的。

不管采用哪一种方式邀请参展单位，都须把展览会的宗旨、展出的主要项目、参展单位的范围与条件、举办展览会的时间与地点、报名参展的具体时间与地点、咨询联络方法、主办单位拟提供的辅助服务项目、参展单位所应负担的基本费用等，如实告知参展单位，以便对方据此加以定夺。对于报名参展的单位，主办单位应根据展览会的主题与具体条件进行必要的审核。切勿良莠不分，来者不拒。当参展单位的正式名单确定之后，主办单位应及时以专函进行通知，使被批准的参展单位尽早有所准备。

4. 宣传展览内容

为了吸引社会各界人士的注意、兴趣和重视，扩大展览会的影响力度，主办单位有必要对其进行大力宣传。宣传的重点，应当是展览的内容，即展览会中能够真正吸引各界人士的展示陈列之物。宣传方式包括：刊发广告；张贴有关展览会的宣传画；举办新闻发布会，邀请新闻界人士进行参观采访；发表有关展览会的新闻稿；在展览会现场散发宣传性材料和纪念品；在举办地悬挂彩旗、彩带或横幅；利用升空的彩色气球和飞艇进行宣传等。这些宣传方式可以只选其一，也可多种同时并用。在具体选择时，一定要量力而行，并且要严守法纪，注意安全。

5. 合理布置展位

布置展览现场的基本要求是：展示陈列的各种展品要围绕既定的主题，进行互为衬托的合理组合与搭配，要在整体上显得井然有序、浑然一体。该项工作具体包括展位的合理分配，文字、图表、模型与实物的拼接组装，灯光、音响、饰件的安装，展版、展台、展厅的设计与装潢等。

展位的分配可采用竞拍、投标、抽签或按正式报名的先后顺序等方法。不管采用哪种方法，组织者均须事先将其公布，以便参展单位早做准备，尽量选到称心如意的展位。需要注意的是，所有参展单位都希望自己能够在展览会上拥有理想的位置。大凡理想的展位，除了收费合理之外，应当面积适当，客流较多，处于较为醒目的位置，设施齐备，采光、水电等供应良好。

6. 提供必要的辅助性服务（设备）项目

主办单位有义务为参展单位提供一切必要的辅助性服务（设备）项目，主要包括文书业务、邮电通信、交通运输、安全保卫、停车场、餐饮场所、业务洽谈场所等。由展览会的组织者为参展单位提供的这些辅助性服务（设备）项目，最好事先公布说明，并且详尽说明有关费用的支付事宜。

7. 成立专门的新闻发布机构

在举办大型展览会时，主办单位还应成立一个专门的新闻发布组织，负责与新闻界的联系，提供有价值的新闻资料，以扩大影响范围，增强展览会效果。该机构的工作内容包括：举办记者招待会发布消息；邀请新闻界人士参加开幕式；尽可能多地在各类新闻媒介上及时报道开幕式及展览的相关消息，以期在展览会开始之前就扩大参展单位及整个展览会的影响；制定新闻发布计划；邀请新闻界采访、报道；撰写新闻稿，及时向社会传播有关展览会的各种信息。

8. 培训工作人员

展览会的工作人员包括接待员、讲解员、操作演示员及其他有关人员等。理想的工作人员应具备三个条件：一要懂得展览项目的专业知识，能为观众提供专业咨询服务；二要善于交际、讲文明、懂礼貌，能得体地与各类观众交流；三要仪表端庄、大方。展览会的组织者应对所有工作人员进行必要的专业知识和礼仪知识培训。

9. 精心准备纪念礼品

展览会上，尤其是产品展示会上，往往要为与会嘉宾准备礼品。这些礼品既是实物广告，又是融洽关系的手段，所以宜选用具有宣传性、荣誉性和独特性的馈赠佳品。

10. 做好安全保卫工作

在举办展览会前，必须依法履行常规的报批手续。如果是重大的展览活动，主办者应主动将展览会的举办详情及时向当地公安部门通报，求得其理解、支持与合作，制定防损、防盗、防火、防水、防拥挤及处理突发事件的相关措施，并在展览会入口处或展览会的门券上，将参观的具体注意事项正式成文列出，使工作人员和观众心中有数，以保证展览会平安顺利地进行。展览会组织单位的全体工作人员，还应自觉树立良好的防灾、防盗、防火、防水、防破坏等安全意识，为展览会的平安进行竭尽一己之力。

7.4.3 展览会的礼仪要求

1. 展览会现场的礼仪要求

在布置展厅时，应贴出展览厅的平面图，在入口处设置咨询台、签到处和意见登记处，同时准备好展览会会标和纪念品。参展单位应突出自己展位的新颖性，在展板的设计、产品的摆放等外观设计上力求美观与创新相结合、主题与形式相结合，牢牢地吸引住参观者的眼球。用以展览的展品，外观要完美，质量要上乘。陈列上既要整齐美观，又要讲究主次。布置上要兼顾主题的突出与观众的注意力。用以在展览会上向观众直接散发的资料，要印刷精美、图文并茂、资讯丰富，还要特别注意宣传资料的呈现形式，须做到新颖、独特，使参观者爱不释手。这些要根据企业的资金量力而行。在宣传材料上要有参展单位的主要联络方法，如公关部门与销售部门的电话、传真以及电子信箱地址等。

2. 现场人员的礼仪要求

现场人员主要是指展览会上主办单位的工作人员、参展单位的工作人员和参观者。展览会上，现场人员都应遵守大会程序，时刻用礼仪规范来约束自己的言行，使展览会在友好、热烈的气氛中进行。

主办单位的工作人员要注意自己的形象，穿着要庄重，颜面要修饰，举止要文雅。除此之外，还应搞好与各参展单位的关系，做好各项服务工作，对既定的展期、展位、收费标准等，不能做随意的改动。

一般情况下，参展单位的工作人员应当统一着装，最佳的选择是身穿本单位的统一制服，或者着深色西装、套裙。大型展览会上，若参展单位安排专人迎送客人，最好请其身穿色彩鲜艳的单色旗袍，并身披写有参展单位或其主打展品名称的红色绶带。为了说明各自的身份，全体工作人员皆应在左胸佩戴标明本人单位、职务、姓名的胸卡，礼仪小姐应身穿色彩鲜艳的单色旗袍，胸披写有参展单位或其展品名称的红色绶带。按照惯例，工作人员不应佩戴首饰，男士应当剃须，女士最好化淡妆。其中，主持人的形象尤为重要。因此，主持人应表现得庄重、诚恳、气派，使公众由此对其主持的展览会和产品产生信赖感。参展单位的工作人员除具备与产品有关的专业素质外，还要掌握展览知识和技能，礼貌地对待每一位参观者，达到公众满意的效果。

参展单位的工作人员要用热情、诚恳、公平的原则接待每一位参观者。当参观者进入展位时，要主动与之打招呼，以示欢迎。对于观众提出的问题要做到百问不烦、认真回答。当观众离开时，工作人员应主动与其道别。展览会期间，参展单位的工作人员要各尽其责。对于个别不遵守展览会规则，乱摸乱动展品的观众，要以礼相劝，必要时可请保安人员协助，避免与参观者直接发生冲突。参展单位的讲解员在讲解时要注意语言流畅、语调清晰、声音洪亮。对于介绍的内容要实事求是，并突出自己展品的特色，必要时，还可做一些现场示范。讲解完毕，应对听众表示谢意。

作为展览会的参观者，要服从大会的管理，遵守大会的程序，与组织者共同维护展览会的程序和声誉，做一个文明、守法的参观者。

7.5 茶话会礼仪

7.5.1 茶话会礼仪的概念

所谓茶话会，在商界主要是指意在联络老朋友、结交新朋友，具有对外联络和招待性质的社交性集会。在集会上，参加者可以不拘形式地自由发言，因备有茶点，故称为茶话会。与洽谈会、发布会、展览会等其他类型的商务性会议相比，茶话会社交色彩最为浓重、商务色彩最为淡薄。所以，有人将其称为"商界务虚会"。

表面上来看，茶话会主要是以茶待客、以茶会友，但是实际上，它往往是重点不在"茶"，而在于"话"，即意在借此机会与社会各界沟通信息、交流观点、听取批评、增进联络、为本单位实现"内求团结、外求发展"的公关目标，创造良好的外部环境。从这个意义上来讲，茶话会在所有商务性会议中并不是无足轻重的。

在商务交往中，茶话会礼仪的具体内容主要涉及会议的主题、来宾的确定、时空的选择、座次的安排、茶点的准备、会议的议程、现场的发言等几个方面。

7.5.2 茶话会准备工作

组织一次成功的茶话会，主要应完成以下几项工作。

1. 明确主题

茶话会的主题，特指茶话会的中心议题。在一般情况下，商界所召开的茶话会，根据其不同的目的可以将其大致分为以下几类。

（1）专题茶话会。所谓专题茶话会，是指在某一特定的时刻，或为了某些专门的问题而召开的茶话会。专题茶话会的主要内容是主办单位就某一专门问题收集大家的意见，听取某些专业人士的建议，或者同某些与本单位存在特定关系的人士进行对话。召开此类茶话会时，尽管主题既定，但仍须倡导与会者畅所欲言，并且不拘情面。为了使会议进行得轻松而活跃，有些时候，茶话会的专题允许宽泛一些，并且允许与会者的发言稍许有所跑题。

（2）联谊性茶话会。所谓联谊性茶话会，其主题是为了联络主办单位同应邀与会的社会各界人士的友谊。在这类茶话会上，宾主通过叙旧与答谢，往往可以增进相互之间的进一步了解，密切彼此之间的关系。除此之外，它还为与会的社会各界人士提供了一个扩大社交圈的良好契机。

（3）娱乐性茶话会。所谓娱乐性茶话会，主要是指在茶话会上安排一些文娱节目或文娱活动，并以此作为茶话会的主要内容。这一主题的茶话会，主要是为了活跃现场的局面，增加热烈而喜庆的气氛，调动与会者人人参与的积极性。与联谊会所不同的是，以娱乐为主题的茶话会所安排的文娱节目或文娱活动，往往不需要事先进行专门的安排与排练，而是以现场的自由参加与即兴表演为主。它不必刻意追求表演水平的一鸣惊人，而是强调重在参与、尽兴而已。商界人士在确定召开一次茶话会之后，一定要根据召开茶话会的不同目的而确定其主题，以保证茶话会的成功举办。

2. 确定与会者

邀请哪些方面的人士参加茶话会，往往与其主题存在直接的关系。因此，主办单位在筹办茶话会时，必须围绕其主题邀请来宾，尤其是确定好主要的与会者。

（1）主办单位内部人士。以本单位人士为主要与会者的茶话会，主要是邀请本单位各方面的代表参加，意在沟通信息、通报情况、听取建议、嘉勉先进、总结工作。这类茶话会也可邀请本单位的全体员工或某一部门、某一阶层的人士参加。有时，它也叫作内部茶话会。

（2）本单位的顾问。以本单位的顾问为主要与会者的茶话会，意在表达对有助于本单位的各位专家、学者、教授的敬意。同时，特意邀请他们与会，既表示了对他们的尊敬与重视，也可以进一步地直接向其咨询，并听取其建议。

（3）社会上的贤达。所谓社会贤达，指在社会上拥有一定才能、德行与声望的各界人士。作为知名人士，他们不仅在社会上具有一定的影响力、号召力和社会威望，而且还往往是某一方面的代言人。以社会上的贤达为主要与会者的茶话会，可使本单位与社会贤达直接进行交流，加深对方对本单位的了解与好感，并且倾听社会各界对本单位的意见或反映。

（4）合作中的伙伴。合作中的伙伴在此特指在商务活动中与本单位存在着一定联系的单位或个人。除了自己的协作者之外，还应包括与本单位存在着供、产、销等其他关系的人士。以合作中的伙伴为主要与会者的茶话会，重在向与会者表达谢意，加深彼此之间的理解与信任。

（5）各方面的人士。有些茶话会，往往会邀请各行各业、各个方面的人士参加。以各方面人士为主要与会者的茶话会，除了可供主办单位传递必要的信息外，主要是为与会者创造出一个扩大个人交际面的社交机会。茶话会的与会者名单一经确定，应立即以请柬的形式向对方提出正式邀请。按惯例，茶话会的请柬应在半个月之前送达或寄达被邀请者，但对方对此可以不必答复。

3. 定好时间

举行茶话会的时间主要涉及举行的时机、时间和时间的长度三个问题。

俗话说："机不可失，时不再来。"在举行茶话会的时机问题是头等重要的。一般来说，在辞旧迎新之时、周年庆典之际、重大决策前后、遭遇危难挫折之时等，都是商界单位酌情召开茶话会的良机。

根据国际惯例，举行茶话会最佳的时间是上午10点左右，或下午4点左右，以1~2小时为宜。在具体操作时，主要应以与会者尤其是主要与会者方便与否及当地人的生活习惯为准。

4. 择定地点

在选择举行茶话会的具体场地时，需同时兼顾与会人数、支出费用、周边环境、交通安全、服务质量、档次名声等问题。按照惯例，适宜举行茶话会的场地主要有主办单位的会议厅、宾馆的多功能厅、主办单位负责人的私家庭院或露天花园及高档的营业性茶楼或茶室。通常认为，餐厅、歌厅、酒吧等场所，均不宜举办茶话会。

5. 座次的安排

从总体上来讲，在安排茶话会与会者的具体座次时，必须使之与茶话会的主题相适应。为了使与会者畅所欲言，并便于大家进行交际，茶话会上的尊卑座次安排一般不宜过于明显。通常，除主席台外不摆座签，允许自由活动。根据约定俗成的惯例，在安排茶话会与会者的具体座次时，主要采取以下四种办法。

（1）环绕式。所谓环绕式排位，即不设立主席台，而将坐椅、沙发、茶几摆放在会场四周，不明确座次的主次尊卑，听任与会者入场后自由就座。这种安排座次的方式，与茶话会的主题最相符，因而在茶话会中使用较多。

（2）圆桌式。圆桌式排位，指的是在会场上摆放圆桌，请与会者在其周围自由就座的一种座次安排方式。在茶话会上，圆桌式排位通常又分为两种具体的方式：一是仅在会场中央安放一张大型的椭圆形会议桌，请全体与会者在其周围就座；二是在会场上安放数张圆桌，请与会者自由组合，各自在其周围就座（当与会者人数较少时，可采用前者；而当与会者人数较多时，则应采用后者）。

（3）主席台式。在茶话会上，主席台式排位并不意味着会场上摆放一目了然的主席台，而是指在会场上，主持人、主人与主宾应被有意识地安排在一起就座，并且按照常规，居于上座之处。例如，中央、前排、会标之下或面对正门之处。有时在数桌之中为嘉宾设立主桌。

（4）散座式。所谓散座式排位，多见于在室外举行茶话会。它的坐椅、沙发、茶几的摆放，貌似散乱无序，四处自由地组合，甚至可由与会者根据个人要求而自行调节，随意安置。其目的就是要创造一种宽松、舒适、惬意的社交环境。

茶话会的会场布置要尽量雅致一些，鲜花能在会场上起到画龙点睛的作用。与庆功会、表彰会不同，茶话会会场应摆设颜色淡雅、品质高贵的花，以天堂鸟、兰花、百合、文竹、非洲菊为宜，让来宾感觉清新、雅致。

6. 预备茶点

茶话会有别于正式的宴会，因此不上主食，不安排品酒，而只向与会者提供一些茶点。不论是主办单位还是与会者，大家都应当明白，茶话会是重"说"不重"吃"，所以没有必要在吃的方面过多地下功夫。商务礼仪规定，在茶话会上，为与会者所提供的茶点，应当被定位为配角。虽说如此，在具体进行预备时，也需注意以下几点讲究。

（1）茶叶和茶具。对于用以待客的茶叶与茶具，务必要精心准备。在准备茶叶方面，应备有红茶、绿茶、花茶等品种，以照顾与会者的不同口味，如对中国人来说，绿茶老少皆宜；而对欧美人而言，红茶则更受欢迎。在力所能及的情况下，应尽力挑选上等品。在选择茶具时，最好选用陶瓷器皿，并且讲究茶杯、茶碗、茶壶成套。所有的茶具一定要清洗干净，并且完整无损。

（2）点心和水果。除主要供应茶水之外，在茶话会上还可以为与会者准备一些瓜子、点心、水果、糖果或地方风味小吃。需要注意的是，在茶话会上向与会者所供应的点心、水果或地方风味小吃，品种要对路，数量要充足，并且要便于取食。为此，还需准备擦手纸巾。按惯例，在茶话会举行之后，主办单位一般不再为与会者准备正餐。

7.5.3 茶话会的基本程序及礼仪要求

在正常的情况下，商界所举办的茶话会的主要会议议程，大体有以下四项。

1. 宣布茶话会正式开始

在宣布会议正式开始之前，主持人应当提请与会者各就各位，并且保持安静。在会议正式宣布开始之后，主持人还可对主要与会者略加介绍。

2. 主办单位负责人讲话

主办单位主要负责人的讲话，应以阐明此次茶话会的主题为中心内容。除此之外，还可以代表主办单位，对全体与会者的到来表示欢迎与感谢，并且恳请大家今后一如既往地给予本单位以更多的理解、更大的支持。

3. 与会者发言

根据惯例，与会者的发言在任何情况下都是茶话会的重点。为了确保与会者在发言中直言不讳、畅所欲言，通常，主办单位事先均不对发言者进行指定与排序，也不限制发言的具体时间，而是提倡与会者自由地进行即兴式的发言；有时，与会者在同一次茶话会上，还可以数次进行发言，以不断补充、完善自己的见解、主张。

与会者在茶话会上发言时，应该得体。在要求发言时，可举手示意（但同时也要注意谦让，不要与人争抢）；在发言过程中，无论所谈何事，都要语速适中，口齿清晰，神态自然，用语文明。肯定成绩时，一定要实事求是；提出批评时，态度要友善。与其他发言者意见不合时，要注意"兼听则明"，并且一定要保持风度。

4. 茶话会结束

在茶话会结束之前，主持人可略做总结。随后，即可宣布茶话会到此结束并散会。

在茶话会上，主持人所起的作用往往不只是掌握、主持会议，更重要的是能够在现场审时度势，因势利导地引导与会者发言，并且控制会议的全局。在众人争相发言时，应由主持人决定谁先谁后。当无人发言时，应由主持人引出新的话题，或者邀请某位人士发言。当与会者之间发生争执时，应由主持人出面劝阻。在每位与会者发言之前，可由主持人对其略做介绍。在其发言的前后，应由主持人带头鼓掌致意。万一有人发言严重跑题或言辞不当，则还应由主持人出面转换话题。

知识测试与技能训练

1. 知识测试

（1）简述洽谈会的基本程序及礼仪要求。
（2）简述发布会的基本程序及礼仪要求。
（3）简述赞助会的基本程序及礼仪要求。
（4）简述展览会的礼仪要求。
（5）简述茶话会的基本程序及礼仪要求。

2. 技能训练

项目1　新闻发布会

情景设定：在某次班会上，让同学们在30分钟的时间里通过体验角色（主持人、发言人、记者等）的经验，熟悉发布会的礼仪，激发学习会务礼仪的兴趣。

训练目标：口头与文字表达能力，信息整合能力，公关礼仪意识。

训练方案：随机抽选二十位同学上台，其中两人分别充当主持人、发言人，剩余同学充当记者，就某一个主题举行发布会。然后由老师引导全班同学分析总结同学提问、应答、主持过程的优缺点及需要改进完善的方面。

测评要点：表述逻辑条理，用语规范不俗；普通话标准规范，声音洪亮清晰；举止优雅端庄，表情自然亲和，礼仪规范应景，引起共鸣。

项目2　案例分析

（1）某市文化节期间举办了为期三天的本地名优土特产品展览会。第三天上午，由于参观者较少，百无聊赖的某参展单位人员竟脚搭展台、头枕椅背地进入了梦乡，阵阵鼾声引得不少参观者摇头叹息。

分析思考：如果你是该企业负责人员，看到此情此景你会怎么做？如果你是参展单位工作人员，遇到参观者很少的情况，你该如何办？

（2）王先生是一位大型企业的总经理，为了寻求企业的扩大与发展，正在准备与德国一家跨国公司洽谈合资问题。洽谈会这一天，为了给对方留下良好的印象，达到合作成功的目的，年轻的王先生刻意为自己进行了一番形象设计，他根据自己对时尚的理解，上穿中国人喜爱的、能给人带来自信的红色夹克衫，下穿牛仔裤，足蹬休闲旅游鞋。无疑，他希望能留给对方年轻有为、时尚新潮的印象。在双方见面相互握手时，王先生将左手潇洒地斜插在衣服的口袋里，德方人士的手只轻点了一下王先生的手。此后不久，会谈就在冷淡的气氛中结束了。

分析思考：请你想一想，问题出在哪里？

第8章 商务仪式礼仪

学习目标

了解商务仪式的主要种类；熟悉各种仪式的程序及礼仪要求；掌握各种仪式的准备工作，并能在商务活动中成功运用。

任务驱动

孔子创办的儒家思想是中国传统文化的核心内容。为了大力弘扬中华民族传统文化，让古老的思想与现代教育理念辉映成趣，让孔子这个精神伟人与师生时刻为伴，你们学校计划于孔子诞辰日公历9月28日，为教学主楼广场新落成的孔子铜像举行揭幕仪式。为了增加本校学生实践锻炼机会，校长大胆决策，决定在专业教师指导下，筹划、组织、接待、礼仪等人员从本校学生中抽选。请你为该次揭幕仪式策划详尽、可行、高效、理想的实施方案。

8.1 签约仪式礼仪

8.1.1 签约仪式的概念

签约，即合同的签署。签约仪式是指在商务活动中，有关各方经过协商、谈判，就彼此之间进行商务活动、商品交易或某种争端达成协议订立合同后，由各方代表正式在有关的协议或合同上签字的一种庄严而又隆重的仪式。我国法律规定，合同一般只有当事人达成书面协议并签字时，才能宣告成立。为了体现合同的严肃性，表示各方共同遵守协议的诚心，同时也为了扩大双方的社会影响，在签署合同时，一般都会郑重其事地举行签约仪式。签约仪式时间虽然短暂，但程序却应规范认真，气氛应庄严严肃，仪式却应隆重热烈。签约仪式由准备和签字两个阶段组成。

8.1.2 签约仪式的准备工作

1. 拟订待签合同文本

举行签字仪式时，文本一旦签字就具有法律效力。因此，所准备的文本一定是正式规范且符合要求的。待签合同文本的准备由举行签字仪式的主方与有关各方指定的专人共同负责，主要审查合同的文字措辞，完成待签文本的定稿、翻译、校对、印刷、装订和盖印等工作。准备文本的过程中，除要核对谈判协议条款与文本的一致性以外，还要核对各种批件、证明等是否齐备，是否与合同相符等。按照常规，主方应为在文本上签字的有关各方均提供一份待签文本，必要时，还应为各方提供一份副本。审核中如发现问题要及时通报，通过再次谈判，达成谅解和一致，如有必要还应调整签约时间。

签署涉外商务合同时，依照国际惯例，待签文本同时使用宾主各方的官方语言，或使用国际上通用的英文和法文。此外，可同时并用有关各方法定的官方语言与英文或法文。待签文本应用高档、精美的白纸印刷，按大八开的规格装订成册，并用真皮、仿皮、软本等高档质料作为封面，以示郑重。

2. 确定各方签字人员

签字仪式举行之前，有关各方应事先确定好参加签字仪式的人员，并向有关方面通报。尤其是客方，要将出席签字仪式的人数提前通报给主方，以便主方做好安排。一般而言，参加签字仪式的人员，基本上是各方参加会谈的全体成员，各方出席的人数应大体相等。主签人的身份随文件性质的不同而不同，但不管怎样，各方主签人的身份、职位应大致相当。参加签字的各方，事先还要安排一名熟悉仪式程序的助签人员，签字时给文本翻页，并指明签字处，防止漏签。为了表示重视，各方常邀请更高一级的领导人出席签字仪式。

3. 选择并布置签字厅

签字现场可以是常设的专用签字厅，也可以临时以会议厅、会客室代替。布置签字现场的原则是庄重、整洁、清净。地上可铺设地毯。

在签署双边性合同时，我国举行的签字仪式，一般在签字厅内设置一张长方桌作为签字桌。签字桌的上空可悬挂横幅，写有"××××（项目）签字仪式"字样。桌面覆盖深绿色台布，桌后放两把椅子，为双方签字人员座位，客方签字人在签字桌右侧就座，主方签字人于签字桌左侧就座。座前摆的是各自保存的文本，上端分别放置签字文具（钢笔、吸水纸等），中间摆一旗架，悬挂签字双方的国旗。各方的助签人，应分别站立于各自一方签字人的外侧，以便随时对签字人提供帮助。双方其他随员，依照职位高低，依次列成一行，站立于己方签字人的身后。当一行站不完时，可以按照"前高后低"的惯例，排成两行、三行或四行。当然也可以按照一定的顺序在己方签字人的正对面就座。原则上，双方随员人数，应大体上相近，如图8-1所示。

注：1—签字桌；2—双方国旗；3—客方签字人；4—东道国签字人；
5—客方助签人；6—东道国助签人；7—客方参加签字仪式人员；8—东道国参加签字仪式人员。

图 8-1　签字仪式的会场布置

需要说明的是，各国举行签字仪式的安排不尽相同。有些国家安排的签字仪式，两张方桌为签字桌，双方签字人员各坐一桌，双方的国旗分别挂在各自的签字桌上，参加仪式的人员坐在签字桌的对面，如图 8-2 所示。

1—客方签字人席位；2—东道国签字人席位；3—客方国旗；
4—东道国国旗；5—参加签字仪式人员席位。

图 8-2　签字仪式的会场布置

在签署多边性合同时，一般仅设一个签字椅。座前摆的是各自保存的文本，上端分别放置签字用的文具（钢笔、吸水纸等）。如签署涉外合同时，须在各方签字人正前方的签字桌上插放其国旗。各方签字人签字时，须依照有关各方事先同意的先后顺序，依次上前就座签字，他们的助签人则应随之一同行动，并站立于签字人的左侧。与此同时，有关各方的随员，应按照一定的序列，面对签字桌就座或站立。

案例 8-1

小李主持同美国一家跨国公司谈妥一笔大生意，双方商务谈判达成一致意见后，决定正式为此举行一次签约仪式。小李派工作人员准备签约仪式。工作人员准备了签字桌、双方国旗等，并按照中国"以左为上"的做法把美国公司的国旗放在签字桌的左侧，将中方国旗摆到签字桌的右侧。当美方代表团来到签约场地时，看到这样的场景立即拂袖而去，一场即将达成的生意临场变卦。总经理很生气，小李的提升计划也因此被搁浅。

4. 安排签字人员的服饰

按照规定，签字人、助签人及陪同人员在出席签字仪式时，男性应当穿着具有礼服性质的深色西装套装、中山装套装，女性可着西装套裙，并且配以白色衬衫与深色皮鞋。男士还必须系上单色领带，以示正规。在签字仪式上的礼仪人员、接待人员，可以穿自己的工作制服或旗袍一类的礼仪性服装。

8.1.3 签约仪式的基本程序及礼仪要求

1. 入座

签字仪式正式开始，参加签字仪式的有关人员进入签字厅后，在既定的位次上各就各位。

2. 签字

签字人正式签署合同文本。助签人员分别站立在签字人员左边，协助翻开文本，指明签字的地方。按国际惯例，遵守轮换制，即主签人首先签署己方保存的合同文本，而且签在左边首位处，这样使各方都有机会居于首位一次，以显示各方平等、机会均等。然后由助签人员互相交换文本，再签署他方保存的文本。助签人员在旁用吸水纸按压签字部分。

3. 交换合同文本

签字完毕，由双方主签人起立，交换已经由有关各方正式签署的文本。此时，各方签字人应相互握手，并相互交换各自一方刚才使用过的签字笔，以示纪念。其他陪同人员鼓掌祝贺。

4. 举杯庆贺

随后，由礼宾人员端上香槟酒，供双方出席签字仪式的人员举杯庆贺。

5. 合影留念

可以合影留念。这样既可增添喜庆色彩，也可祝贺签约仪式圆满成功。

6. 退场

签字仪式完毕后，应先请双方最高领导者退场，然后请客方退场，东道主最后退场。整个仪式以半小时为宜。在一般情况下，商务合同在正式签署后，还应提交有关方面进行公证才能正式生效。

案例 8-2

2010 年 4 月 25 日下午 2 时，海珀兰轩携手世界八大顶级品牌战略合作签约仪式在海珀兰轩销售中心盛大举行。本次海珀兰轩携手世界顶级品牌签约会，以品牌签约仪式为线，与世界各界名流共同鉴证了这一历史时刻，呈现海珀兰轩精致典雅的内在品质。签约仪式活动流程如下：

14:00 音乐暖场，嘉宾签到，媒体采访品牌代表方
14:30 开场表演

14:35　主持人致辞，介绍来宾
14:40　项目领导讲话，播放项目视频短片
14:50　品牌合作签约仪式
第一组：厨浴系统品牌代表采访
第二组：厨电系统品牌代表采访
中场表演
第三组：智能系统品牌代表采访
第四组：戴德梁行品牌展示
签约方式：以组为单位逐次上台签约
签约流程：品牌介绍短片，品牌代表上台签约
手印礼，各品牌代表分别留下手印
中场表演
15:20　海珀兰轩 LOGO 点亮仪式
15:40　嘉宾祝酒，酒会开始
17:30　活动结束
注：红酒品鉴、雪茄品鉴贯穿活动其中。

8.2　开业仪式礼仪

8.2.1　开业仪式的概念

　　开业仪式是指在商界，任何一个单位的创建、开业或本单位所经营的某个项目、工程的完工、落成移交、举办某项活动之初或开始某项工作之时，为表示庆贺或纪念，经过精心策划而按照一定的程序所隆重举行的专门仪式。它的目的主要是宣传自己，扩大传播范围，提高社会的影响力，增强本单位全体员工的自豪感与责任心，树立企业形象，招徕顾客，生意兴隆。故此它一向备受有经验的商家重视。
　　商界的开业仪式是一个统称，在不同的场合，它又会使用另一个名称，如开幕仪式、开土仪式、竣工仪式、下水仪式、通车仪式、奠基仪式或破土仪式等。它们的共性是按照仪式礼仪的规范严格办事，热烈而隆重。

8.2.2　开业仪式的准备工作

1．策划开业仪式

　　凡事预则立，不预则废。在策划开业仪式之前，首先要成立相关的临时性组织机构。例如，可以组建开业仪式领导组、工作组、后勤保障组、公关宣传组、礼仪接待组等临时性组织机构。随后则要重点进行开业仪式方案的策划。开业仪式方案应主题明确、短小有力、形象鲜明，保证开业仪式能够有效实现企业提高知名度、美誉度及树立企业形象的目标。

2．策划舆论宣传

　　举办开业仪式的主旨在于塑造本单位的良好形象，争取社会效益，因此就要对其进行

必不可少的舆论宣传，以吸引社会各界的关注，争取社会公众的认可。可利用报纸、电台、电视台及网络等发布广告或告示，以引起公众的注意。这些广告或告示的内容一般包括开业仪式举行的日期、地点及企业的经营范围、经营特色、开业的优惠情况和馈赠、顾客光临的乘车路线等。广告或告示的设计应美观、大方，富有特色。开业广告或告示一般宜在开业前3～5天内发布。开业单位还可邀请一些传媒界人士，在开业仪式举行时到场进行采访、报道，予以正面宣传。

3. 确定约请来宾

开业仪式影响的大小，在很大程度上与参加典礼的主要宾客的身份、职能部门的范围和参加典礼的人数有直接关系。一般而言，参加开业典礼的人员应包括以下一些宾客。

（1）地方领导、上级主管部门与地方职能管理部门的领导。邀请他们参加的目的是感谢他们给予本单位的关心和支持。

（2）合作单位与同行单位代表。邀请他们参加的目的是表明希望彼此合作的意愿和促进本行业共同发展的愿望。

（3）社会名流。通过名人效应，可以更好地提高本单位知名度。

（4）新闻界人士。通过他们公正的报道，加深社会对本单位的了解和认同，进一步扩大本单位的社会影响。

（5）社区负责人。通过他们搞好本单位与本地区的关系，让更多的人关心、支持本单位的发展。

（6）社会团体的负责人。通过他们与社会团体成员进行交流沟通，实现理解和支持自己的目的。

为体现对来宾的尊重，请柬应认真书写，并装入精美的信封，由专人（员工或邮局）提前（一周左右）送达被邀者手中。出于诚恳和尊重，重要宾客由开业单位的主要负责人亲自登门邀请，以便被邀者早做安排。请柬要精美、大方，其形状和大小要根据请柬的内容来决定。内容要完整，文字要精练，措辞要热情。被邀者的姓名要书写整齐，不能潦草马虎。

4. 布置开业仪式场地

开业仪式场地位置多在开业现场，正门外的广场或正门内的大厅，也可以租用场地。需要注意的是，开业典礼的场地选择不能妨碍交通，音响设备的调试以不制造噪声为宜，否则会影响开业典礼的效果，甚至破坏本单位的形象。

举行开业仪式时宾主一般一律站立，故一般不设主席台和坐椅。为了烘托热烈、隆重、喜庆的气氛，在贵宾站立处铺设红色地毯，并在场地悬挂如"××商场开业仪式"、"××公司隆重开业"、"××奠基仪式"等横幅凸显仪式主题，两侧醒目之处布置一些来宾送的贺匾、花篮，会场四周还可以张灯结彩，悬挂彩灯、气球等。在适当位置放置好签到簿、本单位的宣传材料、待客的饮料等。开业仪式举行时所需使用的用具、设备如音响、摄影、摄像设备等，必须事先认真进行检查、调试，以确保开业仪式的顺利进行。

课内实训 8-1

吉祥商场开业在店门口举行盛大的开业仪式。主持人刚讲话，话筒便掉到地上摔坏了。掉换话筒后，典礼刚重新开始，天又变脸下起了大雨，典礼活动只好移到店内举行。总经理致辞未毕，又突然停电了。整个商场一片昏黑混乱。一场隆重的盛典简直变成了"闹剧"。

该次开业仪式失败的原因是什么？如果由你负责策划这次开业仪式，你会如何避免类似的事件？

5. 安排来宾接待

在开业仪式的现场，除了要求本单位的全体员工在来宾面前，都要以主人翁的身份热情待客、主动相助之外，更重要的是要分工负责，各尽其职。一定要有专人负责来宾的接待服务工作，主要负责来宾的迎送、引导、陪同、招待等，一般由年轻、精干、身材和相貌好的男女青年承担。接待贵宾须由本单位主要负责人亲自出面。若来宾较多时，需为来宾准备好专用的停车场、休息室，并应为其安排饮食。搞好接待服务工作，可以使来宾感受到主人的尊重和敬意，会给来宾留下深刻的印象。

6. 策划礼品馈赠

举行开业仪式时赠与来宾的礼品，一般应具有四大特征。

（1）宣传性。可选用印刷有企业标志、地址、电话、网址、广告用语或经营范围等标示的本单位产品，也可在礼品袋内装入本单位简介或其主打产品介绍等材料。

（2）荣誉性。要使之具有一定的纪念意义，并且使拥有者对其珍惜、重视，并为之感到光荣和自豪。

（3）独特性。应当与众不同，具有本单位的鲜明特色，使人一目了然，并且可以令人过目不忘。

（4）便携性。一般而言，此刻赠送与人的礼品应当体积较小、不易破损，并且易于携带。

8.2.3 开业仪式的基本程序及礼仪要求

1. 开幕仪式

开幕仪式是指公司、企业、宾馆、商店、银行正式启用之前，或各类商品的展示会、博览会、订货会正式开始之前，所正式举行的相关仪式。每当开幕仪式举行之后，公司、企业、宾馆、商店、银行将正式营业，有关商品的展示会、博览会、订货会将正式接待顾客与观众。其基本程序包括以下几个步骤。

（1）仪式开始，全体肃立，介绍来宾。

（2）请专人揭幕。开幕仪式中最具特色的环节是邀请专人揭幕。揭幕的具体做法是：揭幕人行至彩幕前站立，礼仪小姐双手将开启彩幕的彩索递交对方，揭幕人目视彩幕，双手拉启彩索，令其展开彩幕。全场目视彩幕，鼓掌并奏乐。

（3）在主人的引导下，来宾依次进入幕门。

（4）来宾祝贺。

(5) 主人答谢。

(6) 主人陪同来宾参观，开始正式接待顾客与观众，对外营业或展览开始。

2．开工仪式

开工仪式，即工厂准备正式开始生产产品、矿山准备正式开采矿石时，所专门举行的庆祝性、纪念性活动。开工仪式大都讲究在生产现场举行，即以工厂的主要生产车间、矿山的主要矿井等处，作为举行开工仪式的场所。要将现场打扫干净。除司仪人员按惯例应穿着礼仪性服装之外，主办方的全体职工均应穿着干净而整洁的工作服出席仪式。可以在简短而精练的前提下准备一些彩带、鲜花和标语等。其基本程序包括以下几个步骤。

(1) 仪式开始，全体肃立，介绍来宾，奏乐。

(2) 在司仪的引导下，本单位的主要负责人陪同来宾行至开工现场机器开关或电闸旁。大家肃立，不得随意走动。

(3) 宣布正式开工。具体做法是：请职工代表或嘉宾来到机器开关或电闸旁，然后动手启动机器或合上电闸。此刻，全体人员应鼓掌祝贺，并奏乐。

(4) 全体职工各就各位，上岗进行操作。

(5) 正式开工后，由单位负责人带领全体来宾参观生产现场。

3．奠基仪式

奠基仪式，通常是一些重要的建筑物，如大厦、场馆、亭台、楼阁、园林、纪念碑等动工修建之初，所正式举行的仪式。奠基仪式举行的地点，一般应选择在动工修筑建筑物的施工现场。而奠基的具体地点，则按常规均应选择在建筑物正门的右侧。依照惯例，用以奠基的奠基石应为一块完整无损、外观精美的长方形石料。在奠基石上的文字应当以楷体字竖写，最好是白底金字或黑字。在其右上款，应刻有建筑物的正式名称。在其正中央，应刻有"奠基"两个大字。在其左下款，则应刻有奠基单位的全称及举行奠基仪式的具体年、月、日。在奠基石的下方或一侧，还应安放一只密闭完好的铁盒，内装该建筑物的各项资料及奠基人的姓名。届时，它将同奠基石一同被奠基人等培土掩埋于地下，以志纪念。通常，在奠基仪式的举行现场应设立彩棚，安放该建筑物的模型或设计图、效果图，并使各种建筑机械就位待命。其基本程序包括以下几个步骤。

(1) 仪式开始，介绍来宾，全体肃立。

(2) 奏国歌。

(3) 主人对该建筑物的功能及规划设计进行简介。

(4) 来宾致辞道喜。

(5) 正式进行奠基。这是奠基仪式中最重要的步骤。此时，应锣鼓喧天，或演奏喜庆乐曲。首先由奠基人双手持握系有红绸的新锹为奠基石培土。随后，再由主人与其他嘉宾依次为之培土，直至将其埋没为止。

4．破土仪式

破土仪式，也称破土动工，是指在道路、河道、水库、桥梁、电站、厂房、机场、码头、车站等正式开工之际,为此专门举行的动工仪式。破土仪式举行的地点,大多应当选择在工地的中央或一侧。举行仪式前,要认真地清扫、平整、装饰现场,防止出现道路坎坷泥泞、飞沙走石,或蚊蝇扑面的状况。在现场附近可临时搭建一些供休息的帐篷或活动房屋,使来宾稍事休息,避免受风吹、日晒、雨淋。其基本程序包括以下几个步骤。

(1) 仪式开始,介绍来宾,全体肃立。
(2) 奏国歌。
(3) 主人致辞。介绍与感谢为发言要点。
(4) 来宾致辞祝贺。
(5) 正式破土动工。首先,由众人环绕于破土处周围肃立,并且目视破土者,以示尊重;其次,破土者需双手执系有红绸的新锹垦土三次,以示良好的开端;最后,全体在场者一起鼓掌,并演奏喜庆音乐,或燃放鞭炮。

一般而言,奠基仪式与破土仪式在具体程序方面大同小异,而其适用范围也大体相近。故此,这两种仪式不宜同时举行于一处。

5. 竣工仪式

竣工仪式,有时又称落成仪式或建成仪式,是指本单位所属的某一建筑物或某项设施建设、安装工作完成之后,或者某一纪念性、标志性建筑物——纪念碑、纪念塔、纪念堂、纪念像、纪念雕塑等建成之后,以及某种意义特别重大的产品生产成功之后,所专门举行的庆贺性活动。举行竣工仪式的地点,一般应以现场为第一选择。例如,新建成的厂区之内、新落成的建筑物之外,以及刚刚建成的纪念碑、纪念塔、纪念堂、纪念像、纪念雕塑旁边。需要注意的是,在举行竣工仪式时,全体出席者的情绪应与仪式的具体内容相适应。例如,在庆贺工厂、大厦落成或重要产品生产成功时,应当表现得欢快而喜悦;在庆祝纪念碑、纪念塔、纪念堂、纪念像、纪念雕塑建成时,则需表现得庄严而肃穆。其基本程序包括以下几个步骤。

(1) 仪式开始,介绍来宾。
(2) 全体肃立,奏国歌,并演奏本单位标志性歌曲。
(3) 本单位负责人讲话。内容应为介绍、回顾与感谢。
(4) 剪彩或揭幕。
(5) 向刚刚完工的或建成的建筑物行注目礼。
(6) 来宾致辞。
(7) 进行参观。

6. 下水仪式

下水仪式,是指在新船造成首次下水时所专门举行的仪式。准确地说,下水仪式是造船厂在吨位较大的轮船建造完成、验收完毕、交付使用之际,为其正式下水起航而特意举行的庆祝性活动。

按照国际上目前所通行的做法,下水仪式基本上都是在新船码头上举行的。将船坞门口与干道两侧用彩旗、彩带等进行一定程度的美化和修饰。在新船所在的码头附近,还应设置专供来宾观礼或休息用的彩棚。对下水仪式的主角新船，亦需认真进行装扮。一般应在船头扎上由红绸结成的大红花，并且在新船的两侧船舷上扎上彩旗，系上彩带。其基本程序包括以下几个步骤。

（1）仪式宣布开始。介绍来宾，全体起立，乐队奏乐或锣鼓齐奏。

（2）全体肃立，奏国歌。

（3）由本单位负责人讲话，简介新船的吨位、马力、长度、高度、吃水、载重、用途、工价等基本状况。

（4）特邀掷瓶人行掷瓶礼，然后砍断缆绳，新船正式下水。行掷瓶礼的做法是：由身着礼服的特邀嘉宾双手持一瓶正宗的香槟酒，用力将瓶身向新船的船头投掷，使瓶破之后酒香四溢，酒沫飞溅。在嘉宾掷瓶以后，全体到场者需面向新船行注目礼，并热烈鼓掌。此时，还可在现场奏乐或锣鼓齐奏，放气球，放飞信鸽，并且在新船上撒彩花，落彩带。

（5）来宾代表致辞祝贺。

7. 通车和通航仪式

通车仪式，大都是在重要的交通建筑完工并验收合格之后所正式举行的启用仪式。例如，公路、铁路、地铁及重要的桥梁、隧道等在正式交付使用之前，均会举行庆祝通车仪式。通航仪式，又称首航仪式，指的是飞机或轮船在正式开通某一条新航线之际，所正式举行的庆祝性活动。有时，通车和通航仪式又叫开通仪式。

举行通车仪式的地点，通常为公路、铁路、地铁新线路的某一端或新建桥梁的某一头，或者新建隧道的某一侧。举行通航仪式的地点，则应为机场或码头。在现场附近及沿线两旁，应当适量地插上彩旗、挂上彩带。在通车、通航仪式上，被装饰的重点应当是用以进行"处女航"的汽车、火车、地铁列车、轮船或飞机。在这些交通工具上，一般应系上红花，也可酌情插上彩旗，系上彩带，并且悬挂醒目的大幅宣传性标语。其基本程序包括以下几个步骤。

（1）仪式宣布开始。介绍来宾，全体起立。

（2）奏国歌。

（3）本单位负责人讲话。其主要内容是：介绍即将通车的新线路、新桥梁或新隧道的基本情况，并向有关方面谨致谢意。

（4）来宾代表致辞祝贺。

（5）正式剪彩。

（6）首次正式通行车辆。届时，宾主及群众代表应一起登车而行。有时，往往还需由主人所乘坐的车辆行进在最前方开路。

一般而言，通航仪式除去主要的角色为飞机或轮船之外，在其他方面，尤其是在具体程序的操作上，往往与通车仪式大同小异。对其进行实际操作时，一般均可参照通车仪式的具体做法进行。

8.2.4 开业仪式的礼仪要求

在开业仪式中,无论哪种形式的仪式礼仪,都要注意作为开业典礼的组织方和宾客的个性形象礼仪问题。

1. 开业仪式组织方的礼仪

(1)守时。作为开业仪式的组织方,如果仪式的起止时间已经公布,组织方应准时开始、准时结束。出席本单位开业典礼的每一位人员都应严格遵守时间,不得迟到、无故缺席或中途退场。

(2)形象。所有出席本单位典礼的人员,事前都要做适当修饰。有条件的单位最好穿统一式样的服装。在整个典礼过程中,组织方人员不得嬉笑打闹,不得做与典礼无关的事,如看报纸、织毛衣、打瞌睡等。不要东张西望,一再看时间,表现得心不在焉。

(3)待客。遇到来宾要主动热情地问好,对来宾提出的问题应予以友善的答复。当来宾发表贺词后,应主动鼓掌表示感谢。请柬的发放应按时,不得有遗漏。席位的安排要讲究,一般按身份与职务高低确定主席台座次及贵宾席位,还应为来宾准备好迎送车辆等。

2. 开业仪式宾客的礼仪

作为开业仪式的宾客也要注意自己的礼貌礼节。要准时参加开业仪式,如有特殊情况不能到场,应及早通知主办方。

在参加开业仪式时,可送些贺礼,如花篮、镜匾、楹联等以表示对开业方的祝贺,并在贺礼上写明庆贺对象、庆贺缘由、贺词及祝贺单位。见到组织方负责人应向其表示祝贺,并说一些祝顺利、兴旺的吉利话。入座后应礼貌地与邻座打招呼,可通过自我介绍、互换名片等方式结识更多的朋友。在仪式上致贺词时,要简短精练,而且要表现得沉着冷静、心平气和,注意文明用语。在仪式过程中,宾客要根据进展情况,做一些礼节性的附和,如鼓掌、跟随参观、写留言等。仪式结束后,宾客离开时应与主办单位领导、主持人、服务人员等握手告别,并致谢意。

8.3 庆典仪式礼仪

8.3.1 庆典仪式的概念

庆典,是各种庆祝仪式的统称。在商务活动中,商务人员参加庆祝仪式的机会是很多的,既有可能奉命为本单位组织一次庆祝仪式,也有可能应邀出席外单位的某一次庆祝仪式。

庆典性商务活动是指围绕重大、特殊事件或重要节日而举行的既隆重又热烈的纪念庆祝活动。商界所举行的庆典仪式通常有四类:一是成立周年的庆典;二是单位获得某项荣誉的庆典;三是单位取得重大业绩的庆典;四是得到显著发展的庆典。主办单位希望通过庆典活动,以庆祝活动来表现工作成果,展示稳健的发展历程,显示可靠的实力和信誉,借机谋求新闻媒介的报道,联络公众、增进友谊,获得良好的组织形象。

8.3.2 庆典仪式的准备工作

1. 成立庆典仪式筹备组

庆典一经决定举行，即成立对此全权负责的筹备组。成员应该由各方面的有关人士组成，要能办事、会办事、办实事。根据需要可下设专项小组，在公关、礼宾、财务、会务等方面全方位为庆典服务。

2. 确定庆典形式和规模

确定庆典活动的形式和规模应当考虑本单位的性质、特点及与公众关系的密切程度等因素，同时还应考虑自身的经济实力。一般而言，与公众日常生活密切相关的餐饮、娱乐、服务行业等社会组织的庆典活动，最好选择能使社区公众最大范围地知晓该组织的庆典形式。如果是业务性质具有重大意义或具有广泛影响的社会组织，策划最好采取具有轰动效应的庆典活动形式。那些规模大、资金实力雄厚的社会组织，可以采用大规模或豪华的方式进行庆典活动，反之则以小巧俭朴取胜。

3. 拟定约请嘉宾名单

庆典约请嘉宾的选择始终应当以符合庆典的宗旨（热烈、欢快、隆重）为指导思想，确定的嘉宾不应当滥竽充数，也不能让对方勉为其难。

因此，一般选择的嘉宾主要有当地行政官员、上级组织的负责人、该地区或社会的知名人士和"明星"、协作单位的负责人、各类传媒机构的新闻记者、与本单位有关的公众代表、合作伙伴与同行单位的代表等。邀请嘉宾应在典礼前一星期以电话、请柬、上门邀请等方式发出。对于特别重要的宾客，要派专人正式邀请。不论以何种邀请方式，工作人员都要态度诚恳、言辞委婉，力争使各方面的嘉宾都能到场。

4. 确定关键人员及接待工作

庆典活动一般需要安排演讲、致辞、报告、讲话等发言。迎宾词、介绍词、演讲报告内容要简明扼要、中心突出，而且各个发言人所讲内容应各有侧重。必须事先确定好这些关键人员名单，并准备好文稿。此外，还要派专人负责签到、题词、音响、摄影、录像、保卫等有关工作，务求密切配合，各尽其责，以保证典礼圆满成功。

庆典接待人员一般应由年轻、精干、形象气质良好、口头语言表达能力和应变能力强的男女组成。接待小组成员的具体工作包括来宾的迎送、引导、陪同、招待。在接待工作中，接待人员要使来宾感受到主人真挚的尊重与敬意，并且想方设法使每位来宾都能心情舒畅。

5. 布置会场及准备物品

选择具体地点时，应结合庆典的规模、影响力及本单位的实际情况来决定。选择本单位的礼堂、会议厅、内部或门前的广场，以及外借的大厅等均可。不过在室外举行庆典时，切忌因地点选择不慎，从而制造噪声，妨碍交通或治安。

为渲染出隆重、热烈、大方得体的氛围，可以在场地四周悬挂横幅、公关广告语、气球、彩带，并在会场两边摆放来宾赠送的花篮、牌匾。主席台及主宾位置应放在会场前方突出显眼的部位，并根据庆典活动的需要放置桌椅、铺上台布、摆置鲜花和茶具、悬挂条幅或张贴主题词、宣传画及安装调试好的音响、照明、摄影、摄像、空调等设施设备。另外，庆典活动中所需的签到簿、纪念品（要富有宣传性、独特性、纪念性、便捷性）、意见簿（或留言簿）、鞭炮、各种演出用品等也应一一准备到位。

6. 安排好娱乐节目

除了在庆典过程中安排舞狮舞龙或乐队伴奏外，在揭幕完毕后，可安排歌舞表演、鞭炮礼花，还可组织来宾参观本组织的设施、陈列等，增加宣传本组织的机会。

8.3.3 庆典仪式的基本程序及礼仪要求

庆典程序与开业仪式程序大体相似。在庆典正式开始前，请来宾就座，出席者安静后，逐一介绍嘉宾。

（1）宣布庆典正式开始。全体起立，升国旗，奏国歌，然后唱本单位歌曲。

（2）本单位主要负责人致辞。其内容是，对来宾表示感谢，介绍举办此次庆典的缘由等，其重点应是报捷及庆典的可"庆"之处。

（3）邀请嘉宾讲话。大体上讲，提前约定好的出席庆典的上级主要领导、协作单位及社区关系单位，均应安排代表讲话或致贺词。

（4）安排文艺演出。注意要与庆典宗旨一致。

（5）专项活动。庆典活动结尾时，安排的专项活动有参观、座谈会、观看表演、宴请招待等。

其中，(4)、(5)项的安排可有可无，如果准备安排，应当根据本单位的业务性质和特点做相应准备，不要有悖于庆典的主旨。

在庆典活动中，不管是作为东道主还是作为外单位的商务人员都要注意自己的形象礼仪。做到遵守时间、仪表得体、庄重自律、态度友好、遵守庆典大会的秩序、服从主办单位人员的管理。这些和上述开业仪式的要求一致。特别提请注意的是，商务人员在庆典发言中要表现得沉着冷静、平心静气。发言时要态度谦和、讲究礼貌、表达简洁、用词准确、语调合理、语速适中、声音洪亮、满怀诚意。发言时间宁短勿长。发言一定要在规定的时间内结束。发言时应当少做手势。

8.4 剪彩仪式礼仪

8.4.1 剪彩仪式的概念

商界中的剪彩仪式，是指商业企业为了庆贺公司的设立或开业、展销会或博览会的开幕、大型建筑物落成、道路或航线的开通等而举行的礼仪性庆贺活动。它因约请专人使用剪刀剪断被称之为"彩"的红色缎带，故此被人们称为剪彩。它的目的和其他仪式一样也是树立良好的形象，引起社会各界的关注。

一般来讲，在各式各样的开业仪式中，剪彩都是一项极其重要的、不可或缺的程序。尽管它往往也可以被单独分离出来，但在更多时候是附属于开业仪式的。

剪彩仪式上基本上形成了既定的惯例、规则，其具体的程序亦有一定规范的要求，即剪彩的礼仪。

知识拓展

剪彩仪式的由来

剪彩仪式源于一次偶然发生的事故。1912年，美国圣安东尼奥州的某家大百货公司将要开业。店主为了防止公司未开张前有人闯入店内，找来一条布带子拴在门框上。这时，店主的小女儿牵着一条小狗突然从店里跑了出来，那条小狗若无其事地将拴在店门上的布带子碰落在地，店外不明真相的人们误以为这是该店为了开张志喜所搞的活动，于是立即一拥而入，大肆抢购，生意红火。此后，店主旗下的几家分店陆续开业时，便如法炮制，只是将碰断布带子的小狗换成了他的女儿，结果生意依然很兴旺。于是，人们认为公司、店铺开张时，让女孩碰断布带是一个极好的兆头，都争相效法。剪彩，从一次偶然的"事故"发展为一项重要的活动程序，再进而演化为一项隆重而热烈的仪式的过程之中，其自身也在不断发展，不断变化。例如，剪彩者先是由专人牵着一条小狗来充当，让小狗故意去碰落店门上所拴着的布带子。接下来，改由儿童担任，让他单独去撞断门上拴着的一条丝线。再后来，剪彩者又变成了妙龄少女，她的标准动作，是当众撞落拴在门口上的大红缎带。到了最后，剪彩则被定型为邀请社会名流和当地官员，用剪刀剪断礼仪小姐手中所持的大红缎带。

8.4.2 剪彩仪式的准备工作

剪彩仪式的礼仪与开业仪式有相同之处，同样要做好以下内容的准备工作：策划好舆论宣传工作、拟好请柬的发送范围、布置好仪式场地、安排好来宾的接待工作、做好礼品的馈赠工作等。但是因为剪彩的独特性，还要特别强调剪彩物品的准备和剪彩人员的确定问题。在此，我们只详细介绍这两方面的准备工作。

1. 剪彩物品的准备

（1）红色缎带。红色缎带即剪彩仪式之中的"彩"，是非常重要的物品。按照传统做法，它应当由一整匹未使用过的红色绸缎在中间扎上数朵大而醒目的红花而成。现在为了节约，一般使用长度为两米左右的细窄的红色缎带，或者以红布条、红线绳、红纸条作为变通。通常，红色绸缎上红花的具体数目视现场剪彩者人数而定，红花的数目一般较现场剪彩者的人数多上一个，这样可使每位剪彩者总是处于两朵红花之间，显得正式。若花团的数目较现场剪彩者的人数少一个，则仪式不同常规，颇有新意。

（2）新剪刀。新剪刀是专供剪彩者在剪彩时所使用的，必须是每位现场剪彩者人手一把，而且必须是崭新、锋利且顺手的。在剪彩前要逐一检查看其是否好用，以确保剪彩者在正式剪彩时能"一剪而断"。在剪彩仪式结束后，主办方可将每位剪彩者所使用过的剪刀进行包装，送给剪彩者。

(3) 白色薄纱手套。白色薄纱手套是专门提供给剪彩者在正式剪彩时所戴的,以示郑重。要确保手套的干净整洁,做到数量充足、大小适度。有时,也可不准备白色薄纱手套。

(4) 托盘。托盘在剪彩仪式上是托在礼仪小姐手中,供盛放红色缎带、新剪刀、白色薄纱手套而用,最好是崭新、洁净的,通常首选银色不锈钢制品。为了显示正规,可在使用时铺上红色绒布或绸布。在剪彩时,礼仪小姐可以用一只托盘依次向各位剪彩者提供剪刀和手套,也可以为每一位剪彩者各提供一只托盘。

(5) 红色地毯。红色地毯主要铺设在剪彩者正式剪彩时所站立的地方,其长度可视剪彩人数的多少而定,宽度则不应短于一米。在剪彩现场铺设红色地毯,主要是为了提高仪式档次,营造一种喜庆的气氛。有时,也可以不铺设红色地毯。

2. 剪彩人员的确定

除主持人之外,剪彩人员主要由剪彩者与助剪者两部分人员所构成。

(1) 剪彩者。即在剪彩仪式上持剪刀剪彩之人。根据惯例,剪彩者可以是一个人,也可以是几个人,但是一般不应多于五人。剪彩仪式档次的高低,往往也同剪彩者的身份密切相关。通常,剪彩者多由上级领导、合作伙伴、社会名流、员工代表或客户代表所担任。确定剪彩者名单,必须是在剪彩仪式正式举行之前。名单一经确定,即应尽早告知对方,使其有所准备。在一般情况下,确定剪彩者时,必须尊重对方的个人意见,切忌勉强对方。如果安排多人同时担任剪彩者时,应分别告知每位剪彩者届时他将与何人同担此任。这样做,是对剪彩者的一种尊重。必要时,可在剪彩仪式举行前,将剪彩者集中在一起,告知对方有关的注意事项,并稍加训练。按照常规,剪彩者应穿套装、套裙或制服,将头发梳理整齐。剪彩者要仪态端庄,精神饱满,给人以稳健、干练的印象。

(2) 助剪者。为了增强节庆气氛,可以安排礼仪小姐参加仪式,她们在剪彩者剪彩的一系列过程中从旁协助,被称为助剪者,承担着剪彩时扯彩带、递剪刀、接彩球等重要角色。礼仪小姐可以从本企业内部挑选,也可以从公关、旅游、宾馆、文艺等外单位聘请。一般要求仪容、仪表、仪态文雅庄重,音色甜美、反应敏捷、机智灵活、善于交际。礼仪小姐的衣着打扮必须尽可能地整齐统一。她们的最佳装束应为:淡妆盘发,穿款式、面料、色彩统一的单色旗袍或深色和单色套裙,配肉色连裤丝袜、黑色高跟皮鞋。除戒指、耳环或耳钉外,不佩戴其他任何首饰。人员确定以后,要进行必要的分工和演练。在剪彩仪式上服务的助剪礼仪小姐一般分为迎宾者、引导者、服务者、拉彩者、捧花者和托盘者。礼仪小姐的具体分工如表 8-1 所示。

表 8-1 礼仪小姐的具体分工

岗 位	分 工	
迎宾者	在活动现场负责迎来送往	多人
引导者	负责带领剪彩者登台或来到现场	可以是一人,也可为每位剪彩者各配一人
服务者	为来宾尤其是剪彩者提供饮料,安排休息之处	多人

续表

岗 位	分 工	
拉彩者	在剪彩时展开并拉直红色缎带	通常为两人
捧花者	在剪彩时手托花团	视花团数目而定，一般为一花一人
托盘者	为剪彩者提供剪刀、手套等剪彩用品	可以是一人，也可为每位剪彩者各配一人

注：礼仪小姐在某些时候可身兼数职。

8.4.3　剪彩仪式的基本程序及礼仪要求

按照惯例，剪彩既可以是开业仪式中的一项具体程序，也可以独立出来，由其自身的一系列程序所组成。剪彩仪式所用时间宜紧凑，忌拖沓，短则一刻钟，长则不宜超过一小时。

在剪彩仪式上，通常只为剪彩者、来宾和本单位负责人安排坐席。在剪彩仪式开始前，应安排大家在已排好次序的座位上就座。在一般情况下，剪彩者应就座于前排。若其不止一人时，则应使之按照剪彩时的具体顺序就座，即主剪者居于中间，距主剪者越远，位次越低，且右侧位次高于左侧。

（1）宣布仪式正式开始。在主持人宣布仪式开始后，乐队应演奏音乐，现场可燃放鞭炮，全体到场者应热烈鼓掌。此后，主持人应向全体到场者介绍到场的重要来宾。

（2）奏国歌。此刻需全场起立。必要时，亦可随后演奏本单位标志性歌曲。

（3）发言。发言者依次应为东道主单位的代表、上级主管部门的代表、地方政府的代表、合作单位的代表等。发言要言简意赅，每人不超过三分钟，重点应分别为介绍、道谢与致贺。

（4）剪彩。此刻，全体应热烈鼓掌，必要时还可奏乐或燃放鞭炮。在剪彩前，需向全体到场者介绍剪彩者。当主持人宣告进行剪彩之后，礼仪小姐（包括拉彩者、捧花者、托盘者）应排成一列先行，从两侧或从右侧率先登台。登台之后，拉彩者与捧花者应当站成一行，拉彩者处于两端拉直红色缎带，捧花者各自用双手手捧一朵花团。托盘者需站立在拉彩者与捧花者身后一米左右，并且自成一行。

课内实训 8-2

某大公司举行新项目开工剪彩仪式，邀请张市长和当地各界名流嘉宾参加，请他们在主席台上就座。仪式开始时，主持人宣布："请张市长下台剪彩！"但张市长却端坐未动。主持人很奇怪，重复一遍："请张市长下台剪彩！"张市长还是端坐未动，脸上还露出一丝恼怒。主持人又宣布一遍："请张市长剪彩！"张市长才很不情愿地勉强站起来去剪彩。请你想一想，主持人是否有失礼之处？为什么？将分析结论简要记录下来。

剪彩者宜从右侧登台。剪彩者若不止一人，则其登台时也应列成一行，并且使主剪者行进在前。引导者应在其左前方进行引导，使之各就各位。主剪者应居中而立，其他剪彩者按"距离中间站立者越远位次越低"的原则，分立于主剪者两侧。当剪彩者均已到达既定位置之后，托盘者应前行一步，到达剪彩者的右后侧，以便为其递上剪刀、手套。当托盘者递上剪刀、手套时，剪彩者亦应微笑着向对方道谢。在正式剪彩前，剪彩者应首先向拉彩者、捧花者示意，待其有所准备后，集中精力，手持剪刀表情庄重地将红色缎带一刀剪断。若多名剪彩者同时剪彩时，其他剪彩者应注意主剪者动作，与其动作一致，力争大家同时将红色缎带剪断。按照惯例，剪彩以后，红色花团应准确无误地落入托盘者手中的托盘里。为此，需要捧花者与托盘者的合作。剪彩者在剪彩成功后，可以右手举起剪刀，面向全体到场者致意。然后放下剪刀、手套于托盘之内，举手鼓掌。

（5）参观。剪彩之后，仪式至此宣告结束。主人应陪同来宾参观，向来宾赠送纪念性礼品，并以自助餐款待全体来宾。剪彩者依次与主人握手道喜，并列队在引导者的引导下退场。退场时，一般宜从右侧下台。待剪彩者退场后，其他礼仪小姐方可列队由右侧退场。不管是剪彩者还是助剪者在上下场时，都要注意井然有序、步履稳健、神态自然。在剪彩过程中，更要表现得不卑不亢、落落大方。

8.5 交接仪式礼仪

8.5.1 交接仪式的概念

在商务活动中，商务伙伴之间合作的成功，是值得有关各方庆幸与庆贺的一件大事。举行热烈而隆重的交接仪式，就是在商务活动中通常用以庆贺商务伙伴彼此之间合作成功的一种常见的活动形式。

交接仪式在商界一般是指施工单位或承包单位依照合同将已经建设、安装完成的工程项目或大型设备，如厂房、商厦、宾馆、办公楼、机场、码头、车站，或飞机、轮船、火车、机械、物资等，经验收合格后正式移交给使用单位时，所专门举行的庆祝典礼。交接仪式的礼仪则是指举行交接仪式时所须遵守的有关规范。

举行交接仪式的重要意义在于，它既是商务伙伴们对于所进行过的成功合作的庆贺，也是对给予过自己关怀、支持、帮助和理解的社会各界的答谢，更是接收单位与施工、安装单位巧妙地利用时机，为双方各自提高知名度和美誉度而进行的一种公共宣传活动。

8.5.2 交接仪式的准备工作

1. 邀请来宾

交接仪式一般应由东道主——施工、安装单位负责邀请来宾。在具体拟定来宾名单时，施工、安装单位也应主动征求自己的合作伙伴——接收单位的意见。接收单位对于施工、安装单位所草拟的名单不宜过于挑剔，不过可以对此酌情提出自己的一些合理建议。在一般情况下，参加交接仪式的人数越多越好。如果参加者太少，难免会使仪式显得冷清。但是，在确定参加者总人数时，必须考虑场地条件与接待能力，切忌邀请人数过多，导致现场难堪，乃至混乱。

从原则上来讲，交接仪式的出席人员应包括施工、安装单位的有关人员，接收单位的有关人员，上级主管部门的有关人员，当地政府的有关人员，本行业组织或社会团体的有关人员，各界知名人士，新闻界人士及协作单位的有关人员等。在上述人员之中，除施工、安装单位与接收单位的有关人员之外，对于其他所有人员，均应提前一周送达或寄达正式书面邀请，以示对对方的尊重之意。同时，还要在主要宾客中确定致贺词的来宾，并为本组织的负责人拟写答谢词。

2. 布置现场

选择交接仪式现场，通常应视交接仪式的重要程度、全体出席者的具体人数、交接仪式的具体程序与内容，以及是否要求对其进行保密等几个方面的因素而定。

（1）交接项目所在地现场。按照常规，一般可将交接仪式的举行地点安排在已经建设、安装完成并已验收合格的工程项目或大型设备所在地的现场。这种选择最大的好处是，可使全体出席仪式的人员身临其境，获得对被交付使用的工程项目或大型设备直观而形象的了解，掌握较为充分的第一手资料。倘若在交接仪式举行之后安排来宾进行参观，则更为方便可行。不过，若是在现场举行交接仪式，往往需要大量的前期准备工作。另外，由于将被交付的工程项目或大型设备归接收单位所有，因此，东道主事先要征得对方的首肯，事后还需取得对方的配合。

（2）东道主本部会议厅。将交接仪式安排在东道主单位本部的会议厅举行，可免除大量的接待工作，会场的布置也十分便利。特别是在将被交付的工程项目、大型设备不宜为外人参观，或者暂时不方便外人参观的情况下，以东道主单位本部的会议厅作为举行交接仪式的现场，也不失为一种较好的选择。此种选择的主要缺陷是：东道主单位往往需要付出更多的人力、财力和物力，全体来宾对于将被交付的工程项目或大型设备缺乏身临其境的直观感受。

（3）其他场所。如果将被交付的工程项目或大型设备的现场条件欠佳，或出于东道主单位的本部不在当地，以及将要出席仪式的人员较多等其他原因，经施工、安装单位提议，并经接收单位同意之后，交接仪式也可在其他场所举行。诸如宾馆的多功能厅、外单位出租的礼堂或大厅等处，都可用来举行交接仪式。在其他场所举行交接仪式，尽管开支较高，但可省去大量的安排、布置工作，而且可以提升仪式的档次。

3. 预备物品

在交接仪式上，有不少需要使用的物品，应由东道主一方提前准备。

首先是作为交接象征之物的有关物品。它们主要有验收文件、一览表、钥匙等。验收文件，此处是指已经公证的由交接双方正式签署的接收证明性文件。一览表指交付给接收单位的全部物资、设备或其他物品的名称、数量明细表。钥匙指用来开启被交接的建筑物或机械设备的钥匙。在一般情况下，因其具有象征性意味，故预备一把即可。

除此之外，主办交接仪式的单位，还需为交接仪式的现场准备一些用以烘托喜庆气氛的物品，并应为各位来宾准备一份礼品。在交接仪式的现场，可临时搭建一处主席台。应在其上铺设一块红地毯，并摆放适量的桌椅。在主席台上方，应悬挂一条红色巨型横幅，上书交接仪式的具体名称，如"××工程交接仪式"或"热烈庆祝××工程正式交付使用"。在举行交接仪式的现场四周，尤其是在正门入口处、干道两侧、交接物四周，可酌情悬挂一定数量的彩带、彩旗、彩球，并放置一些色泽艳丽、花朵硕大的盆花，用以美化环境。

若来宾所赠送的祝贺性花篮较多，可依照一定的顺序将其呈列摆放在主席台正前方，或分成两行摆放在现场入口处的两侧，或者在这两处同时摆放。若来宾所赠的花篮甚少，则不必将其公开陈列在外。在交接仪式上用以赠送给来宾的礼品，应突出其纪念性、宣传性。被交接的工程项目、大型设备的微缩模型，或以其为主角的画册、明信片、纪念章、领带针、钥匙扣等，皆为很好的选择。

8.5.3 交接仪式的基本程序及礼仪要求

1. 交接仪式的基本程序

交接仪式的基本程序指交接仪式进行时的各个步骤。不同内容的交接仪式，其具体程序往往各有不同。从总体上来讲，交接仪式的基本程序有以下六个步骤。

（1）主持人宣布交接仪式正式开始。主持人应首先邀请有关各方人士在主席台上就座，然后宣布交接仪式正式开始。全体与会者应当进行较长时间的鼓掌，以热烈的掌声来表达对东道主的祝贺之意。

（2）奏国歌。全体与会者必须肃立。安排这一程序，往往会使交接仪式显得更为庄重。随后可演奏东道主单位的标志性歌曲。该项程序有时也可略去。

（3）正式交接。具体的做法主要是：由施工、安装单位代表，将有关工程项目、大型设备的验收文件、一览表或钥匙等象征性物品，正式递交给接收单位代表。此时，双方应面带微笑、双手递交、接收有关物品。在此之后，还应热烈握手。至此，标志着有关工程项目或大型设备已经被正式地移交给了接收单位。如果条件允许，在该项程序进行过程中，可在现场演奏或播放节奏欢快的喜庆性歌曲。

（4）各方代表发言。按照惯例，在交接仪式上，须由有关各方代表进行礼节性的、喜气洋洋的发言。发言顺序一般顺序为：施工、安装单位的代表，接收单位的代表，来宾的代表等。发言通常宜短忌长，只需要点到为止即可。原则上讲，每个人的此类发言应以三分钟为限。

（5）宣告交接仪式正式结束。交接仪式同其他仪式一样，时间宜短不宜长。正常情况下，不应超过一小时。

（6）参观。仪式在其具体程序上讲究少而精。因此，一些原本应当列入正式程序的内容，如进行参观、观看文娱表演等，均可视为正式仪式结束之后所进行的辅助性活动而另行安排。

总的来说，主办单位在拟定仪式具体程序时，必须注意两个方面的重要问题：一是，必须在总的方面参照惯例执行，尽量不要标新立异；二是，必须实事求是、量力而行，在具体的细节方面则不必事事贪大求全。

2. 交接仪式的礼仪要求

在参加交接仪式时，不论是主办方还是来宾，都存在一个表现是否得体的问题。

（1）主办方礼仪。对主办方而言，需要注意的问题主要有以下几点。

① 妆容规范，服饰得体，仪表整洁，举止大方。

② 保持风度。在交接仪式举行期间，不允许东游西逛、交头接耳、打打闹闹。在为发言者鼓掌时，不允许厚此薄彼。当来宾向自己道喜时，应热情地还以礼节性的问候或祝福。

③ 待人友好。不管自己是否专门负责接待、陪同或解说工作，全体人员都应当自觉地树立起主人翁意识。一旦来宾提出问题或需要帮助时，都要鼎力相助。即使自己力不能及，也要向对方说明原因，并且及时向有关方面反映。

(2) 来宾礼仪。对于来宾而言，在应邀出席交接仪式时，应当重视以下四个方面的问题。

① 致以祝贺。接到正式邀请后，被邀请者应及早以单位或个人的名义发出贺电或贺信，向东道主表示热烈祝贺。不仅如此，被邀请者在参加仪式时，还须郑重地与东道主一方的主要负责人一一握手，并再次口头道贺。

② 略备贺礼。为表示祝贺之意，可向东道主一方赠送一些贺礼，如花篮、牌匾、贺幛等。时下，以赠送花篮最为流行。它一般需要在花店订制，用各色鲜花插装而成，并且应在其两侧悬挂特制的红色缎带，右书"恭贺××交接仪式隆重举行"，左书本单位的正式全称。它可由花店代为先期送达，也可由来宾在抵达现场时面交主人。

③ 预备贺词。假若自己与主办方关系密切，则还须提前预备一份书面贺词，供被邀请代表来宾发言时之用。其内容应当简明扼要，主要是为了向东道主一方道喜祝贺。

④ 准时到场。若无特殊原因，接到邀请后，务必牢记在心，届时准时抵达，为主人捧场。若不能出席，则应及早通知东道主，以防止在仪式举行时来宾甚少，使主人难堪。同样也不允许东游西逛、交头接耳、打打闹闹，以及在为发言者鼓掌时厚此薄彼。

知识测试与技能训练

1. 知识测试

（1）签约仪式的基本程序及礼仪要求有哪些？
（2）开业仪式的基本程序及礼仪要求有哪些？
（3）庆典仪式的基本程序及礼仪要求有哪些？
（4）剪彩仪式的基本程序及礼仪要求有哪些？
（5）交接仪式的基本程序及礼仪要求有哪些？

2. 技能训练

项目1 模拟签约仪式

情景设定：在某次班会上，让同学们在30分钟的时间里模拟一次签约仪式活动，激发学生学习各种仪式礼仪的兴趣。

训练目标：口头与文字表达能力，信息整合能力，公关礼仪意识。

训练方案：随机抽选二十位同学分为两组，分别作为主方和客方，模拟签约仪式。然后由老师引导全班同学分析总结两个小组模拟过程的优缺点及需要改进完善的方面。

测评要点：表述逻辑条理，用语规范不俗；普通话标准规范，声音洪亮清晰；举止优雅端庄，表情自然亲和，礼仪规范应景，引起共鸣。

项目2　案例分析

1998年8月8日是北方某市新建云海大酒店隆重开业的日子，整个酒店沉浸在喜庆的气氛之中。上午11时许，应邀前来参加庆典的有关领导、各界友人、新闻记者陆续到齐。剪彩进行之际，天突然下起了大雨，典礼只好移至厅内。典礼仪式在音乐和雨声中隆重举行，整个厅内灯光齐亮，使得庆典别具一番特色。

典礼完毕，雨仍在下着，厅内还有避雨的行人，短时间内根本无法离去。于是，酒店经理当众宣布："今天能聚集到我们酒店的都是我们的嘉宾，这是天意，希望大家能同敝店共享今天的喜庆，我代表酒店真诚邀请诸位到餐厅共进午餐，当然一切全部免费。"霎时间，大厅内响起雷鸣般的掌声。

虽然，酒店开业额外多花了一笔午餐费，但酒店的名字在新闻媒体及众多顾客的渲染下却迅速传播开来，接下来酒店的生意格外红火。

分析思考：从上述案例中，分析云海大酒店开业成功的原因所在？

第 9 章 商务宴请礼仪

学习目标

了解宴请的形式、住宿的礼仪；掌握宴请的礼仪、赴宴的礼仪、中西餐礼仪；掌握乘坐轿车的礼仪规范等，并能在商务活动中成功运用。

任务驱动

年终岁尾，某家电制造商计划召开一次经销商年会，其意有三：一是奖励在过去一年中成绩显著的经销商；二是给经销商们提供一个可以相互交流的平台，将他们宝贵的经验与他人共享；三是传达新一年公司的战略规划与政策，拓展经销商网络，创造一支有竞争力与高执行力的团队。丰盛的晚餐，高互动的晚宴节目，是经销商年会中不可或缺的一部分。假设由你总体负责安排此次晚宴活动，请你制定一份详尽的晚宴方案。

9.1 宴请礼仪

9.1.1 宴请的形式

在商务活动中，宴请可以联络感情，协调关系，消除隔阂，增进友谊，从而有利于合作。依据宴请活动目的、邀请对象的不同，宴请可以有不同的形式。国际上通用的形式有宴会、招待会、茶会、工作进餐等。由于地域差异、风俗习惯的不同，不同宴请形式会有不同的礼仪要求。因此，参加宴会的人员必须深谙其中道理，才能表现得优雅得体，不失礼仪。通常，正式宴会规格较高，但人数不宜过多。冷餐会与鸡尾酒会则形式简便，人数不限，而商界女士聚会多采用茶会的形式。

1. 宴会

宴会是指正规、庄重的宴请活动，主客就座进食，由服务员依次上菜，菜肴较丰盛，席间，主宾相互致辞、祝酒。它又可分为国宴、正式宴会、便宴和家宴。便宴和家宴是非正式宴会中常见的两种形式。一般来说，晚上举行的宴会要比白天举行的宴会更为隆重。

（1）国宴。国宴规格最高，是国家元首或政府首脑为国家庆典或外国元首来访而举行的正式宴会。宴会厅内悬挂国旗，乐队奏国歌和席间乐，席间有祝词或祝酒。

（2）正式宴会。正式宴会是一种隆重而正规的宴请，除不挂国旗、不奏国歌及宴席规格不同外，其余安排与国宴相似。它往往是为宴请专人而精心安排、在比较高档的饭店或其他特定地点举行、讲究排场及气氛的大型聚餐活动。对于到场人数、衣着打扮、席位排列、菜肴数目、音乐演奏、宾主致辞等，往往都有十分严谨的要求和讲究。

（3）便宴。便宴常见的有午宴、晚宴，有时候也举行早宴。一般来说，便宴只安排相关人员参加，不邀请配偶。对穿着打扮、席位排列、菜肴数目往往不做过高要求，而且也不安排音乐演奏和宾主致辞。便宴形式简便、灵活，气氛比较随便、亲切，并不注重规模、档次。便宴是一种非正式的宴请，常用于招待亲朋好友或熟悉的客户。

（4）家宴。严格地讲，家宴是便宴的一种形式，是一种表示更加亲切友好的形式，是在家里举行的宴会。相对于正式宴会而言，家宴最重要的特点是能够制造亲切、友好、自然的气氛，使赴宴的宾主双方感觉轻松、自然、随意，有利于彼此增进交流，加深了解和促进信任。通常，家宴在礼仪上往往没有特殊要求。为了使来宾感受到主人的重视和友好，基本上要由女主人亲自下厨烹饪，男主人充当服务员；或男主人下厨，女主人充当服务员，共同招待客人，使客人产生宾至如归的感觉。商务人员常以此作为联络感情、促进交往的一种沟通形式。

2. 招待会

招待会是指各种不配备正餐、较为灵活的宴请类型。一般备有食品、酒水和饮料等，通常不排固定的席位，可以自由活动，常见的招待会有酒会与冷餐会两种形式。

（1）酒会。又称鸡尾酒会，这种招待会形式较为活泼，便于广泛接触交谈，气氛比较轻松愉快。招待品以酒水为主，略备小吃、菜点。不设坐椅，仅置小桌或茶几，便于出席者走动，举行时间在中午、下午或晚上均可，时间一般延续2~3小时。请柬上往往注明整个酒会活动延续的具体时间，客人在这段时间内可随意到达或退席，来去自由，不受约束。酒会规格可高可低，适用于各种节日、庆典、仪式及招待性演出前后。自1980年起，我国国庆招待会就改用酒会这种形式。

（2）冷餐会。又称自助餐，它可在室内外举行，参加者可坐可站，并可自由活动。菜肴以冷食为主，辅以热菜、甜点和水果。酒水主要以啤酒、葡萄酒及软饮料为主，一般不用烈性酒。客人自行挑选、自取自食，也可请服务员上菜或将酒、菜事先陈放在桌上。根据主客双方的身份，冷餐会的规格可高可低。举办时间一般在中午12时至下午2时，下午5时至7时左右。适合宴请人数众多的宾客。

3. 工作进餐

在通常情况下，工作进餐是在商务交往中具有业务关系的合作伙伴，为深入接触、保持联系、交换信息或洽谈生意而用进餐的形式进行的商务聚会。工作进餐重在一种氛围，意在以餐会友创造出有利于进一步沟通接触的轻松愉快、和睦融洽的氛围，是借进餐的形式继续进行的商务活动，把餐桌充当议桌或谈判桌，边吃边谈工作。工作进餐一般规模较小，按用餐时间可分为工作早餐、工作午餐和工作晚餐，忙时还可安排工作夜餐。但是通常在中午举行，主人不用发正式请柬，客人不用提前向主人正式进行答复，时间、地点可以临时选择。菜肴以方便、快捷为好，一般不喝烈性酒。出于卫生方面的考虑，最好采取分餐制或公筷制的方式。在用工作餐的时候，还会继续商务上的交谈。但这时候需要注意的是，这种情况下不要像在会议室一样，进行录音、录像，或安排专人进行记录。非有必要进行记录的时候，应先获得对方的首肯。

工作餐是主客双方的"商务洽谈餐"，无须致辞，也不适合配偶或主题之外的人加入。如果正好遇到熟人，可以打个招呼，或将其与同桌的人相互做简略介绍，但不要自作主张，将朋友留下。

4. 茶会

茶会是一种简便的、以茶会友的简便的招待形式，多为社会团体举行纪念和庆祝活动所采用。一般在上午10时、下午4时举行。地点通常设在客厅，厅内设置茶几、坐椅，不排席位。但若是为贵宾举行的茶会，在入座时，主人要有意识地和主宾坐在一起，其他出席者可相对随意。茶会对茶叶、茶具、沏茶的用水和水温的选用十分考究。茶叶的选择要照顾客人的嗜好和习惯。欧洲人一般用红茶，日本人喜欢乌龙茶，美国人用袋茶。茶会一般还备有咖啡和冷饮。可用咖啡代替茶，但仍以茶会命名，其内容安排与茶会基本相同。茶具要选用陶瓷器皿。

席间一般只摆放茶点、水果和一些风味小吃。宾主共聚一堂，饮茶、品尝点心，漫话细叙，形式比较随便、自由。有时席间还安排一些短小的文艺节目助兴，使气氛更加喜庆、热烈。

9.1.2 宴请的组织和礼仪

宴请是一种非常重要的社交活动，对客人来说是一种礼遇，务必要根据宴请的规范和礼仪要求认真组织。为使宴请活动取得圆满成功，需要做好以下几个方面的工作。

1. 宴请的筹备工作

（1）宴请的目的。宴请的目的是多种多样的，既可以为某个人举行，也可以为某件事举行，如洽谈业务、签订合同、庆祝节日、纪念庆典、开幕、闭幕等。目的不同，设宴的规格、内容、形式也不同。

（2）宴请的对象。宴请的对象是指设宴招待的主要客人，指举办宴会请什么人、请多少人、请到哪一级别。确定宴请对象的范围时要考虑各方面的因素，如宴请的目的、主宾的身份、国际惯例，还有当前的政治气候、文化传统、民族习惯等，以便确定宴会的规格、主陪人、进餐方式等。宴请范围与规模确定之后，即可草拟宴请宾客名单，其中被邀请人的姓名、职务、称呼以至对方是否有配偶随同等都要准确。

（3）邀请的名义。邀请的名义是指以谁的名义发出邀请。宴请的名义主要依据主客双方的身份而确定。一般来说，邀请者应与被邀请的主要客人在身份、职别、专业等方面尽量对等。身份低使人感到冷淡，规格过高也无必要。邀请名义既可以单位名义，也可以个人名义。即使以单位名义邀请，也应签注主要领导人姓名，以示庄重。邀请主宾偕夫人出席，主人若已婚，一般以夫妇名义发出邀请。在我国，通常大型正式宴会以个人名义发出邀请；日常交往小型宴会则根据具体情况以个人名义或夫妇名义发出邀请。

（4）宴请的形式。以何种形式举办宴会在很大程度上取决于当地的习惯做法。一般来说，正式的、规格高的、人数少的以宴会为宜，人数多则以冷餐会或酒会更为合适，妇女界的活动多用茶会。我国的宴会基本上采用中餐宴会。

（5）宴请的时间。依照礼仪惯例，安排宴请活动，尤其是宴会的具体时间，主要应统筹考虑下述四个具体问题。

① 民俗惯例。根据人们的用餐习惯，依照用餐的具体时间不同，可以分为早餐、午餐和晚餐三种。至于在宴请他人时，究竟应当选择早餐、午餐还是晚餐，不能一概而论。不过，在绝大多数情况下，确定宴请的具体时间，主要遵从民俗惯例。例如，在国内举办正式宴会，通常要安排在晚上进行；因工作交往而安排的工作餐，大都选择在午间进行；而在广东、海南、港澳地区，亲朋好友聚餐，则多选择"饮早茶"。

② 主随客便。安排宴请时间时，应对主宾双方都合适，主人不仅要从自己的客观能力出发，更要讲究主随客便，即要优先考虑被邀请者。一般重大宴请活动时间要与主宾单位商定，小型宴请要征询主宾意见，可当面口头约请，也可用电话联系。主宾同意后，时间即被认为最后确定，可以按此约请其他宾客。

③ 关注外宾。选择时间还应当尽量避开对方的重大节日、假日、有重要活动或禁忌的日子。例如，对信奉基督教的人士不要选择13号，因为对于他们来说那是不吉祥的数字，更不要选13号为星期五的日子，因为《圣经》里说，这是耶稣遇难的祭日。如果宴请日本人，选择时间应避开"4"、"9"，这是因为在日语中"4"与"死"的发音相同，"9"与"苦"的发音一致。又如，伊斯兰教在斋月内白天禁食，宴请宜在日落后进行。

④ 适当控制。对于用餐时间，主人有必要加以适当控制，既不能匆匆忙忙走过场，也不能拖拖拉拉耗时间。一般认为，正式宴会的用餐时间应为1.5~2小时，非正式宴会与家宴的用餐时间应为1小时左右，而便餐的用餐时间大致为半小时。

（6）宴请的地点。在商务聚餐时，用餐地点的选择也是非常重要的。在选择宴请地点时，一定要慎之又慎，要使宾客感到自在、舒服，既不能显寒酸，也不可太奢侈。宴请活动的地点，要根据宴请活动本身的目的、性质、规格、形式及主人意愿和实际可能进行恰当的选择。要特别注意以下三个问题：一是优雅的环境，因为宴请不仅仅是为了"吃东西"，也要"品文化"；二是良好的卫生，糟糕的卫生环境会破坏用餐者的食欲；三是方便的交通，便于人们出行。

（7）宴请的邀请。宴会一般都要用请柬正式发出邀请，这表示对客人的诚意和尊重。邀请方式通常有口头、电话和书面邀请三种。正式宴请活动，多采用书面邀请的方式，由举办者发出请柬或邀请函；非正式宴会，则可以通过电话或口头邀请。

① 口头邀请。适用于非正式的或小范围的宴请。举办人应先征询被邀主宾的意见，最好是在彼此见面时口头邀请。口头邀请，如果不能一时得到对方的答复，可下次再约，以得到对方正式答复为准。口头邀请也可委托别人转告，并请转告者尽快将原意告诉被邀请

者。口头邀请时,表达必须认真诚恳,一旦商定,双方都应遵守信用。

② 电话邀请。电话邀请的用语比书面邀请要求更高,要从语音、语调上使对方感受盛情和诚意,以加深对方印象。通话前最好写好通话提纲,或打好腹稿,避免说话无层次、主要内容被遗漏。如果不是被邀请者本人接电话,要建议接电话人做好记录备忘,以便转告被邀请者。

③ 书面邀请。又分为请柬和邀请信。请柬内页写明宴请目的、被邀请人的姓名、宴请的类型、地点和时间、主办者的全称。如若是涉外宴请,应有中外两种文字或索性用客人所在国文字印制。请柬设计应美观大方,填写字迹端正。请柬有市场上统一印制的,也有单位特制的。邀请信多为手写,也有电脑打印的。格式各不相同,内容要求详细,可以因事、因人而异,文字可长可短。邀请信给人以亲切感,不像请柬那样显得刻板和公式化。邀请信具体包括:简短的问候和寒暄;宴请的类型和目的;宴请安排的内容,如席间有无文艺表演和舞会的安排,是否要求客人做席间发言等;时间、服饰要求及设宴具体地点和交通车次介绍;恳请对方对这次宴会给予协助、配合等;盛情邀请光临并要求寄回复,以便安排和落实座次。请柬和邀请信应视主宾之间的地理位置远近和通信联系的方便程度,提前一周收到为好,要在时间上给客人留有余地,以便他们能安排好自己的工作。正式宴会如果事先已口头(或电话)通知过,仍应在宴会前正式发送一份请柬或邀请信,以示正式和真诚;如能确定对方"一定会来",可在请柬上注明客人在宴会上的桌号,以便赴宴时落座不乱。

(8) 宴请的菜单。在宴请任何人时,唱主角的都是菜肴,所以一定要对菜单精心加以考虑。宴请的酒菜应根据活动的形式和性质、来宾口味特点及宴会规格档次,在规定的预算标准内安排。一般是由宴会主办方与餐厅负责人共同商议决定。菜肴选择要精致可口、赏心悦目,冷热、甜咸、荤素、营养搭配合理,色香味俱全、特色突出。具体在选择时可以考虑具有中餐特色的菜肴(尤其在宴请外籍人士时)、本地特色的菜肴、餐馆的看家菜、主人的拿手菜(便宴时)。

大型宴请则应照顾到各个方面。菜肴道数和分量都要适宜。如果宴会上有个别宾客有特殊需要,也可单独为其上菜。宴请外地客人时,宜用有地方特色的食品和本地产的名酒招待。无论哪一种宴请,事先均应开列菜单,并征求主管负责人的同意。获准后,如果是宴会,即可印制菜单,菜单一桌两三份,至少一份,讲究的也可以每人一份,使用餐者在餐前心中有数,在餐后也可留作纪念。值得注意的是,发给赴宴者的菜单必须名副其实,而绝不可使之成为有名无实的笑柄。

知识拓展 9-1

饮食禁忌

订菜不应以主人的喜好为准,应主要考虑主宾的喜好与禁忌。

1. 个人禁忌的菜肴。不少人在饮食方面都有个人的禁忌。例如,有人不吃甜,有人不吃酸,有人不吃辣椒等。对此,一定要在宴请客人之前有所了解。

2. 民族禁忌的菜肴。世界上许多民族，都有自己本民族的饮食禁忌。

3. 宗教禁忌的菜肴。在所有的饮食禁忌之中，宗教方面的饮食禁忌最为严格，而且绝对不容许丝毫有所违犯。佛教僧侣和一些教徒不吃肉。穆斯林忌食猪肉、忌饮酒；印度教徒忌食牛肉；犹太教徒忌食动物蹄筋和所谓"奇形怪状的动物"等。对这些重要的与宗教密切相关的饮食禁忌，千万不可掉以轻心，疏忽大意。

4. 职业的饮食禁忌。有的职业，出于某种原因，在餐饮方面往往也有各自不同的特殊禁忌。例如，驾驶员工作期间不得喝酒等。要是忽略了这一点，不仅是对对方的不尊重，而且还有可能使其因此犯错误、惹麻烦。

5. 地区的饮食禁忌。在不同的地区，人们的饮食偏好往往不同。对于这一点，在安排菜单时要兼顾。例如，湖南人普遍喜欢吃辛辣食物，少吃甜食。英美国家的人通常不吃宠物、稀有动物、动物内脏、动物的头部和脚爪。所以在安排菜式时，需要考虑客人的饮食禁忌。

（9）宴请的席位。越是正式的宴请，往往就越是离不开宾主的座次安排问题。它关系到来宾的身份和主人给予对方的礼遇，所以受到宾主双方的同等重视。正式宴会一般均排席位，有的可以只排部分宾客的席位，其他宾客只能排桌次或自由入座。无论采用哪种做法，都要在入席前通知每个出席者，使大家心中有数，现场还要有人引导。大型宴会，最好是排座位，以免混乱。

（10）宴请的场地。各种宴请场地的布置，要注意依据活动的性质、规模和形式进行气氛的营造，或严肃庄重，或温馨随意。桌椅的摆放可以用圆桌，也可以用长桌或方桌。中餐多用圆桌，西餐多用长桌或方桌。桌子之间的距离要适当，各个座位之间也要距离相等。桌椅摆放的位置要适当，尽量避免客人受到桌腿和别人膝盖的挤夹。桌椅之间应当留有60公分左右的距离。餐桌上的桌布应当超出桌边缘20公分左右。注意门窗、光线、照明、音乐、鲜花、盆景、刻花等细节问题。总之，宴请场地的布置最基本的要求是：空气清新，设备齐全，布局合理，氛围宜人。

（11）宴请的餐具。宴请时餐具的准备十分重要。根据宴请人数和酒、菜的道数准备足够的餐具，餐桌上的一切用品都要十分清洁卫生，桌布、餐巾都应洗净并熨平。玻璃杯、酒杯、筷子、刀叉、碗碟，在宴会之前都应洗净擦亮。

2. 宴请的程序及现场接待礼仪

（1）迎宾。在宴会开始前30分钟，主人在门口迎接。重要的宴会，可由主人率领其随从人员仪表端庄、精神抖擞地站在宴会大厅门口排列成迎宾线。宾客到达后，主人要迎上前面带微笑热情问好并握手，对来宾表示欢迎，不能冷落任何一位客人。然后，由工作人员陪送到休息厅小憩或直接进入宴会厅。休息厅内应有相应身份的人员照应客人，由服务人员送饮料。主宾到达，由主人陪同，进入休息厅与其他客人见面。

（2）入席。为了防止坐错席位，主人方一般在宴会厅门前陈列"桌次排列简图"，由来宾依据请柬，对号入座，也可以由工作人员或服务人员指引入座。一般先把非主桌上的客人引入宴会厅就座后，再由主人引领主宾进入宴会厅。主宾入座时，一般全体客人要起立并鼓掌欢迎。如果客人相互间有不熟悉的，主人要逐一介绍，使彼此有所了解，以增进宴会的友好气氛。中间有坐错座位者，如无大碍，一般将错就错。必须调整时，要方式适当，不可伤客人的自尊心。

（3）开席。按约定的时间准时开席，是宴请礼仪的基本要求。举办人必须提前到达，否则视为失礼。个别客人未到场可稍等，但时间不宜过长。如果主宾不能及时赶到，主办人应尽快联系，并向已入座的客人说明情况，并表示歉意。推迟时间一般在 10~15 分钟以内，最迟不要超过 30 分钟，否则会让人觉得宴会的组织工作不力，影响宴会效果。

（4）宴会致辞。正式宴会中，在宾主入席后、用餐前，由主人与主宾分别致辞。主人首先致祝酒词。致辞时手持酒杯，在主桌旁起立讲话，或者到布置好的讲台上讲话。祝酒词内容主要是表明设宴的目的和意义，并对来宾表示敬意，注意用词明快简练。如有正式讲话，各国安排讲话时间不一致。一般正式宴会可在热菜之后、甜食之前由主人讲话，接着由客人讲话，也有一入席双方即讲话的。冷餐会和酒会的讲话时间则更灵活。

例文 9-1　某公司开业宴会祝酒词

各位来宾：

今天本公司举行开业庆典，我代表本公司全体员工，对各位来宾在百忙之中光临本公司的开业典礼，表示衷心的感谢！本公司今天能顺利开业，全靠各位来宾的爱护和帮助。为表达对各位来宾的感谢，本公司借开业庆典之际略备薄酒，望诸位来宾能够尽兴。

现在，我代表我本人及公司全体员工，先敬诸位来宾一杯，敬祝各位来宾身体健康，万事如意！

（5）席间礼仪。在宴会上，食品和酒都是陪衬物，其核心是谈话。宴请的气氛主要体现在席间的感情交流中，想达到这个目的，席间的主持非常重要。一般来说，主人或每桌的桌长在席间扮演主要角色，应引导谈话内容，吸引所有在座宾客参加谈话。席间主持要不时地提出一些能让宾主双方都感兴趣的话题，引导大家畅所欲言，各抒己见。对于客人谈话内容，主人可不时地表示肯定和赞赏，让客人充分发表见解。席间的话题，可以是文体信息、社会时尚、烹饪技巧、社会趣闻及彼此的交往回顾等。

用餐时，主人对来宾不要反复劝菜，可向对方介绍菜的特点，吃不吃由对方决定。宴会上主人都有向客人敬酒的习惯，敬酒时，要上身挺直，双脚站稳，以双手举起酒杯，目视对方致意，并说祝愿的话语。碰杯时，杯沿比对方杯沿略低则表示尊敬。敬酒的态度要稳重、热情、大方。宴会上互相敬酒，宾主都应量力而行、适可而止。

知识拓展 9-2

喝酒碰杯的由来与礼仪

喝酒碰杯的由来有两种说法。一种说法始于古罗马。古罗马崇尚武功，常常开展"角力"竞技。罗马人在决战之前习惯喝一杯酒以壮胆色。酒是事先准备的，为了防止有心术不正的人给对方喝的酒中暗放毒药，人们便想出一个防范的办法。在"角力"前，双方各将自己的酒向对方的杯中倾注一下。然后碰杯，一干而尽再拼个你死我活，流传下来便形成碰杯的习俗。另一说法来自古希腊。传说古希腊人注意到这样一个事实，喝酒时人的感官中，眼观色、鼻闻香、口尝味，唯独耳朵未能享受喝酒之乐，故此希腊人在喝酒前都愿意互相碰杯，酒杯互碰的声音传到耳朵，好让听觉也能享受喝酒的乐趣。

干杯祝酒，一般要由主人提议干杯，主人右侧一般是主宾，第一杯就跟右手边的主宾干，这是宴会礼仪的标准做法。第二杯酒则和右手边宾客干，随后按顺时针方向前进。按照国际惯例，顺时针方向前进是吉利的方向，意味着时光在前，我们大家都向前前进，与时俱进发展。逆时针方向，只有一种情况下人们才接受，就是运动员入场。那是古代奥林匹克的传统，礼出于俗。

再是陪客敬主宾，而后主宾回敬，最后才是陪客互敬。如果没有特殊人物在场，敬酒最好按顺时针顺序。不要厚此薄彼。敬酒时一定要站起来，右手扼杯、左手垫杯底，记着自己的杯子永远低于别人。可以多人敬一人，不可一人敬多人，除非你是领导或长者。

（6）宴会结束。结束宴会的较好时机是：客人酒酣饭足，宴会便可进入结束阶段。主持人应把握节奏，及时送上水果，示意宴会已接近尾声；从气氛来说，是宴会达到新的高潮时。适时结束，可以给大家留下难忘的记忆。主人宣布宴会结束后，应对宾客莅临宴会表示衷心感谢。在国外，日常宴请在女主人为第一主人时，往往以她的行动为准。入席时女主人先坐下，并由女主人招呼客人开始就餐。餐毕，女主人起立，邀请女宾与之共同退出宴会厅，然后男宾起立，随后进入休息厅或留下吸烟（吃饭过程中一般是不吸烟的），男女宾客在休息厅会齐，即上茶（或咖啡）。如果安排了余兴活动，如打扑克、卡拉OK或舞会，就应邀请有兴致的宾客自由参加，主随客便。

宾客告辞时，主人和随从人员都应把宾客送到门口，感谢客人赏光赴宴并热情握手告别，但时间不宜过长，目送客人离去。对于乘车离去的客人，主人应送客人上车，待车开动后，再向客人挥手致意。对于年长的客人和路远的女士，还应考虑护送。

另外，在宴会中有些客人可能会因某些特殊原因提前离席，主人不必离席远送，尤其是在宴请宾客人数较多时更不应如此，以免影响他人用餐，甚至影响整个宴会气氛。

总之，接待好前来赴宴的客人，才能达到宴请的真正目的。而这一工作的完成，需要把礼仪工作做到细致入微，否则，宴请就失去了意义。

9.1.3 赴宴礼仪

宴请是宾主双方增进友谊、加强交往的基本方式。要使宴请获得成功，虽然主人处于主导地位，但客人能否密切配合，也是宴会能否成功的重要因素。

1. 礼貌答复

被邀请者接到宴会邀请后，应及时给举办者以答复，可以打电话或复以便函，便于主人安排。如果应邀，须注意以下事项：核对时间、地点；核实邀请范围，是否携带家属、子女；对服装有何要求；明确活动目的，是否需要带鲜花和礼品表示祝贺或慰问等。如果不能应邀，应婉言告知缘由。一经答应赴宴，不能轻易改动。决不能在同一天里拒绝一个邀请后又赶赴另一个邀请。如遇特殊情况，不能如期赴宴，要及时通知主人，说明原因，诚致歉意。主宾如果不能如期赴宴，最好亲自登门道歉。接到邀请后，既不答复，又不赴宴，是极不礼貌的。

2. 形象大方

一般情况下，正式宴会的请柬上都注有着装要求，赴宴时应按要求穿着。如果请柬上没有注明，赴宴时应按照宴会性质和当地习俗来选定服装。在欧美等国的正式宴会上，男士应穿深色西服、白色衬衣，系上领带，配锃亮的黑色皮鞋。一般来说，这套装扮可以出席任何隆重的宴会。女士赴宴时所穿礼服，若是长袖的，可戴短手套；若是短袖的，应戴长手套。赴晚宴的年轻女宾，可以穿着色彩艳丽的裙装或低胸露背款式的丝质罩衫，以便能与晚宴的礼服相协调。

在我国，男士可以穿西服，也可以穿中山服。穿旗袍的女士，应以色调高雅为宜。穿着过分华丽或衣冠不整，都是失礼的行为。普通宴会，衣着不必过分讲究，以整齐合体为宜，但也不宜太随意，如太透、太短、衣领过低的服装就不宜赴宴时穿。

赴宴前，应当修整自己的仪容。女宾要适度化妆，出席晚宴的化妆可比白天浓艳，在灯光作用下，使肤色更加华艳鲜亮。发型可根据自己的身材、脸形和年龄选择，突出女性魅力。男宾赴宴前，要理发、修面，手要洗净，指甲修短，力求大方、优雅，给人以沉着谨慎、仪容高雅的印象。此外，根据宴请的事由，可适当准备一些礼品。

3. 赴宴准时

被邀请者要衣衫整洁、容光焕发地按照请柬标明的时间准时出席宴请，这不仅是对主人的尊重，也反映了自己的素养，是礼貌的表示。准时，一般情况下，是指在宴会前3~5分钟到达。如因故不能准时赴宴，应提前电话通知主人，说明原因。宴会开始后，迟到的客人应向其他客人致歉，适时招呼主人，表示已经到宴。同样，赴宴也不宜去得过早，去早了会给主人增添麻烦，使之窘迫、尴尬。

4. 寒暄问候

赴宴者见到门口迎候的主人一定要寒暄问候，尤其要跟女主人打招呼。如带有礼物（如花束、花篮等），可恭敬献上。然后由服务人员引导，先到衣帽间寄存外衣和帽子，再去迎宾处签到。并和先到的客人相互致意，与邻近的客人握手，互相问好。如未到入席时间，可找一两个熟悉朋友交谈，或静坐等候，不要随处走动，此时可以和你相熟悉的朋友坐在一起。应尽量与更多的宾客主动交谈，沟通感情，以创造一个良好活跃的气氛。在这种场合中，正是结识朋友、发展友谊的好机会。有时在没有人介绍的情况下，也可以互通姓名而交谈。不过对于异性，则最好请主人做介绍，这样不但比较亲切，而且也不冒昧。

5. 落座有礼

赴宴者在宴会厅，要按服务人员的指引和主人的安排就座，不可随意乱坐。一般情况下，正式宴会的座位事先已经按照客人的身份和地位，长幼有序地安排好了。即使请柬上写明了桌次和座号，也不要急于就座。就座时要斯文，入座时，应让年长者、地位高者和女士优先，然后，自己以右手拉椅子，从椅子左边入座。同时，应与同桌点头致意。如其他客人已相继坐下，而一时无人给自己引座时，可选择较下的位置先行坐下，待主人发现

第9章 商务宴请礼仪

后,再正式引领入座。注意自己的姿态,既不过于拘谨,也不可散漫随便。可将身体轻靠在座椅背上,座椅与餐桌距离适中,以能与其他客人协调好、自己感觉舒适为好。交谈时,双手自然摆放。

6. 用餐文明

身体和餐桌间要保持适当距离,姿势端正。自行取菜时,遇到可口的,一次不要取太多,将食物剩在盘中是一种失礼的行为。不合口的食物,也不要一点不拿,更不要显出厌恶的表示,这是不礼貌的。吃东西要文雅,应闭嘴咀嚼,不宜发出声音。咀嚼时不要张嘴说话。热汤不要用嘴吹,喝汤不要哑嘴。不要两眼盯着菜只顾吃,要照顾到别的客人,谦让一下,尤其要招呼两侧的女宾。好的吃相是食物就口,不可将口就食物。取菜舀汤,应使用公筷公匙。

案例 9-1

宋朝的著名文学家苏东坡和朋友一起喝酒。他们要了很多菜,其中有一盘下酒菜中有四条小鱼。他的朋友很爱吃鱼,一连夹了三条放在自己的盘里,接着一口气把三条鱼全吃了,看看桌上只剩最后一条,朋友有些不好意思地说:"这一条你吃了吧!"苏东坡叹了口气,笑着说:"我本想自己吃,可是,我实在不忍心拆散它们,还是让它们团聚吧。"

在餐桌上,手势、动作幅度不宜过大,更不能用餐具指点别人。如欲取用摆在同桌其他客人面前的调味品,应请邻座客人帮忙传递,不可伸手横越,长驱取物。不慎将酒、水、汤汁溅到他人衣服上,表示歉意即可,并递上手帕或餐巾。自己的餐具掉在地上,可向服务员再取一副。进餐时一般不要咳嗽、清嗓子、擤鼻涕、打喷嚏,如有此需要,应起身去卫生间处理。万一不能控制时,也要用餐巾捂住鼻子、嘴巴,事后向周围的人道声"对不起"。切忌用手指掏牙,应用牙签,并以手或手帕遮掩。

正式宴会中,在主人、主宾致辞时,应停止用餐或饮酒,保持安静。可随时在就餐过程中举杯敬酒,用双手举杯敬酒,眼睛注视对方。碰杯时,杯子不高于对方的杯子,喝完后再举杯表示谢意。尊重对方的饮酒习惯和意愿,不以各种理由强迫对方喝酒。侍者斟酒时,勿忘道谢,但不必拿起酒杯。当男主人亲自来斟酒时,则端酒杯致谢,必要时,起身站立或欠身点头。相互碰杯祝酒,可以表示友好,活跃宴会气氛,但注意不要交叉碰杯。女士不宜提议为男士干杯。人多时,可同时举杯示意,不一定碰杯。不会喝酒或不能饮酒时,要注意礼貌拒酒,或用饮料象征性地表示一下。可以提前声明或以饮料代酒,也可以倒入杯中少许酒不喝。西餐宴会上,一般只用香槟酒。西方人一般只祝酒,不劝酒;只敬酒,不真正干杯,喝与不喝,喝多喝少各人自便。

另外,就餐期间,静吃不语是不礼貌的。和同桌客人交谈,要热情大方,同新朋友不要"一见如故",彼此介绍应稳重诚恳,交换名片应注意礼节。交谈的内容应愉快、健康、有趣。交谈的音量要适中,当主人、主宾致辞时,应停止交谈,端坐恭听。与邻座交谈时,切忌一边嚼食物,一边与人含含糊糊地说话。上茶时,不要过多与服务人员说话,影响他们的正常工作,必要时说声"谢谢"即可。席间应把手机拨到振动挡。离席回电话时,应向主人或左右的客人致歉，轻轻拉开椅子离去。

7. 离席礼貌

等主人宣布宴会结束时，客人才能离席。一般是在主人和主宾离开坐席后，其他宾客才能散席。客人应向主人致谢，热情与主人话别，感谢主人的热情款待，同时也要与其他客人道别。特别注意道别的顺序是：男宾先向男主人道别，女宾先向女主人道别，然后再交叉道别。

另外，无论宴会多么乏味，道别时都不要向主人流露出厌倦或不悦。客人不得因贪杯而拖延不散，也不能因余兴未尽而迟迟不起，那样做，不仅是对主人的失礼，也是对其他客人的不敬。在宴会结束时，如果主人一般有礼物馈赠，应高兴地收下，并表示十分喜爱，应礼貌地向主人致谢。

要特别注意的是，客人在席间或在主人没有表示宴会结束前离席是不礼貌的。一旦就餐入席，最好不要中途离去。若有急事非要中途离席时，要特别注意相关礼仪。

（1）说明情况。如果席前就已准备中途告别，最好在宴会开始之前就向主人说明理由，并表示歉意，届时向主人打个招呼便可悄悄离去；临时因事需要提早道别，同样应向主人说明理由，并表示歉意。如果有长辈在席时，最好向后退两步再转身离开。这样能给人留下讲礼貌的好印象。

（2）选好时机。中途道别离席，不要选择在席间有人讲话时或刚讲完话之后。这容易让人误以为告辞者对讲话者不耐烦。最好是在宴会告一段落时，如宾主之间相互敬了一轮酒或客人均已用完饭后。

（3）减少影响。中途道别只需和主人打招呼或向左右宾客点头示意即可，不要闹得人尽皆知，以免影响他人用餐，甚至影响整个宴会气氛。

8. 宴后致谢

从礼仪角度讲，宴会后给主人打个电话致谢，或在一个星期以内发一封感谢信，很有必要。通过感谢主人的盛情款待，重申宴会上的友谊，来加深相互之间的良好印象，为今后进一步的合作打好基础。这虽属宴请余音，却是赴宴者不应忽视的。

9.2 中餐宴会礼仪

9.2.1 中餐宴会桌次排列礼仪

中餐宴会一般采用圆桌，视参加人数多少设一桌或多桌，多桌分为主桌和辅桌。桌次的安排可根据宴会厅的形状和桌数来确定。

1. 两桌的小型宴会

两桌的小型宴会，餐桌的排列，有时需要横排，有时需要竖排。排序原则：面门为上，以远为上，居中为上，居右为上，临台为上，开阔为上。

左与右方位的确定是以面对正门的位置为准。两桌横排时，桌次以右为尊，以左为卑。

两桌竖排时，桌次以距离正门远的位置为上，以距离正门近的位置为下，如图 9-1 和图 9-2 所示。

图 9-1 两桌横排的桌次排列　　图 9-2 两桌竖排的桌次排列

2. 三桌或三桌以上的宴会

三桌及其以上的宴会，也叫多桌宴会，其排列方法，除了要注意遵守两桌排列的规则外，还应考虑距离主桌的距离。按照其他桌次按照离主桌的远近，同等距离，右高左低；同一方向，近高远低的原则安排。排列的总体方法有横、竖、花排等多种，具体采取哪一种排法应根据场地和美观的原则来确定。在安排桌次时，除主桌可以略大之外，其他餐桌大小、形状应大体相仿，不宜差别过大，如图 9-3 所示。

图 9-3 三桌及其以上的桌次排列

9.2.2 中餐宴会座次排列礼仪

座次礼仪也是中国的传统文化，是礼仪知识组成的一部分，中餐宴会如何安排长、幼、老、少、上级、下级座次也是有讲究的。入席就餐时，席位排序原则是：面门为上，以东为上，以右为上，以中为上，观景为上，靠墙为上。面门为上原则是指根据礼仪惯例，应该以面对正门为上座，以背对正门为下座。以右为上是指当两个人并排就座时，通常以右为上座，左为下座。这是因为中餐上菜时以顺时针方向为上菜方向，居右而坐的要比居左坐的优先得到照顾。以东为上是指如果宴桌为八仙桌，如果有正对门的座位，则八仙桌正对门一侧的右位为主客，如果不正对大门，则面东的一侧右席为首席。以中为上是指三人一起就餐，中间的人要高于两侧的人，右边的要高于左边的。观景为上是指在一些高档用餐场合，室外往往有优美的景致或高雅的演出供用餐者欣赏。这时，就要以观赏角度最佳的位置为上座。靠墙为上是指在有些中低档餐馆用餐，通常以靠墙的位置为上座，以靠过道的位置为下座。

宴会的主人应坐在主桌上，面对正门就座；在举行多桌宴会时，各桌之上均应有一位主桌主人的代表,作为各桌的主持人,其位置一般与主桌主人同向就座,有时也可以面向主桌主人就座。每张餐桌上,安排就餐人数一般限制在 10 人之内,并且以双数为好。每张餐桌具体位次的安排,可以分为两种情况。

(1) 每张桌上只有一个主位的排列方法。这种情况,主宾在主人右侧就座,形成一个谈话中心,如图 9-4 所示。

图 9-4　一主式座位

(2) 每张桌上有两个主位的排列方法。如主人夫妇就座于同一桌,以男主人为第一主人,女主人为第二主人,主宾和主宾夫人分别坐在男女主人右侧,桌上形成了两个谈话中心,如图 9-5 所示。在主宾的身份高于主人时,为表示尊重,可安排其在主人位次上就座,而主人则坐在主宾的位置上,第二主人坐在主宾的左侧。如果本单位出席人员中有身份高于主人者,可请其在主位就座,主人坐在身份高者的左侧。

图 9-5　两主式座位

当然,在某些时候,在安排座次时也不必过于牵强。商务人员可以用手势邀请客人就座,或主动帮客人拉开椅子请其就座。有一点要注意,如果客人已经坐下,就没有必要再重新安排位置了。

9.2.3　中餐宴会餐具使用礼仪

中餐的主餐具有筷子、盘、碗、匙、杯、小碟等。水杯放在菜盘上方,右上方放酒杯,酒杯数目和种类应与所上酒的品种数相同。餐巾叠成花插在水杯中或平放在菜盘上。宴请外国宾客除筷子外，还应摆上刀叉、酱油、醋、辣油酱等佐料，通常一桌数份。公用筷、勺应备有筷座、勺座，一套摆在主人面前。辅餐具主要有牙签、水盂、餐巾、湿巾等。

1. 筷子

中国人使用筷子用餐是从远古流传下来的，古时又称其为"箸"。日常生活中对筷子的运用是非常有讲究的。一般我们在使用筷子时，正确的使用方法是：用右手执筷，大拇指和食指捏住筷子的上部 1/3 处，另外三个手指自然弯曲扶住筷子，并且筷子的两端一定要对齐。在使用过程中，用餐前筷子一定要整齐码放在饭碗的右侧，用餐后则一定要整齐地竖向码放在饭碗的正中。

知识拓展 9-3

使用筷子的中国传统礼仪"十二忌"

1. 忌仙人指路。拿筷子时用大拇指和中指、无名指、小指捏住筷子，而食指伸出。另外，在吃饭时同别人交谈并用筷子指人，也有此方面的意思。
2. 忌颠倒乾坤。用餐时将筷子颠倒使用，意味着饥不择食，这种做法是非常被人看不起的。
3. 忌三长两短。在用餐前或用餐过程当中，将筷子长短不齐地放在桌子上，这种做法是很不吉利的。
4. 忌交叉十字。在用餐时将筷子随便交叉放在桌上。这被北京人认为是对同桌其他人的全部否定。因为过去吃官司画供时才打叉子，这也无疑是在否定自己。
5. 忌品箸留声。将筷子的一端含在嘴里，用嘴来回去嘬，并发出"咝咝"声响。
6. 忌泪箸遗珠。泪箸遗珠是指在用筷子往自己盘子里夹菜时，手里不利落，将菜汤流落到其他菜里或桌子上。
7. 忌落地惊神。不慎失手将筷子掉落在地上，这是一种严重失礼的表现。
8. 忌寻觅刨坟。频繁地用筷子来回在菜盘里寻找，或用筷子在菜盘里不住地扒拉。
9. 忌击盏敲盅。在用餐时用筷子敲击盘碗。因为过去只有要饭的才用筷子去打要饭盆，其发出的声响配上嘴里的哀告，使行人注意并给予施舍。
10. 忌执箸巡城。手里拿着筷子，做旁若无人状，用筷子来回在桌子上的菜盘里寻找，不知从哪里下筷为好。
11. 忌定海神针。在用餐时用一只筷子去插盘子里的菜品，这被认为对同桌用餐人的一种羞辱。
12. 忌当众上香。帮别人盛饭时，为了方便省事把一副筷子插在饭中递给对方，这会被人视为大不敬，因为北京的传统是为死人上香时才这样做。

2. 汤匙

汤匙主要用以饮汤，尽量不要用其舀菜。用筷子取菜时，可用汤匙加以辅助。使用汤匙时要注意：一是用它饮汤时，不要全部放入口中吸吮；二是用汤匙取食物后，应立刻食用，不要再次倒回原处；三是若食物过烫，不宜用汤匙搅来搅去，也不要用嘴对它吹来吹去；四是用勺子取食物时，不要过满，免得溢出来弄脏餐桌或自己的衣服；五是在舀取食物后，在原处"暂停"片刻，汤汁不会再往下流时，再移回来享用；六是汤匙不用时，应将其放在自己的食碟上，不要放在桌上或汤碗里"立正"。

3. 水杯

中餐中所用的水杯，主要用来盛放清水、汽水、果汁、可乐等软饮料时使用。需要注意的是，不要用它来盛酒，也不要倒扣水杯。另外，喝进嘴里的东西不能再吐回水杯。

4. 食碟

食碟主要是用来暂放从公用的菜盘里取来享用的菜肴的。使用食碟时，要注意以下几个问题：一是不要一次从菜盘中取放过多的菜肴，这样使碟子看起来既繁乱不堪，又不雅观；二是不要多种菜肴堆放在一起相互"串味"，也不雅观；三是不要将不宜入口的残渣、骨、刺吐在地上，应轻放在食碟的前端，由服务人员撤换新碟。

5. 碗

碗主要用于盛放主食、羹、汤。在正式宴会上，使用碗时要注意：一是不要端起碗进食，尤其不要双手端起碗进食；二是碗内的食品要用餐具取，不能用嘴吸或直接下手取用；三是碗内的剩余食品不可往嘴里倒，也不可用舌头舔；四是暂不用的碗不可放杂物；五是不能把碗倒扣过来放在餐桌上。

6. 水盂

有时，品尝某些食物需要直接动手，往往会在餐桌上摆上一个水盂，水上漂有玫瑰花瓣或柠檬片。它里面的水不能喝，只能用来洗手。洗手时，动作不要大，应用两手轮流沾湿指头，轻轻涮洗，然后用餐巾擦干。

7. 湿巾

正式宴会前，服务员会为每位用餐者上一条湿毛巾，用来擦手。擦手之后，应将其放回盘中，由侍者取回。宴会结束时，再上一块湿毛巾，用来擦嘴。

8. 餐巾

正式宴会上，都会为每位用餐者准备一条餐巾。它应当铺放在并拢之后的大腿上，一些酒店也会将其垫在骨盘下面，而不能把它围在脖子上，或掖在衣领里、腰带上。餐巾主要用于防止弄脏衣服，兼可用于轻擦嘴部和手上的油渍，但不能用于擦餐具或擦汗。餐中，暂时离席，应将餐巾放在座位上。吃完饭后，宜将餐巾折好，放在餐桌上再离席。

9. 牙签

牙签主要用来剔牙。用中餐时，尽量不要当众剔牙。非剔不可时，应以另一只手掩住口部进行。剔出来的东西，切勿当众观赏或再次入口，也不要随手乱弹，随口乱吐。剔牙之后，不要长时间叼着牙签。取用食物时，不要以牙签扎取。

案例 9-2

王先生前不久刚结婚，为答谢好友李先生一家，夫妻二人特地在家设宴。新娘的手艺真不错，清蒸鱼、炖排骨、烧鸡翅……李先生一家吃得津津有味，只不过偶尔有肉丝塞进牙缝，李先生拿起桌上的牙签，当众剔除滞留在牙缝中的肉，还"文雅"地将剔出来的肉吐在烟灰缸内。看着烟灰缸里吐出来的肉丝，王先生和新娘一点胃口也没有了。

9.2.4 中餐宴会酒菜礼仪

1．中餐的菜序礼仪

标准的中餐，不论是何种风味，其上菜的顺序大体相同。通常是先上冷盘，接着是热炒，随后是主菜，然后上点心和汤，最后上水果拼盘。当冷盘吃到只剩 1/3 时，开始上第一道热菜，一般每桌要安排 10 个热菜。宴会上桌数再多，各桌也要同时上菜。

上菜时，如果由服务员给每个人上菜，要按照先主宾后主人，先女士后男士或按顺时针方向依次进行。如果由个人取菜，每道菜应先放在主宾面前，由主宾开始按顺时针方向依次取食，切不可迫不及待地越位取菜。

2．酒菜的搭配

通常在每位用餐者面前的餐桌桌面上排列着大小不等的三只杯子，自左而右，依次是白酒杯、葡萄酒杯、水杯。在搭配菜肴方面，中餐所选的酒水讲究不多。爱喝什么酒就可以喝什么酒，想什么时候喝酒也可完全自便。

若无特殊规定，正式的中餐宴通常要上白酒和葡萄酒这两种酒。因为饮食习惯方面的原因，中餐宴中上桌的葡萄酒多半是红葡萄酒，而且一般都是甜红葡萄酒。选用红葡萄酒，是因为红色充满喜气，而选用甜红葡萄酒，则是因为不少人对口感不甜、微酸的干红葡萄酒不太认同。正规的中餐宴会一般不上啤酒。

3．饮酒的程序

在较为正式的场合，饮用酒水颇为讲究具体的程序。在常见的饮酒程序中，斟酒、敬酒、干杯应用最多。

（1）斟酒。通常，酒水应当在饮用前斟入酒杯。有时，主人为了表示对来宾的敬重、友好，应亲自为其斟酒。在侍者斟酒时，勿忘道谢，但不必拿起酒杯。但在主人亲自来斟酒时，则必须端起酒杯致谢，必要时，还需起身站立，或欠身点头为礼。

主人为来宾所斟的酒，应是本次宴会上最好的酒，并应当场启封。斟酒时要注意三点：其一要面面俱到、一视同仁；其二要注意顺序，可依顺时针方向，从自己所坐之处开始，也可以先为尊长、嘉宾斟酒；其三是斟酒要适量，白酒与啤酒可以斟满，而其他洋酒则无此讲究，要是斟得过满使之溢出，反而显得不合适。除主人与侍者外，其他宾客一般不宜自行为他人斟酒。

（2）敬酒。在正式宴会上，由主人向来宾提议为了某种事由而饮酒。在敬酒时，通常要讲一些表示祝愿、祝福的话。在正式宴会上，主人与主宾还会郑重其事地发表一篇专门的祝酒词。因此，敬酒往往是宴会上必不可少的一项程序。

敬酒可以随时在饮酒过程中进行，频频举杯祝酒会使现场氛围热烈而欢快。不过，在致正式祝酒词的时间应以不影响来宾用餐为首要考虑。不管是正式祝酒词，还是在普通情况下的祝酒，均应内容越短越好。通常，致祝酒词最适合在主宾入席后、用餐前开始，有时也可以在吃过主菜之后、上甜品之前进行。在他人敬酒或致辞时，其他在场者应一律停止用餐或饮酒，并坐在自己座位上，面向对方洗耳恭听。

例文9-2 "中国国际××展览会"宴会祝酒词

女士们、先生们：

晚上好！"中国国际××展览会"今天开幕了。今晚，我们有机会同各界朋友欢聚，我们感到很高兴。我谨代表中国国际贸易促进委员会上海市分会，对各位朋友光临我们的招待会表示热烈欢迎！

"中国国际××展览会"自上午开幕以来，已引起了我市及外地科技人员的浓厚兴趣。这次展览会在上海举行，为来自全国各地的科技人员提供了经济技术交流的好机会。我相信，展览会在推动这一领域的技术进步及经济贸易的发展方面将起到积极作用。

今晚，各国朋友欢聚一堂，我希望中外同行广交朋友、寻求合作，共同度过一个愉快的夜晚。

最后，请大家举杯，为"中国国际××展览会"的圆满成功，为朋友们的健康，干杯！

（3）干杯。在干杯时，往往要喝干杯中之酒，故称干杯。有的时候，干杯者相互之间还要碰一下酒杯，所以又称其为碰杯。干杯，需要有人率先提议。提议干杯者，可以是致祝酒词的主人、主宾，也可以是其他任何在场饮酒的宾客。提议干杯时，应起身站立，右手端起酒杯，或者用右手拿起酒杯后，再以左手托扶其杯底，面含笑意地目视他人，尤其是自己的祝酒对象，口诵祝酒词，如祝对方"身体健康"、"生活幸福"、"节日快乐"、"工作顺利"、"事业成功"及"双方合作成功"等。

在主人或他人提议干杯后，其他宾客应当手持酒杯起身站立，即便滴酒不沾，也要举起水杯助兴。在干杯时，应手举酒杯至双眼高度，将酒一饮而尽，或饮去一半，或饮去适当的量。然后，还需手持酒杯与提议干杯者对视一下，这一过程方告结束。

4．饮酒的注意事项

（1）酒量适度。不管是在哪一种场合饮酒，都要努力保持风度，做到"饮酒不醉为君子"。不仅高兴时需要如此，心情不佳时也需要如此。

（2）拒酒有礼。假如因生活习惯或健康等原因而不能饮酒，可以下列合乎礼仪的方法拒绝他人的劝酒：申明不能饮酒的客观原因；主动以其他软饮料代酒；委托亲友、部下或晚辈代为饮酒；让对方在自己面前的杯子里稍许斟一些酒，然后轻轻以手推开酒瓶。按照礼节，杯子里的酒是可以不喝的；当敬酒者向自己的酒杯里斟酒时，用手轻轻敲击酒杯的边缘，这种做法的含义就是"我不喝酒，谢谢"；当主人或朋友们向自己热情地敬酒时，不要东躲西藏，更不要把酒杯翻过来，或将他人所敬的酒悄悄倒在地上。

（3）拒绝陋习。在饮用酒水时，不要忘记律己敬人之规，不可存在下列既有害于人，又有损于己的陋习恶俗：耍酒疯，酗酒，灌酒，划拳。

9.2.5 中餐宴会茶饮礼仪

1. 奉茶礼仪

在正式的宴请场合，饭前餐后，饮茶是必不可少的。最基本的奉茶之道，就是宾客来访马上奉茶。奉茶前应先请教客人的喜好，是喜欢红茶、绿茶还是花茶等。如有点心招待，应先将点心端出，再奉茶。

俗话说，"酒满敬人，茶满撵人"。奉茶时应注意：茶不要太满，以八分满为宜。水温不宜太烫，以免客人被烫伤。上茶时可由主人向客人献茶，或由服务员先给客人上茶。同时有两位以上的访客时，端出的茶色要均匀，并要配合茶盘端出，左手捧着茶盘底部右手扶着茶盘的边缘，如是点心放在客人的右前方，茶杯应摆在点心右边。上茶时应向在座的人说声"对不起"，再以右手端茶，从客人的右方奉上，面带微笑，眼睛注视对方并说："这是您的茶，请慢用！"添水时也应如此。奉茶时应依职位的高低顺序来决定奉茶的先后顺序。由服务人员上茶时，要先给客人上茶，而后再给主人上茶。若客人较多，应先给主宾上茶。

2. 饮茶礼仪

以茶待客是一种礼仪，既然主人在以茶待客时处处礼仪待人，那么作为接受款待的一方，客人在饮茶时，也应做到文明、礼貌。具体而言，需要在下述两个方面加以注意。

（1）态度谦恭。当主人上茶前，会向客人征求意见，询问大家"想喝什么"的时候，如果没有什么特别的禁忌，可以在对方提供的几种选择中任选一种，或告之以"随便"。在一般情况下，向主人提出过高的要求，是很不礼貌的。

主人敬茶时，客人也应起立，用双手接过茶杯，道以"谢谢"。不要坐着不动，任主人为自己张罗。如果自己不习惯饮茶，应及时向主人说明。若自己尚未说明，而茶已经端上来，可以不喝，但千万不要面露不快，因此而责怪主人或为自己上茶的人。

在社会交往中，与交往对象正在交谈时，最好不要饮茶。不论是自己或交谈对象正在讲话时，自己要是转而饮茶，不但会打断谈话，而且也会显得自己用心不专。只有在自己不是主要的交谈对象时，或与他人的交谈告一段落后，才可以见机行事，喝上一口茶润润嗓子。

（2）认真品味。在饮茶时，应当一小口、一小口地细细品尝。每饮一口茶后，应使其在口中稍做停留，再慢慢地咽下去。

在端起茶杯时，应以右手持杯耳。对于无杯耳的茶杯，则应以右手握茶杯的中部。

使用带杯托的茶杯时，可以只用右手端起茶杯，不动杯托，也可以用左手，将杯托连茶杯端至左胸高度，然后以右手端起茶杯饮用。

饮盖碗茶时，可用杯盖轻轻将漂浮于茶水上的茶叶拂去，不要用口去吹。茶太烫的话，也不要去吹，可以用另一只茶杯去折凉茶水，而最好待其自然冷却。

饮用红茶或奶茶时，不要用茶匙舀茶，也不要将其插放在茶杯中。不用时，将其放在杯托上即可。若主人告之所饮的是名茶，则饮用前应仔细观赏一下茶汤，并在饮用后加以赞赏。

9.3 西餐宴会礼仪

西餐主要是对西方国家，即欧美各国菜点一种约定俗成的统称。随着我国对外交往的日益频繁，西餐也离我们越来越近。西餐大致可以分为欧美式和俄式两种。欧美式菜系主要包括英、法、美、意等国菜肴，以及少量的西班牙、葡萄牙、荷兰等地菜肴。法式菜肴和俄式菜肴是西餐中最著名的两大菜肴。西餐菜肴主料突出，营养丰富，讲究色彩，味道鲜美，其烹饪和食用同中餐有很大的不同，体现了一种西方的文化。

9.3.1 西餐宴会桌次与座次礼仪

1. 桌次排列礼仪

西式宴会采用长桌，桌子的设置方法可以根据用餐人数的多少和场地大小而定。餐桌的排列次序同中餐餐桌的排列原则是一样的，以面门方为上位，主桌排定之后，其余桌次的高低以离主桌的远近而定，近者为高，远者为低；平行者以右桌为高，左桌为低。除了极其盛大的宴会，一般不涉及桌次。

2. 座次排列礼仪

西餐宴会席位排列主要是位次问题。具体排列的规则：

（1）女士优先。一般女主人为第一主人，在主位就座。男主人为第二主人，在第二主人的位置上。

（2）距主位近的位置要高于距主位远的位置。

（3）以右为尊。就某一具体位置而言，右侧要高于左侧之位。在西餐排席时，男主宾要排在女主人的右侧，女主宾排在男主人的右侧，按此原则，依次排列。

（4）面门为上。在餐厅内，以餐厅正门为参照物时，面对餐厅正门的位子要高于背对餐厅正门的位子。

（5）交叉排列。西餐排列席位时讲究交叉排列，即男女应当交叉排列。熟人和生人也应当交叉排列。一个就餐者的对面和两侧往往是异性或不熟悉的人，这样可以广交朋友。

西餐的餐桌一般都用长桌或方桌，因此，座次的排列方法主要分长桌和方桌两种。

第一，长桌的座次排列。方法有两种，第一种是男女主人在长桌的中央相对而坐，餐桌的两端可以坐人，也可以不坐人，如图9-6和图9-7所示。

5	1	女主人	3	7
9				10
8	4	男主人	2	6

5	1	女主人	3	7
8	4	男主人	2	6

图9-6　两端坐人长桌的座次排列　　　图9-7　两端不坐人长桌的座次排列

第二种是男女主人分别坐在长桌的两端，如图 9-8 所示。

```
         女主人
    ┌─────────┐
    │ 1     3 │
    │ 5     7 │
    │ 9    10 │
    │ 8     6 │
    │ 4     2 │
    └─────────┘
         男主人
          ↑
```

图 9-8　男女主人分别坐在长桌两端的座次排列

当用餐人数较多时，可以将桌拼成其他图案，以使大家能一道用餐。其方法有两种形式，如图 9-9 和图 9-10 所示。要注意的是，长桌的两端要尽可能安排举办方的男子就座。

图 9-9　长桌相拼的餐桌座次排列（一）　　图 9-10　长桌相拼的餐桌座次排列（二）

第二，方桌的座次排列。其排列的方法是：以方桌排列位次时，就座于餐桌四面的人数应相等。在一般情况下，一桌共坐八人，每侧各坐两人的情况比较多见。在进行排列时，应使男、女主人与男、女主宾对面而坐，所有人均各自与自己的恋人或配偶坐成斜对角，如图 9-11 所示。

```
         男主宾    女主人
      ┌──────────────┐
  女宾甲│              │女宾乙
      │              │
  男宾乙│              │男宾甲
      └──────────────┘
         男主人    女主宾
              ↑
```

图 9-11　方桌的座次排列

9.3.2　西餐宴会餐具使用礼仪

使用刀叉进餐，是西餐最重要的特征之一。除了刀叉之外，西餐的主要餐具还有餐匙、餐巾等，用法也有特殊之处。至于西餐桌上的盘、碟、杯、水盂、牙签等餐具，其基本用法同中餐相似。

1．刀叉

刀是用来切割食物的，不要用刀挑起食物往嘴里送。如果用餐时，有三种不同规格的刀同时出现，一般正确的用法是：带小锯齿的那一把用来切肉制食品；中等大小的用来将大片的蔬菜切成小片；而那种小巧的、刀尖是圆头的、顶部有些上翘的小刀，则是用来切开小面包，然后用它蘸些果酱、奶油涂在面包上面。

左手拿叉，叉起食物往嘴里送时，动作要轻。同时，牙齿只碰到食物，不要咬叉。

在正规的西餐宴会上，通常都讲究吃一道菜要换一副刀叉，即在吃每道菜时，都要使用专门的刀叉。

享用西餐正餐时，在一般情况下，出现在每位用餐者面前的餐桌上的刀叉主要有吃黄油所用的餐刀，吃鱼所用的刀叉，吃肉所用的刀叉，吃甜品所用的刀叉等。吃黄油所用的餐刀，没有与之相匹配的餐叉。它的正确位置，是横放在用餐者左手的正前方。吃鱼所用的刀叉和吃肉所用的刀叉，应当餐刀在右、餐叉在左分别纵向摆放在用餐者面前的餐盘两侧。餐叉的具体位置，应处于吃黄油所用餐刀的正下方。有时，在餐盘左右两侧分别摆放的刀叉会有三副之多。要想不把它们拿错，应当记住分别从两边由外侧向内侧依次取用。吃甜品所用的刀叉，应于最后使用。它们一般被横向放置在用餐者面前的餐盘的正前方。

使用刀叉有两种常规方法。其一，叫作英国式。要求就餐时，右手持刀，左手持叉，一边切割，一边叉而食之。其二，叫作美国式。要求仍是左叉右刀，但先将餐盘中食物全部切割好后，双手交换刀叉，右手持叉吃食。切割食品时，不要弄出声响，双肘下沉，讲究姿态美观。

就餐中途放下刀叉休息或离开时，将刀叉呈"八"字形状摆放在餐盘中，且刀口向内，叉齿向下，这表示用餐尚未完毕，一会儿要回来继续用餐，服务员便不会收拾餐具；就餐完毕，则刀叉并排纵放或刀上叉下横放在餐盘中，且刀口向内，叉齿向上，表示用餐已毕，服务员可收拾餐具。

2．餐匙

餐匙，有时也叫调羹。品尝西餐时，餐匙是一种不可或缺的餐具。在西餐的正餐里，一般会至少出现两把餐匙，即汤匙和甜品匙。个头较大的餐匙为汤匙，通常它与餐刀并列纵放在用餐者右侧的最外端，与餐刀并列摆放。另一把个头较小的餐匙则为甜品匙，在通常情况下，它应当被横向摆放在吃甜品所用刀叉的正上方，并与其并列。如果不吃甜品，用不上甜品匙的话，有时，它也会被个头同样大小的茶匙所取代。汤匙和甜品匙，各有各的用途，不可相互替代。

在使用餐匙时，需要注意：使用餐匙取食时，动作应干净利索，切勿在甜品、汤之中搅来搅去；尽量保持其周身的干净清洁，不要把它搞得"色彩缤纷"；餐匙除可以饮汤、吃甜品之外，绝对不可直接舀取其他任何主食、菜肴等；使用过的餐匙，切不可再放回原处，也不可将其插入菜肴、主食，或令其"直立"于甜品、汤盘或红茶杯之中；用餐匙取食时，要适可而止，不要过量，而且一旦入口，就要一次将其用完。不要一餐匙的东西，反复品尝好几次；餐匙入口时，应以其前端入口，而不是将它全部塞进嘴去；不能直接用茶匙舀取红茶饮用。

3. 餐巾

西餐里所用的餐巾，通常会被叠成一定的图案，如皇冠形、扇形、扇贝形等。餐巾的颜色和造型有多种选择，往往与整个就餐环境相得益彰。它们一般放置于用餐者右前方的水杯里，或直接被平放于用餐者右侧的桌面上。

无论是大、中、小，还是正方形或长方形形状，餐巾都应被平铺于自己并拢的大腿上。使用正方形餐巾时，应将它折成等腰三角形，并将直角朝向膝盖方向。若使用长方形餐巾，则可将其对折，然后折口向外平铺。

用餐期间与人交谈之前，应先用餐巾揩一下满是油渍的嘴巴。擦拭嘴巴时，拿起餐巾的末端顺着嘴唇轻轻压一下即可。弄脏的部分为了不让人看见，可往内侧卷起。女士进餐前，也可用餐巾轻印一下口部，以除去唇膏，避免留下唇印。

在用餐时，餐巾可用以进行多种特殊暗示，最常见的有三种：一是暗示用餐开始。西餐都以女主人为"带路人"，当女主人铺开餐巾时，就等于是在宣布用餐可以开始了。二是暗示用餐结束。当主人把餐巾放到餐桌上时，意在宣告用餐结束，请各位告退。三是暗示暂时离开。若中途暂时离开可将餐巾放置于本人坐椅的椅面上。用餐完毕要站起来，首先将腿上的餐巾拿起，随意叠好，再把餐巾放在餐桌的左侧，然后起身离座。如有主宾或长辈在座，一定要等他们拿起餐巾折叠时才能跟着动作。

9.3.3 西餐宴会菜点与酒水礼仪

1. 西餐宴会菜序礼仪

由于饮食习惯的不同，西餐的菜序与中餐有明显的不同。例如，吃西餐时，通常先上汤，而中餐上汤则意味着用餐的结束。正规的西餐宴会，其菜序既复杂又讲究。一般情况下，完整的西餐正餐要由下列八道菜肴组成。

（1）开胃菜。开胃菜是西餐宴会的"前奏曲"，一般是由蔬菜、水果、海鲜、肉食等用各种调味汁凉拌而成的拼盘。

（2）面包。正餐面包一般是切片面包。吃面包时，可根据个人口味，涂上黄油、果酱或奶酪。

（3）汤。西餐的汤有两大类，即浓汤和清汤。

（4）主菜。主菜的内容十分广泛，包括水产类菜肴、畜肉类菜肴、禽肉类菜肴和蔬菜类菜肴。正式的西餐宴会上，大体上要上一个冷菜、两个热菜。两个热菜中，讲究先上一个鱼菜，由鱼或虾及蔬菜组成；另一个是肉菜，为西餐中的大菜，是必不可少的，多用烤肉，配以蔬菜，往往代表着此次用餐的最高档次和水平。

（5）点心。吃过主菜后，一般要上些蛋糕、饼干、吐司、三明治等西式点心。

（6）甜品。点心之后，接着上甜品，最常见的有冰激凌、布丁等。

（7）水果。吃完甜品，一般还要摆上干鲜果品。

（8）热饮。在宴会结束前，还要为用餐者提供热饮，一般为红茶或咖啡，以帮助消化。西餐的热饮，可以在餐桌上饮用，也可以换个地方，到休息室或客厅去喝。

2. 西餐宴会菜点与酒水搭配礼仪

在西式宴会上饮用酒水时，其酒具、酒温、持杯与品酒的方法，都有一定的章法与程式。最基本的讲究是：在正式的宴会上，每吃一道菜，便要换上一种酒水。

（1）餐前酒。又称开胃酒，可在吃开胃菜时享用，或在开始正式用餐前饮用，一般为又浓又香，能刺激胃口的威士忌（Whisky）、杜松子酒（Gin）、伏特加（Vodka）、雪利酒（Sherry）、朗姆酒（Rum）等系列，鸡尾酒也是理想的开胃酒。

（2）餐中酒。它是在正式用餐期间饮用的酒水。西餐里的佐餐酒均为葡萄酒，而且大多数是干葡萄酒或半干葡萄酒。"红酒配红肉，白酒配白肉。"色、香、味淡雅的酒品应与色调冷、香气雅、口味纯、较为清淡的菜肴搭配，如头盘鱼、海鲜类应配以冰冻后的白葡萄酒；香味浓郁的酒应与色调暖、香气浓、口味杂、较难消化的菜肴搭配；咸食选用干、酸型酒类；甜食选用甜型酒类；在难以确定时，则选用中性酒类。

（3）餐后酒。餐后一般选择浓、香、烈的酒，可在吃完甜点后，用以化解油腻。最常见的餐后酒是利口酒，又叫香甜酒。最有名的餐后酒，则是有"洋酒之王"美称的白兰地。

在一般情况下，饮不同的酒水，要用不同的专用酒杯。在每位用餐者桌面上右边餐刀的上方，大多会横排放置着三四只酒杯。其中，香槟杯、红葡萄酒杯、白葡萄酒杯及水杯，往往必不可少。取用时，可依次由外侧向内侧进行。

西餐宴会中，酒类服务通常是由侍者负责将少量酒倒入酒杯中，让客人鉴别一下品质是否有误。只需把它当成一种形式，喝一小口并回答"Good"。接着，侍者会来倒酒，这时，不要动手去拿酒杯，而应把酒杯放在桌上由侍者来倒。如果不想让侍者给自己倒酒，那么就用指尖碰一下酒杯的边缘以示不想要。

为避免手的温度使酒温增高，正确的握杯姿势是用三根手指轻握杯脚，即用大拇指、中指和食指握住杯脚，小指放在杯子的底台固定。喝酒时轻轻摇动酒杯让酒与空气接触以增加酒味的醇香。

非敬酒时的一饮而尽，或边喝酒边透过酒杯看人、拿着酒杯边说话边喝酒、将口红印在酒杯沿上等，都是失礼的行为。不要用手指擦杯沿上的口红印，用面巾纸擦则较好。

课内实训

云南省某公司王老板同泰国某公司建立了业务关系。某日，王老板获悉这个公司的林老板已到云南来考察，于是王老板便在某日的中午设宴款待。参加宴会的人员有云南公司的王老板、公司经理、副经理、业务科长等八人。当泰国公司的林老板到达设宴地点，双方互致问候后，宴会开始。林老板见服务员欲为自己斟酒，便解释自己不能喝白酒，王老板却热情地说："为我们两家的合作，您远道而来，无论如何也要喝点。"说话间，白酒已倒入林老板的杯中。王老板致祝词后，带头一饮而尽；接下来云南公司的参会人员一一向林老板敬酒，林老板再次拒绝，并抱歉说自己的确不能喝白酒，而云南公司的人员却一直劝酒，盛情难却之下，林老板不知不觉已饮下几杯茅台酒。

这时，林老板提议酒已喝下，大家对合作一事，谈谈各自的看法。王老板却说："难得与林老板见面，先畅饮再谈工作。"于是，又带头给林老板敬酒，林老板再三推托，无奈之下又连饮几杯，但终因不胜酒力，当场就醉倒在宴会上。待林老板酒醒后，已经是傍晚了。

次日早晨，当王老板来宾馆看望林老板时，服务员告诉王老板："林老板今天一大早就退房离开了。"

分析思考，为什么林老板不辞而别？

9.3.4　西餐宴会进餐礼仪

（1）守时。西式宴会是绝对按照准确的时刻进行的。

（2）坐姿。就座时，身体要端正，手肘不要放在桌面上，不可跷足，与餐桌的距离以使用餐具为佳。

（3）礼让。男宾有照顾女宾的义务。大家轮流取食品时，男客人应请他身旁的女客人先取，或者问她是否愿意让自己代取一些。女宾接受服务后，不要忘记向男宾道谢。

（4）交谈。餐台上已摆好的餐具不要随意摆弄。进餐时，始终保持沉默是不礼貌的，应该同身旁的人有所交谈。但是在咀嚼食物时不要讲话，即使有人同你讲话，也应咽下口中食物后再回答。谈话时可以不放下刀叉，但不可拿着刀叉在空中摇晃。

（5）上菜。当侍者依次为客人上菜时，走到你的左边，才轮到你取菜。如果侍者站在你右边，就不要取，那是轮到你右边的客人取菜。进餐时，如需要某种东西时，应在别人背后传递。

（6）食物取用。在餐桌上，一般的食物都应用刀叉去取。只有芹菜、小萝卜、青果、水果、干点心、干果、糖果、炸薯片、玉米、田鸡腿、炸肉片和面包等可以用手拿着吃。肉饼、煎蛋、沙拉，都不用刀，只用叉。吃甜点，可用叉或匙。布丁和冰激凌应用餐匙取食。

（7）离席。在进餐中或宴会结束前离席都不礼貌。必须中途离席的话，应请女主人原谅。女主人会一直陪着吃得最慢的客人。当女主人从座位上起立，就表示宴会已经结束。客人应等女主人从座位上站起后，再一起随着离席。起立后，男宾应帮助女宾把椅子归回原处。餐巾放在桌上，不要照原来的样子折好，除非主人请你留下吃下顿饭。

知识拓展 9-4

吃西餐禁忌

1. 忌再三劝说别人饮酒，甚至起立或体内发出巨大的声响；
2. 忌在用餐时整理自己的衣饰，或化妆、补妆；
3. 忌在用餐期间吸烟；向别人灌酒；

4. 忌用自己的餐具为别人夹菜、舀汤或选取其他食物；
5. 忌乱挑、翻拣菜肴或其他食物；
6. 忌用餐具对着别人指指点点，或者把餐具相互敲打，搞得铿锵作响；
7. 忌直接以手取用不宜用手取用的菜肴或其他食物；
8. 忌自己用过的餐具放在大家共同食用的食物旁边；
9. 忌毫无遮掩地当众剔牙。

9.3.5 咖啡饮用礼仪

正式的西式宴会，咖啡往往是"压轴戏"。而一些正式的西式宴会一般在晚上举行，所以在宴会上喝咖啡通常是在晚上。为了照顾个人的嗜好，在宴会上上咖啡的同时往往也会备上红茶，由宾客们自己选择。由于西餐的热饮可以不在餐桌上喝，所以最常见的地点主要有主人的客厅、休息厅、咖啡厅、咖啡座等。

商务人员在喝咖啡的时候，一定要在饮用数量、添加配料、饮用方法三方面多加注意。

1．饮用数量

商务人士在正式场合喝咖啡，只是作为一种休闲或交际的陪衬，所以，在一般情况下，最多不超过三杯。正所谓"过犹不及"，再好的东西也要"适可而止"。喝咖啡既然不是为了充饥解渴，那么在饮用时切勿动作粗鲁，让人发笑。饮咖啡时，一杯咖啡总要喝上十来分钟，并且应分为十来口慢慢地喝。唯有一小口一小口慢慢地品尝咖啡，才能悟出其难言之妙，并且显得自己举止优雅。

2．添加配料

在有些情况下饮用咖啡，需要饮用者自己动手，根据个人需要和爱好，往咖啡里加一些像牛奶、糖块之类的配料。自作主张地为他人添加配料，有时就会强人所难，令对方反感或者不快。当然，若他人为自己添加配料时，还是应当真诚地向其道谢，而不宜责怪对方多事。

给咖啡加糖时，如是砂糖，可用汤匙舀取，直接加入杯内；如是方糖，则应先用糖夹子把方糖夹在咖啡碟的近身一侧，再用汤匙把方糖加在杯子里。如果直接用糖夹子或手把方糖放入杯内，有时可能会使咖啡溅出，从而弄脏衣服或台布。同时，为避免咖啡溅出，添加时位置要尽量低。加牛奶的时候，可直接添加，但动作要稳，不要倒得满桌都是。

3．饮用方法

（1）咖啡杯。握咖啡杯的正确方法是：伸出右手，用拇指和食指拈住杯柄而将杯子端起慢慢品尝。不可以双手握杯或用手托着杯底，也不可以俯身就着杯子喝。用手握住杯身、杯口，托住杯底，或用手指穿过杯耳，都是不正确的持握方法。

（2）咖啡碟。商务人士所出席的正式场合，咖啡往往都是盛进杯子，然后放在碟子上一起端上桌的。碟子主要是用来放置咖啡匙，防止咖啡溢出杯子弄脏桌布。若碟中已有溢出的咖啡，切勿泼在地上或倒入口中，可以用纸巾将其吸干，或将其倒入杯中。如果坐在桌子附近喝咖啡，通常只须端杯子，而不必端碟子。如果离桌子比较远，或站立、走动时喝咖啡，没有了餐桌可以依托，则可以用左手端碟子，右手持咖啡杯杯柄慢慢品尝。如果坐在沙发上，也可照此办理。

（3）咖啡匙。在正式场合，咖啡匙的作用主要是加入牛奶或奶油后，用来轻轻搅动，使牛奶或奶油与咖啡相互融合。加入小糖块后，可用咖啡匙略加搅拌，以促使迅速溶化。如果咖啡太烫，也可以用咖啡匙稍加搅动。商务人士在正式场合使用咖啡匙时应注意几点：一是不要用咖啡匙去舀咖啡来喝；二是搅过咖啡的咖啡匙，上面都会沾有咖啡，应轻轻顺着杯子的内缘，将咖啡滴流而下甩动；三是不可以让它在咖啡杯中立正，不使用它的时候，可将其放在咖啡碟里。

（4）甜点取用。喝咖啡时，为了不伤肠胃，往往会同时准备一些糕点、果仁、水果之类的甜点，供饮用者自行取用。需要用甜点时，首先要放下咖啡杯。而在喝咖啡时，手中不要同时拿着甜点品尝。更不能双手左右开弓，一边大吃，一边猛喝。另外，切勿只吃不喝，弄得本末倒置。

（5）交谈。商务人士时时刻刻都是公务在身，喝咖啡时也不能忘了"正事"，要适时地和交往对象进行交谈。在交谈时，务必要细声细语，降低音量。另外需要注意的是，尽量不要在别人喝咖啡时，向对方提出问题，让对方说话。自己喝过咖啡要讲话以前，最好先用纸巾擦拭一下嘴巴，避免因咖啡顺嘴淌或弄脏嘴角而失态。

知识测试与技能训练

1. 知识测试
（1）常见的宴请形式有哪几种？
（2）宴请时，应当怎样安排菜单？
（3）中餐宴会的桌次和位次安排遵循哪些礼仪规则？
（4）西餐宴会的桌次和位次安排遵循哪些礼仪规则？

2. 技能训练

项目1 商务宴请活动
情景设定：××公司在创建一周年之际，准备组织一次宴请活动，邀请有关的领导及相关单位的人士参加。

训练目标：口头与文字表达能力，信息整合能力，公关礼仪意识，激发学习宴请礼仪的兴趣。

训练方案：随机抽选十位同学并分成两组，其中一组作为筹办方，做宴请前的准备工作。另一组作为被宴请方，做在参加宴会时的礼仪规范表演。然后由老师引导全班同学分析总结同学们整个过程的优缺点及需要改进完善的方面。

测评要点：表述逻辑条理，用语规范不俗；普通话标准规范，声音洪亮清晰；举止优雅端庄，表情自然亲和，礼仪规范应景，引起共鸣。

项目2 案例分析

（1）王老板在同一天接到两份邀请参加宴会的请柬。两个宴会都定在一周后。最初，他回复了A公司，表示愿意出席，而委婉地拒绝了B公司的邀请。可是，几天后需要和B公司在一项生意上进行往来，于是就改变了原来的计划。他向A公司表示，由于身体不好，宴会就不来了。实际上，王老板带着礼物去参加了B公司的宴会。

分析思考：王老板的做法对吗？请说明原因。

（2）法国一家公司的经理邀请日本商人到自己家做客。在宴席上，主妇端上洗手指用的水，这个日本商人一时大意，竟然把碗中的水喝下去了。主人看到后，马上就向同坐的孩子们示意，两个孩子也就一声不响地跟着喝下了洗手指碗中的水，顾全了对方的面子。此后，双方不仅在生意往来上有很好的合作，私底下还成为关系不错的朋友。

分析思考：法国经理及其家人的做法的可取之处在哪里？

（3）周小姐是一家公司的前台接待员。有一次代表公司出席一家外国商社的周年庆典活动。正式的庆典活动结束后，那家外国商社为全体来宾安排了一顿内容十分丰盛的自助餐。让周小姐开心的是，在排队取菜时，她见到了自己平日最爱吃的北极甜虾。于是，她毫不客气地替自己满满地盛了一大盘。当时她的主要想法是：这东西虽然好吃，可也不便再三再四地取之，否则旁人会嘲笑自己没见过什么世面了。再说，它这么好吃，这回不多盛一些，保不准一会儿就没有了，所以"让我一次吃个够"得了。然而，令周小姐脸红的是，她端着盛满北极甜虾的盘子从餐台边上离去时，周围的人居然个个都用异样的眼神盯着她。有一位同伴还用鄙夷的语气小声说道："真给中国人丢脸呀！"

分析思考：周小姐的失礼之处表现在哪些方面？

第 10 章 商务旅行与舞会礼仪

学习目标

了解舞会礼仪和商务旅行的基本礼仪规范,并能在商务活动中成功运用。

任务驱动

当今社会,企业的业务、经营活动早已打破了传统的区域界限,跨地区、跨国界的商贸往来已相当普遍,与之相伴随的商务旅行便成了商务人士的一项重要活动内容。但商务人士的这种旅行,又不同于一般的观光旅游,其仪表、言谈举止、行为表现均代表着企业的形象。因此商务旅行是现代商务人士工作的组成部分,而旅行中的交通礼仪、住宿礼仪对塑造形象和工作的顺利开展都具有积极意义。在学习本章内容之前,请谈谈在以下几个情景下,你应该如何表现。

1. 车站接到来参加产品使用技术培训会议的客户,一起乘出租车赶赴会议地点。
2. 陪公司总经理乘坐总经理专车(带司机)去异地出差。
3. 带妻子参加大学同学组织的舞会。
4. 一次为期三天的业务培训会,来自全国各地的业界同行来了不少,晚餐后你想拜访几位你慕名已久的前辈以便和他们进行深入沟通和交流,谈谈你的拜访计划。

10.1 商务交通礼仪

10.1.1 步行礼仪

步行礼仪是商务旅行中最为常见且应该注意的一个重要方面,是出行礼仪的核心内容之所在,涉及一个人在行走时的各个环节。

1. 步行仪态

走路要目光直视。一个人在行走时不仅要做到仪态优雅、风度不凡,重要的是要做到稳健自如、轻盈敏捷。要保持的基本姿态是:脊背与腰部要伸展放松,脚跟要首先着地。

2. 步行方位

任何人走路，都会碰上一个前、后、左、右的方位问题。在商务旅行中，需要注意的步行方位问题，主要包括两个方面。

（1）与交通规则有关的方位问题。在任何国家，每个人都有遵守交通规则的义务。步行要走人行道，过马路要走人行横道。如果是路口，一定要等绿灯亮了，确认两边没车时才通过。

（2）与礼仪惯例有关的方位问题。与他人同时行进时，居前还是居后，居左还是居右，是同礼仪直接相关的。对于这方面的规定，务必要严格遵守。

在人多之处，往往需要单行行进。在单行行进时，通常讲究的是"以前为尊，以后为卑"。应当请客人、女士、尊长行走在前，主人、男士、晚辈与职位较低者则应随后而行。在单行行进时，还应注意：应自觉走在道路的内侧，以便其他人通过。

两人或两人以上并排行走时，一般讲究"以内为尊，以外为卑"。即以道路内侧为尊贵之位。倘若当时所经过的道路并无明显内侧、外侧之分时，则可采取"以右为尊"的国际惯例，以行进方向而论，将右侧视为尊贵之位。

当三个人一起并排行进时，有时也可以居于中间的位置为尊贵之位。以前进方向为准，并行的三个人的具体位次，由尊而卑依次应为：居中者，居右者，居左者。

3. 步行礼仪的要求

在商务旅行中，步行中很有可能遇到问路的问题。要注意问路的礼貌问题。选择问路对象时，最好不要去问正在急行的人或正在与人交谈的人及正在忙碌的人。不管对方能否给予满意的回答，问前要礼貌称呼，问后要道谢。被问路时应尽力相助，不要不耐烦或不予理睬。

走路遇到熟人，应主动打招呼或进行问候。如果在路上碰到久别重逢的朋友，想多交谈一会儿，应靠边站立。

使用楼梯和自动扶梯时，应遵循"单行右行"的规则，以免阻挡他人。一般上楼时长者、女士在前，下楼则相反。由于走楼梯或乘自动扶梯时不便交谈，因此最好等到达目的地后再谈，这样可以避免他人因不便交谈而感到尴尬。

知识拓展

步行禁忌

在商务旅行中，尤其是在国外，步行时既要遵守礼仪，更要避免某些易于惹来麻烦、导致误会的禁忌。

1. 忌行走时与其他人相距过近，尤其要避免与对方发生身体碰撞；
2. 忌行走时尾随于其他人身后，甚至对其窥视、围观或指指点点，此举会被视为"侵犯人权"，或"人身侮辱"；

第 10 章 商务旅行与舞会礼仪

3. 忌行走时速度过快或者过慢，以至于对周围的人造成一定的不良影响；
4. 忌在私人居所附近进行观望，甚至擅自进入私宅或私有的草坪、森林、花园；
5. 忌一边行走，一边连吃带喝，或吸烟不止、随地吐痰、乱扔废弃物；
6. 忌与成年的同性在行走时勾肩搭背、搂搂抱抱。在西方国家里，只有同性恋者才会这么做。

10.1.2 乘坐轿车礼仪

商务活动中，商务人士讲究的是高速度、快节奏。在商务往来中，更是来去匆匆，分秒必争。对于商务人士而言，乘坐轿车来来去去已经成了商务生活的一部分。商务人士在乘坐轿车时，尤其是当乘坐轿车外出参加较为正式的活动时，或与他人一同乘坐轿车时，应当注意保持自己应有的风度，做到彬彬有礼。

1. 座次礼仪

在乘坐轿车礼仪中，座次是最重要的问题。通常在确定任何一种轿车座次的安排时，应当考虑司机的身份、轿车的类型、安全与否及宾客本人的意愿四个基本要点。

（1）司机的身份。何人驾驶轿车是关系座次尊卑的头等大事。通常认为，轿车的座次应以后排为上座，前排为下座。这一规定的基本依据是因为轿车的前排座，即驾驶座与副驾驶座最不安全。然而商务人士在应用这一规定时，对"谁在开车"这一问题却不能忽视。驾驶轿车的司机一般分为两种人：一是主人；二是专职司机。

① 当主人（商务人士的交往对象）亲自驾驶轿车时，前排座为上，后排座为下；以右为尊，以左为卑。

当主人亲自驾驶双排座轿车时，车上其余的四个座位的顺序，由尊而卑依次应为：副驾驶座，后排右座，后排左座，后排中座，如图 10-1（a）所示。

当主人亲自驾驶三排七人座轿车时，车上座位的顺序，由尊而卑依次应为：副驾驶座，后排右座，后排左座，后排中座，中排右座，中排左座，如图 10-1（b）所示。

当主人亲自驾驶三排九人座轿车时，车上座位的顺序，由尊而卑依次应为：前排右座，前排中座，中排右座，中排中座，中排左座，后排右座，后排中座，后排左座，如图 10-1（c）所示。

（a）双排五人座　　（b）三排七人座　　（c）三排九人座

图 10-1　主人亲自驾驶的轿车的座次排列（驾驶员居前排左座）

在这里应特别强调的是主人亲自驾车时，前排的副驾驶座为上座。车上的乘客若不止一人时，一般不应当使之闲置。应当推举其中地位、身份最高者为代表，坐在副驾驶座上作陪。如果除开车的主人之外，车上只有一名客人，则其务必应就座于前排，表示自己对主人友好、尊重。如果主人夫妇开车接送客人夫妇，则女主人应就座于副驾驶座，客人夫妇应当坐在后排。若主人一人开车接送一对夫妇，则男宾应就座于副驾驶座上，而请其夫人坐在后排。若前排可同时坐三人，则应请女宾在中间就座。

② 当专职司机驾驶轿车时，商务礼仪规定：后排座为上，前排座为下；以右为尊，以左为卑。

当专职司机驾驶双排座轿车时，车上其余的四个座位的顺序，由尊而卑依次应为：后排右座，后排左座，后排中座，前排副驾驶座，如图10-2（a）所示。

当专职司机驾驶三排七人座轿车时，车上其余六个座位的顺序，由尊而卑依次应为：后排右座，后排左座，后排中座，中排右座，中排左座，副驾驶座，如图10-2（b）所示。

当专职司机驾驶三排九人座轿车时，车上其余八个座位的顺序，由尊而卑依次应为：中排右座，中排中座，中排左座，后排右座，后排中座，后排左座，前排右座，前排中座，如图10-2（c）所示。

(a) 双排五人座　　(b) 三排七人座　　(c) 三排九人座

图10-2　由专职司机驾驶的轿车的座次排列（驾驶员居前排左座）

应当特别说明的是，在乘坐由专职司机驾驶的轿车时，按照国际惯例，通常不应当让女士在副驾驶座上就座。

（2）轿车的类型。上述座次安排，主要适用于双排、三排轿车，对于其他特殊类型的车并不适用。例如，在吉普车上，副驾驶座总是上座。至于其后排座位，则讲究右尊左卑。

在大中型轿车上，通常合"礼"的座次排列应当是由前而后，由右而左。其位次的排列，可由尊而卑依次为：第一排右侧右座，第一排右侧左座，第一排左侧座；第二排右侧右座，第二排右侧左座，第二排左侧座；第三排右侧右座，第三排右侧左座，第三排左侧座；第四排右侧右座……如图10-3所示。

对于这种礼仪上的座次尊卑，商务人士应当了然于胸，但更为重要的是懂得灵活运用。例如，当与上司乘坐一辆由专职司机驾驶的双排座轿车外出办公事时，虽然后排坐得下，但还是应当自觉地去前排副驾驶座上就座，而不要在后排与上司一起"平起平坐"。当然，大家若是以私交的身份一同外出观光游览，那时自己坐在后排左座，而请上司坐在后排右座，则是完全可以的。

图 10-3　多排座大中型轿车上的座次排列（驾驶员居前排左座）

（3）安全与否。乘坐轿车外出，除了迅速、舒适之外，安全问题是不容忽略的。从某种意义上讲，甚至应当将其作为头等大事来对待。在轿车上，后排座比前排座要安全，最不安全的座位为前排右座，最安全的座位为后排左座或后排中座。我们前面已经说过为什么当主人亲自开车时要以副驾驶座位上座，在这里就还有另外一层意思，即与开车的主人"同甘苦，共患难"，表示与主人同舟共济。有专人驾驶时，副驾驶座也叫随员座，通常坐于此处者多为随员、译员、警卫等。孩子与尊长也不宜在此座位就座。在有些城市的出租车上副驾驶座通常不允许乘客就座也是出于安全考虑。

（4）宾客本人的意愿。通常，在正式场合乘坐轿车时应请尊长、女士、来宾就于上座，这是给予对方的一种礼遇，但是与此同时，还要尊重嘉宾本人的意愿和选择，并把这一条放在最重要的位置。应当据此认定，嘉宾所选择就座的地方就是上座。即使嘉宾不明白坐错了座位也不要轻易指出或纠正，要"主随客便"。通常除了某些重大的礼仪性场合外，对于轿车上座次的尊卑，不宜过分地墨守成规。从总体上说，只要乘车者自己的表现合乎礼仪，就完全"达标"了。

商务旅行中，若宾主不乘坐同一辆轿车，依照礼仪规范，主人的车应行驶在前，是为了开道和带路。它们各自的先后顺序，亦应由尊而卑地由前往后排列，只不过主方应派一辆车殿后，以防止客方的车辆掉队。

2. 上下车礼仪

（1）上下车顺序。在正式的情况下，与他人一起乘坐轿车，如果当时环境允许，应当请女士、长者、上司或嘉宾先上车，最后下车。但具体又分为多种情况。

乘坐由专职司机驾驶的轿车，并与他人同坐于后一排时，应首先请女士、长者、上司或嘉宾从右侧后门上车，在后排右座上就座。随后，应从车后绕到左侧后门登车，就座于后排左座。到达目的地后，若无专人负责开车门，则应首先从左侧后门下车，从车后绕行至右侧后门，协助女士、长辈、上司或嘉宾下车。

乘坐有折叠椅的三排座轿车时，应当由在中间一排加座上的就座者最后登车，最先下车。

乘坐三排九座轿车时，应当由低位者，即男士、晚辈、下级、主人先上车，而请高位者，即女士、晚辈、上司、客人后上车。下车时，其顺序则正好相反。唯有坐于前排者可优先下车，拉开车门。

若主人亲自开车时，出于对乘客的尊重与照顾，可以由主人最后一个上车，最先一个下车。

乘坐由专职司机驾驶的汽车时，坐于前排者大都应后上车，先下车，以便照顾坐于后排者。

（2）上下车举止。商务人士在上下车时，动作应当"温柔"一点，不要大步跨越，连蹦带跳。穿短裙的女士，上车时，应首先背对车门，坐下之后，再慢慢地将并拢的双腿一齐收入，然后再转向正前方。下车时，应首先转向车门，并将并拢的双腿移出车门，双脚着地后，再缓缓地移出身去。

上下车时，商务人士如果身为低位者，需主动地为高位者开关车门。具体来讲，当高位者准备登车时，低位者应当先行一步，以右手或左右两只手同时并用，为高位者拉开车门。拉开车门时，应尽量将其全部拉开，即形成 90° 的夹角。在下车时，低位者也可先下车为高位者开车门，以示尊敬。其操作的方法，与上车时基本相同。

3. 乘车礼节

商务人士在乘坐轿车外出之前，应提前进行联系。所需轿车的类型、数量、预定上车或会合的地点等，需事先通知司机。尤其是当商务人士搭乘他人的车辆时，更应当提前讲清楚。到了预定的时间，商务人士应当准时在约定的地点等候。"车等人"的现象是很不应该的。若因故不能如约，应提前告诉司机，不要浪费他人的时间。

主动要求或应邀中途搭乘他人的轿车时，应该以不妨碍对方为前提。不要忘记向车主、司机或邀请自己的人当面道谢。上车之后，若碰上自己以前不认识的人，应主动打招呼。必要时，还需为对方受到自己的连累而道歉。下车时礼貌道别。

乘坐轿车时要井然有序，相互礼让。开关车门时不要发出声响。要注意上下车的正确姿势和动作，尤其是裙装女士。讲究卫生，不在车内抽烟、随地吐痰，不吃零食，不往车外丢弃东西。不在车里脱鞋袜、换衣服，不用脚蹬踩座位，不将头、手、脚伸出窗外，不对着车内后视镜补妆等。

商务人士应当注意自己在车上的谈吐与举止，轿车在行驶过程中，同车人之间可略做交谈。在轿车内不宜与司机过多地交谈，不宜谈论隐私性内容。

10.1.3 乘坐火车与飞机礼仪

1. 乘坐火车礼仪

商务人士出差或长途旅行时,经常需要乘坐火车,因此有必要了解有关乘坐火车的礼仪。乘坐火车的礼仪,主要包括以下几个方面内容。

(1) 自觉遵守候车规则。检票时自觉排队,有秩序地上车。不要从车窗等地方上车。多人同行,位卑者先上车,位尊者后上车,便于位卑者寻找座位,照顾位尊者。

(2) 按号就座并按要求放好行李。乘坐火车时,往往需要对号入座,座位可供选择的余地并不太大。比较而言,有关座次的讲究也相对较少。基本的规矩是:临窗的座位为上座,临近通道的座位为下座。与车辆行驶方向相同的座位为上座,与车辆行驶方向相反的座位为下座。

在有些车辆上,乘客的座位分列于车厢两侧,乘客面对面就座。在这种情况下,应以面对车门一侧的座位为上座,以背对车门一侧的座位为下座。

所带行李应放在行李架上。长途旅行一般携带行李较多,乘客间要相互照顾,合理使用行李架,存取行李时应脱掉鞋子,以免踩脏座位。自己的行李要摆放整齐,尽量不压在别人的行李上,如果不得不压也应征得别人的同意。

(3) 自觉维护车厢环境。不在车厢内吸烟,吸烟时要去吸烟区。不能毫无顾忌地打喷嚏,没有特别原因不要在车厢狭窄的过道上走来走去,坐在座位上不把脚伸到车厢过道上。不应旁若无人地大嚼食品,不要把果皮、残渣及废弃物抛向窗外或在车厢内随地乱扔。不随地吐痰。不在车厢内大声说话。

(4) 邻座之间友好相处。上车后应主动与邻座打招呼问好并相互照顾。与邻座的旅客交谈应先看清对象,与不喜欢交谈的人谈话是不明智的,与正在思考问题的人谈话也是失礼的。即便与旅伴谈得很投机,也不要没完没了。如果看到对方有倦意,就应立刻停止谈话。交谈要适度,注意话题的分寸。如果阅览别人的报刊或使用邻座的物品,应先征得对方同意。别的乘客看报时,不能凑上去瞧。

(5) 维护个人形象。在车上休息时,不要宽衣解带,也不允许脱鞋、袜(卧铺车座除外)。不要当众更换衣服。不要东倒西歪,卧倒于坐席上下、茶几上或过道上。不要靠在他人身上或把脚跷到对面的坐席上。不要注视他人的睡前准备和睡相等。

案例 10-1

A君是某公司的销售人员,乘火车到外省某公司洽谈一笔生意。火车上人很多,A君感到很疲惫,就将腿伸到过道上,整个人歪在座位上睡了起来,他的头一会儿便歪在旁边一位女士的身上。那位女士很不好意思,不断地移开自己的身体。看着他熟睡的样子和听着他发出的呼噜声,邻座的乘客都觉得很可笑。等他睡醒以后,又打开MP3旁若无人般地听起音乐来了,嘴里还跟着音乐哼哼,声音很大,并取出香烟,开始吞云吐雾。邻座的乘客不禁皱起了眉头。

(6) 用餐要文明。在餐车用餐时，如果人数过多，应耐心排队等候。在用餐时，应节省时间，不要大吃大喝，猜拳行令。用餐完毕，应立即离开。

在车厢用餐时，一般情况下不能要他人的东西吃，他人请自己品尝时也应婉言谢绝。尽量不要在车上吃气味刺鼻的食物。吃剩的食物应妥善放好或丢到垃圾箱。公用茶几上不要过多地堆放自己的食物。

(7) 下车要礼貌。到达目的地后，拿好自己的物品，有礼貌地与邻座旅客道别，有序下车。与人同行，通常由位卑者先下车，位尊者则应当后下车。

2. 乘坐飞机礼仪

随着经济的发展，许多商务人士需乘坐飞机商务旅行。在乘坐飞机时，必须认真遵守乘机礼仪，不仅要在空中旅行时保持良好的形象，避免出现尴尬局面，更重要的是维护乘机安全。

(1) 登机前要耐心办理手续。无论是乘坐国内航班还是国际航班，都必须办理乘机手续。在世界各国，乘机者在办理登机手续之后，还必须接受例行的安全检查，此后方可登机。在进行安全检查时，每位乘客都要通过安全门，而其随身携带的行李则需要通过监测器。如有必要，安检人员还有可能对乘客或其随身携带的行李使用探测仪检查或者手工检查。在接受此类检查时，乘客要予以谅解，耐心等候，主动配合。

(2) 乘机时应尊重乘务员。上、下飞机时，乘务员都会站在机舱门口迎送乘客，乘客应表示感谢或点头示意。飞行中，如果需要服务，可按头顶上的呼唤按钮或向乘务员招手示意，接受服务后要有礼貌地致谢。为了保证飞行安全，乘客应在乘务员的指点下，按规定系好安全带。在乘机过程中，对乘务员的服务要给予配合。

(3) 乘机前认真收看飞机安全设备知识。在飞机起飞前，所有客机均会由客舱乘务员或通过播放电视录像片，向全体乘客介绍氧气面罩、救生衣的位置及正确的使用方法，以及机上紧急出口所在的位置及疏散、撤离飞机的办法。在每位乘客身前的物品袋内，通常还会备有专门介绍上述有关内容的图示。对此一定要细心观看，认真阅读，并且牢记在心。

(4) 飞机飞行期间，牢记并遵守各项有关安全乘机的规定。当起飞或降落时，一定要自觉地系好自己的安全带，并且收起自己所使用的小桌板，同时将自己的坐椅调直。当飞机受到高空气流的影响而发生颠簸、抖动时，也要将安全带系好。在飞行期间，不得使用移动电话、手提电脑、激光唱机、微型电视机、调频收音机、电子式玩具、电子游戏机等电子设备。对飞机上的一切禁用之物不要乱摸乱动，否则可能危及自己和其他乘客的生命安全。

案例 10-2

老张第一次搭乘飞机出差，从北京到成都。飞机起飞之后，他突然想起有些工作上的事情还要跟公司同事交代一下，于是拿出了在起飞时空乘人员提示关掉的手机，打开准备给公司打电话。旁边的乘客看到他的行为，吓出了一身冷汗，在反复劝阻无效的情况下通知了空乘人员。老张非常生气，在空乘人员的教育下仍然不关手机，最终机组空乘人员为了保证其他乘客的安全强行没收了他的手机。

（5）飞机上应以礼律己、以礼待人。上、下飞机及使用卫生间时要注意依次而行。在机上放置自己随身携带的行李时，与其他乘客要互谅互让。在属于本人的座位上就座，就座时可以向旁边的乘客点头示意。在自己的座位上就座时，要保持自尊。与他人交谈时，说笑声切勿过高。万一晕机呕吐，务必使用专用的清洁袋。

（6）停机后带好随身携带的物品。国际航班上、下飞机后需办理入境手续，通过海关后便可凭行李卡认领托运行李。许多国际机场都有传送带设备，还有机场行李搬运员可协助乘客，但要给一定小费。

10.2　商务旅行住宿礼仪

酒店是为商务人士提供住宿和餐饮服务的场所，常被称为"家外之家"。身居酒店，要自觉遵守酒店的规章制度，做一个有礼貌的客人。

10.2.1　预约与登记入住礼仪

1．预约礼仪

在信息高度发达的今天，预订酒店的方式有很多，如电话、网络、信函、电传都是可以的，但最常用的还是电话预订。在确定要入住的酒店后，拨打酒店的电话，告知入住和停留的时间、入住的人数、房间的类型、申请住房人的姓名及房费。万一比预定时间晚到，应尽快打电话通知对方，否则预定就会被取消。如果对房间有什么特殊要求，也应该在预约时提出，这样可使入住酒店后更加称心舒适。

2．登记入住礼仪

到达预约的酒店后，首先应该到前台登记。如果行李过多，门童会帮助客人搬运行李，礼貌地表达谢意后便可登记入住。如果前面有正在登记的其他客人，应该静静地按顺序等候。注意应与其他客人保持一定距离，虽然不必排成一队，也不能毫无秩序或采取任性无理的态度。入住酒店要出示身份证或其他证件，如结婚证或护照等。办理完入住登记、领取房门钥匙后，便可到客房休息。在前台登记或咨询问题时，要表现得友好而有耐心。

10.2.2　客房住宿与离店礼仪

1．客房住宿礼仪

客房，是客人付费享用的，主要用做休息的房间。客人在客房内休息时，虽然拥有极大的个人自由，但是依然不能忘乎所以、随心所欲。在客房内应当遵守的礼仪主要有以下几个方面。

（1）爱护客房内设施。酒店客房内备有供旅客生活使用的各种常用物品，如桌、椅、灯具、电视、空调及盥洗用具等设施，使用时应予以爱护，如不慎损坏应主动赔偿。故意破坏房内物品或把房内不属于自己的东西带走等行为都是违背社会公德的不道德行为。

（2）注意内外有别。室内着装，可相对随便。走出客房后，则应衣着整齐，不可穿着背心、短裤、睡衣、拖鞋等在走廊或酒店内外的公共场合游逛。不可窥视他人居住的房间。如同室还有其他客人，出入房间应随手关门。休息的时候，可在门外悬挂特制的"请勿打扰"牌子。

（3）保持房内卫生。在客房内衣物和鞋袜不要乱扔乱放。废弃物应投入垃圾桶内，也可放到茶几上让服务员来收拾，千万不要扔进马桶里，以免堵塞。吸烟者不要乱弹烟灰、乱抛烟头，以免烧坏地毯或家具，甚至引起火灾。出门擦鞋应用擦鞋器，用枕巾、床单擦鞋是不道德的行为。

（4）不要影响他人休息。到别的房间找人，应轻摁门铃或轻敲房门。开关门时，动作要轻，声音要小。不要在房间内大声喧哗或举行吵闹声较大的聚会。晚间看电视也应尽可能放小音量，以免影响其他客人。在走廊里说话、走路也应注意不要发出太大的声音，夜深时更应如此。

（5）尊重服务人员的劳动。酒店内的服务一般都是比较周到的，服务人员会每天按时打扫房间，整理床铺，洗刷脸盆、浴缸等。当服务人员来房间送水或打扫卫生时，要起身相让。服务人员离去时，应表示感谢。当遇到一些特殊情况，比如，有客人来访而服务人员恰好来打扫房间时，如果觉得不方便，可以有礼貌地请服务人员稍过一会儿再来打扫。

（6）注意安全。入住酒店，进入客房后应先阅读房间门后消防逃生路线图，熟悉所在房间的位置和逃生楼梯的方位。之后，要查看一下窗户和侧门是否锁好。如果酒店员工无法将侧门锁好，可以要求换一个房间。不要把钱或贵重物品留在房间里，要把护照、重要文件等都锁在酒店的保险箱里。在房间时，把门关好并上好锁。除非在等人，否则不要开门；开门前要先问一声，或从窥孔查看一下来人是谁。如果对方宣称自己是酒店员工，但你有其他考虑，可以给前台打电话进行核实。房门钥匙要随身携带。

2．离店的礼仪

结账离店是客人和酒店的最后一次接触，要给人留下一个完美的印象。在准备走之前，可以先给前台打个电话通告一声，如果行李很多，可以请前台安排一个人来帮忙提行李。不要从酒店拿走毛巾、睡衣或其他物品。如果想要些纪念品的话，可以到酒店的商店里看看。如果不小心弄坏了酒店的物品，要勇于承担责任加以赔付。结完账，礼貌地致谢并道别。

10.2.3　付小费的礼仪

由于世界各地付小费的方式和数额都不相同，因此初到一个地方，有必要先通过询问或参阅有关资料了解当地付小费的方式和比例，这样在付小费时才能得心应手。在国内，付小费的现象并不普遍。我们一般认为，小费已经包含在所付的费用中，不用另行付给。但是，商务人士如出过国大概都有这样的体会：你可以不买东西，但不能不给小费。可见，在国外，付小费是非常重要的。

1．付小费的数额

小费付多少合适，的确是件费心劳神的事，但既然是小费，其数目当然不必太大。一般情况下，只要按实际消费数额的 10%~15%付小费就可以了。小费的数额有时也是约定俗成的。比如在美国，一顿早餐需付小费 25 美分；在高级旅馆住宿，每天要付给清洁工 2 美元；在实行统一收费的机场、火车站，每拿一件行李，付给搬运工 35 美分。当然，也要看服务的数量而定。比如，搬运行李的搬运工人搬运一件行李与一件以上行李的小费是有所差别的。这里需要指出的是，当面付小费时最忌付硬币，那会让人觉得你很不尊重他。

2．付小费的场合

抵达酒店，对帮客人开关汽车门和搬送行李的服务员，都应酌情付些小费。如果要求服务员将早点茶、饮料等送进房间享用，应适当付些小费。打扫房间的清洁工也要给小费。

3．付小费的方式

在不同的场合付小费的方式也不相同。如果是给打扫房间的服务生小费，只要在离开房间时放在显眼的位置即可，切忌放在枕头底下，那样的话会被服务生认为是客人自己的东西。倘若当面付小费给行李员，最好是与他握手、表示感谢的同时将小费暗中递给他。如果是在酒店，可以将小费直接塞在服务员手中。但最好的方式是在付款时，只将找回来的整票收起，零钱不收，就算付小费了。付小费要若无其事地给，这样才表示尊重。

10.3 舞会礼仪

10.3.1 舞会礼仪的概念

在商务活动中，舞会是用来酬宾交友的好形式，既可以作为专项活动，也可以作为正式紧张的商务活动必要的补充和调节。它一般是指以参加者自愿相邀共舞为主要内容的一种文娱性社交聚会。商务人士参加舞会既可以自娱，也可以娱人。在良好的舞会氛围中，商务人士不仅身心可以放松，同时在跳舞的过程中可以联络感情，不仅保持与老朋友的友情，还可以结识新的商务伙伴，进一步扩大自己的交际面。

在组织或参加舞会的时候，必须注重礼仪。舞会礼仪并没有严格的明文规定，往往都是人们约定俗成的。组织舞会和参加舞会，一般应注重以下礼仪。

10.3.2 舞会的组织礼仪

要使一场舞会获得成功，必须精心组织，力求气氛热烈而又不失优雅。组织舞会的礼仪一般应注重以下几方面内容。

1．确定来宾名单

比较正式的舞会或家庭舞会首先应考虑的是邀请哪些人员来参加舞会。因为舞会的举行不是随心所欲的，总是基于一定的事由或目的。事由或目的不同，要邀请的来宾也就不同。这关系到舞会组织的各个方面。另外，交谊舞一般是男女相伴而舞的。组织者应事先考虑来宾的男女比例，根据需要有意安排一定数量的伴舞人。

2．选择舞会时间

舞会举办时间涉及两个问题：时机和长度问题。举办舞会，通常都要"师出有名"，给对方一个参加的理由。例如，可以借助庆祝生日、欢度节日、招待贵宾等名义向相关人员发出邀请。这些都是举办舞会的较佳时机。而舞会持续的时间（长度）问题应当考虑各种因素，适当把握。最主要的是，不要因此影响工作和生活及令人极度疲乏。正常情况下，舞会最适合傍晚举行，最好不要超过午夜。一般来说，2~4小时为最佳长度，既不要太短让人意犹未尽，也不要太长使人产生疲惫和厌烦心理。

3．选择舞会场地

一般举办小型舞会可以选择自家的客厅、庭院或公园、广场。举办大型舞会则通常采用租用的形式选择合适场地，可以考虑营业性舞厅或宾馆酒店的大型会议室等。无论选择自己的场地还是租用场地都要考虑参加舞会人员的身份和人数。因为舞场的大小，应与客人多少相适应。除此之外，交通、安全问题及档次和气氛是否适宜举办舞会，能否取得预期效果等同样是选择场地要考虑的重要因素。

4．邀请舞会来宾

确定好来宾名单，定好时间、场地之后，组织者应尽快以适当的形式向来宾发出邀请。根据不同情况，可以通过口头、电话或书面等方式邀请来宾。一般为表示尊重和重视，常常选择书面邀请，给每个被邀请者发一个请帖。请帖上应注明开舞会的时间、地点和要参加的人员。最好简要说明开办舞会的事由或目的。为了让被邀请者提早安排和准备，最好能提前一周让来宾收到邀请。

5．布置舞会场地

舞场的布置要突出欢快、热烈的气氛，又不失典雅、大方的格调。如果是专场舞会，应在舞场周围张贴"欢迎"字样，以示主人热情友好之意。舞场周围摆放足够的坐椅，以供来宾在跳舞间隙就座。备好饮料、水果等。舞场地面要干净平整。场地空间可用彩色花环、飘带、彩灯等加以装饰。灯光的亮度及颜色应调整好，既不能太亮，也不能太暗。太亮了影响气氛，太暗了容易使人感到压抑。还要准备好音响和音乐，如果条件好的还可以请乐队来演奏。

6．招待舞会来宾

舞会要准时开始。一般较为正式的舞会上还会有统一服装或佩戴统一标志的年轻男女服务人员。他们负责来宾的招待迎送工作，为来宾提供周到而必要的服务，以及与没有舞伴的来宾共舞等。

7. 舞会主办礼仪

舞会的主持人或主人除了要尽量布置好舞场、控制场内的气氛、使整个舞会自始至终地保持热烈欢快的气氛和文明优雅的情调外，还要在舞会进行中注意以下礼仪。

（1）适当化妆。

（2）对主要客人可适当安排舞伴，轮流邀舞，使其尽兴。在安排舞伴时要考虑双方的个子高矮是否合适、性格是否相近等因素。在第一支舞曲开始时，作为女主人应该带头先下舞池。以后，每一支舞曲，女主人都应该轮着去跟所有的男性朋友跳舞，主动地或答应朋友的邀请。舞会开始时，如果迟迟还未有男士去邀请女士起舞，男主人就必须负起这个责任，轮流去邀请座中任何一位女士起舞。当第二支舞曲奏起时，男、女主人发觉有的来宾没有被邀请起舞。这时男主人或女主人就应该承担起这个责任与之共舞。舞会在进行过程中，如果所有的宾客都一一起舞，为了使舞池不致太拥挤和做好舞会服务工作，男、女主人应该从舞池中退出来。

（3）舞曲是舞会的导向和灵魂。好的舞曲是营造高雅、快乐气氛的保证。舞会组织者可根据主要来宾的素质、年龄、喜好等特点选择舞曲，不同舞步的舞曲穿插播放。具体选择上，舞曲要符合大多数来宾的需要，既要选择一些民族乐曲或世界名曲作为伴奏曲，也要选择一些受大众欢迎的流行乐曲作为伴奏曲，以提高共鸣度。各种舞步的舞曲要穿插播放，有"快"有"慢"，一张一弛，各取所需。舞曲的音量要适中，不宜过大或过小。舞曲的数量应与舞会所定的长度保持一致。

（4）保证好饮料、点心和果品的适量供应。可以按桌定量供应，也可以采取自助形式。

（5）安全保卫工作。舞会从开始到结束，都要做好安全保卫工作。安排专人把门，闲散人员、衣冠不整者谢绝入场；当发现个别舞客举止不轨时，应由保安人员劝阻或劝其退场。有专人保管舞客的衣服、财物，严防发生来宾财物丢失等不愉快的事件。在舞会进行过程中应尽量避免发生打架斗殴、盗窃等事件的发生，确保舞会的正常进行，防止因一点小事而导致舞会不欢而散。总之，舞场的气氛要尽量热烈欢快，但是舞风必须端正。

10.3.3 参加舞会的礼仪

参加舞会，应注意自己的身份，遵循一定的礼节，表现符合自己身份的文明与高雅，在舞会中树立自己的良好形象。

1. 做好准备

当接到邀请时，如无特殊情况，应愉快地接受，并明确告知邀请者是否应邀前往、是否带舞伴参加等情况。如遇特殊情况不能前往，应向主人说明理由。舞会参加者应讲究仪容仪表。级别较高的舞会在请柬上通常会注明男女宾服饰要求。一般的舞会，也要注意自己的服饰，使之端庄得体、落落大方。

一般而言，男士宜穿西服套装或长袖衬衫配长裤，也可着其他礼服。女士要化妆，并注意发型，衣着可华贵些，但要注意得体，可以穿质地讲究的晚礼服，也可以穿裙装代替，配以合适的首饰。要系好衣扣。仪容方面，舞会的参加者均应沐浴，并梳理适当的发型。男士务必剃须，女士在穿无袖装时须剃去腋毛。注意个人口腔卫生，认真清除口臭，并禁食气味刺激的食物。感冒患者及其他传染病患者，应自觉地不参加舞会。参加舞会前饮食要合理，过饥、过饱都不适宜参加舞会。如遇身体不适，这时不要带着病倦的身体勉强参加舞会。刚学跳舞的同志，下舞场前最好多学几种舞步，否则会影响别的舞伴跳舞。另外，不要在舞场学舞步，这样会影响对方的情绪。

课内实训

小李是一位很帅气的小伙子，而且穿着也很时髦。一次周末，本单位举行舞会，他穿着一件很漂亮的大衣来到会场。舞池里人们都在翩翩起舞，小李兴致顿浓，便含笑邀请旁边的一位小姐跳舞。那位小姐看了他一眼，很礼貌地拒绝了他，接着小李又邀请了两位小姐跳舞，结果均被拒绝。小李一时感到特别郁闷，不知道如何是好。分析思考，为什么三位小姐均拒绝他的邀请？

2. 把握时间

一般的舞会都要注明舞会持续的时间，而不限定参加者到场和离去的时间，不要求正点到达和结束后才可离去。但参加者为了表示对主人的尊重和对舞会的支持，应尽量早些到达，结束时再离去。

3. 步入舞场

一切准备妥当之后，应主动相约、文雅大方地步入舞场。步入舞场脚步要不快不慢。入场时要向舞场保安人员点头示意，或出示入场券。进入舞场后，应主动与主持者及周围熟悉的客人打招呼，并在指定的区域就座。待舞曲响起时，应主动邀请舞伴，相伴而舞。

4. 邀舞礼仪

正式的舞会，第一支舞曲是主人夫妇、主宾夫妇共舞；第二支舞曲是男主人与女主宾，女主人与男主宾共舞。接下来，男主人须依次按照礼宾顺序，邀请其他男宾的女伴共舞，而这些女士的男伴应同时邀请女主人共舞。男宾也应主动邀请女主人和主人方的其他女士共舞。就来宾方面而言，有一些女士是男宾应当依礼相邀的，主要包括舞会的女主人、被介绍相识的女士、碰上的旧交的女伴、坐在自己身旁的女士。

男女结伴参加舞会，依惯例第一支舞曲应一起跳，舞会的最后一支舞曲，如有机会两人也应同跳。但是整个舞会，同跳应以两次为限，不能够两人从舞会开始一直跳到结束，而应有意地交换舞伴，以扩大自己的交际面。

邀请时，男士可步履庄重地行至拟邀舞的女士面前，向女士点一下头或施半鞠躬礼，并向女士轻声邀请："可以请您跳舞吗？"如女士身旁有男伴或家长，应先向其男伴或家长点头致意后，再向女士发出邀请。女士受到邀请后，一般应马上起身，同邀舞者一起步入舞池共舞。舞曲结束时，男士应将女士送回原来的座位，并说声"谢谢，再会"，然后离去。切忌在跳完舞后，不予理睬。

邀请舞伴时，通常是男士邀请女士，女士如不同意，可以拒绝；也可以女士邀请男士，男士一般不得拒绝。在较正式的舞会上，尤其是涉外舞会上，同性之间不应相邀共舞。两位女士共舞意味着她们没有舞伴，迫不得已，等待着男士相邀；而两位男士共舞，则意味着不愿意邀请在场的女士，是对女士的不尊重。

邀舞者应彬彬有礼，谦恭自然，受邀者应落落大方，不能紧张和做作。不论是男士或女士，如果一个人单独坐在远离人群的地方，别人就不要去打扰。但如果她是坐在一群人的中间，则可以邀请她跳舞。

5. 谢绝邀请的礼仪

舞会上，被人邀请跳舞是受到尊重的表示，无故谢绝男士的邀请是失礼的。女士不愿意接受对方的邀请也可谢绝，但要注意用委婉的口气，例如，可以说："对不起，我想休息一下。""对不起，这支舞曲我不太会跳"。被拒绝后，男士应礼貌退下。已经婉言谢绝别人的邀请后，在一曲未终时，女士不宜再同别的男士共舞，因为这样做对前一位男士是极不礼貌的。曾被拒绝过的男士再次前来相邀时，如无特殊情况，不应再次拒绝。其他男士邀请自己带来的舞伴跳舞，不能代女伴回绝。如果同时有两位男士去邀请一位女士共舞，通常女士最好都礼貌地拒绝。如果已同意其中一方的邀请，对另一方则应表示歉意，应礼貌地说："对不起，只能请您跳下一曲了。"

6. 舞姿与风度

舞姿应力求标准正确，端正大方和活泼自如，动作协调舒展，和谐默契。整个身体应始终保持平、正、直、稳，无论进退，还是向前、后、左、右方向移动，都要掌握好重心。

一般是男子用右手扶着女士腰肢，手掌心向下向外，用右手大拇指的背面轻轻地将女士挽住即可。男方的左手应让左臂以弧形向上与肩部成水平线举起，掌心向上，拇指平展，只将女伴的右掌轻轻托住。女伴的左手应轻轻放在男方右肩上。

跳舞时，双方不能握搂得过紧，有些舞蹈动作须握搂时，也应一动而过。一曲终了，双方应立即分开，缓缓退出舞池，切不可继续共舞或搂扶。

跳舞的风度，主要是指舞者的舞姿和表情等方面表现出来的美。跳舞中，男女双方都应面带微笑，神情姿态轻盈自若，给人以欢乐感受；表情应谦和悦目，给人以优美感。说话声音要轻细，只要对方听到即可。舞姿要端正、大方和活泼，动作要协调舒展，给人以和谐感。女士跳舞时态度固然应和蔼可亲，但却不能乱送秋波，有失稳重。即使是热恋中的一对，也不宜过分亲昵，因为这对周围的人来说是不礼貌的。

此外，参加舞会要注意自己的言谈举止，做到讲文明有礼貌。比如，要维护环境的卫生和良好的秩序，不乱扔果皮纸屑，不吸烟，不在舞场高声喧哗，不在舞池随意穿行等。

要尊重舞会的举办者，不要随意贬低、批评或要求更改活动安排和舞曲。

7. 礼貌退场

当音乐停止，主持人宣布本次舞会结束时，要听从安排，按时结束。向主人道别后，将衣帽穿戴整齐，然后退出舞场。

总之，在组织或参加舞会的时候，必须注重礼仪，否则会给人以没有知识、缺乏修养、不懂礼貌的感觉，损害自己在公众中的形象，起到相反的作用。

知识测试与技能训练

1. 知识测试

（1）舞会参加者个人有哪些礼仪方面的要求？
（2）乘坐轿车的座次礼仪是什么？
（3）商务旅行中的住宿礼仪有哪些？

2. 技能训练

项目1 角色扮演

情景设定：一次旅行期间，当张经理办理离店结账手续时，使用的一张纸币通过验钞机时多次报警，被总台服务员误以为是假币，按规定就要予以没收。张经理确信该纸币并非假币，该纸币也确实并非假币，身旁和身后还有许多刚刚认识的一起参加会议的其他宾客也在办理离店手续……假如你是该服务员在很难凭借自身经验判别纸币真假的情况下，你会如何处理此事。假如你是张经理，你会如何处理此事。

训练目标：口头与文字表达能力，信息整合能力，公关礼仪意识，危机公关意识和能力。

训练方案：随机抽选几位同学，两两分组，分别扮演服务员和张经理，演示处理这一事件的方式方法。然后由老师引导全班同学分析总结这几组同学处理这一事件过程的优缺点及需要改进完善的方面。

测评要点：表述逻辑条理，用语规范不俗；普通话标准规范，声音洪亮清晰；举止优雅端庄，表情自然亲和，礼仪规范应景，引起共鸣。

项目2 案例分析

某公司的吴先生年轻能干，点子又多，很快引起了总经理的注意，拟提拔为营销部经理。为了慎重起见，总经理决定对吴先生再进行一次考察。恰巧总经理要去省城参加一个商品交易会，需要带两名助手，于是，总经理选择了公关部杜经理和吴先生。吴先生也很珍惜这次机会，想找机会好好地表现一下。出发前，由于司机小王乘火车先行到省城安排一些事务，尚未回来，所以，他们临时改为搭乘董事长驾驶的轿车一同前往。上车时，吴先生很麻利地打开了前车门，坐在驾车的董事长旁边的位置上。董事长看了他一眼，但吴先生并没在意。在上路后，董事长驾车很少说话，总经理好像也没有兴致，似乎在闭目养神。为活跃气氛，吴先生寻了一个话题："董事长驾车的技术不错，有机会也教教我们。如果都自己会开车，办事效率肯定会更高。"董事长专注地开车，不置可否，其他人均无反应。

第 10 章　商务旅行与舞会礼仪

吴先生感到没趣，便也不再说话。一路上，除董事长向总经理询问了几件事，总经理简单地做回答后，车内再无人说话。到达省城后，吴先生悄悄问杜经理：董事长和总经理好像都有点不太高兴？杜经理告诉他原委，他才恍然大悟："噢，原来如此。"

会后从省城返回，车子改由司机小王驾驶，杜经理由于还有些事要处理，需在省城多住一天，同车返回的还是四人。这次不能再犯类似的错误了，吴先生想。于是，他打开前车门，请总经理上车，总经理坚持要与董事长一起坐在后排，吴先生诚恳地说："总经理，您如果不坐前面，就是不肯原谅来时我的失礼之处。"坚持让总经理坐在前排才肯上车。回到公司，同事们知道吴先生这次是同董事长、总经理一起出差，猜测肯定要提拔他，都纷纷向他祝贺，然而，提拔之事却一直没有人提及。

分析思考：本次晋升机会被错过的原因是什么？

第 11 章 商务求职礼仪

学习目标

了解书面求职材料的内容；掌握撰写求职信、个人简历的技能；熟悉电话求职的礼仪规范；熟知面试中的礼仪要求；熟悉面试前的礼仪准备和求职后续礼仪工作。

任务驱动

某企业到某高校招聘文秘职员。成绩优秀的张丽为使求职成功，提前一天用一个月的生活费到美发店做了一个最新潮的发型，到学校附近的商场购买了一件虽然廉价但款式新潮的长裙，并请寝室的同学帮助化了浓妆前去面试。结果面试官见了，却说："打扮得不像学生，让人看着有点别扭！"张丽落选了。为什么张丽精心打扮却还落选了呢？

11.1 书面求职与电话求职礼仪

11.1.1 书面求职材料

书面求职是求职最常见的形式。一个求职者不管通过什么途径求职都需要一份介绍自己的书面材料。大部分用人单位安排面试的依据是阅读有关毕业生情况的书面材料。书面求职是一份写在纸上的"自我介绍"，但能以无声的语言起到自我宣传、自我推销和说服用人单位的作用。因此，撰写有说服力并能吸引用人单位注意力的书面资料是赢得竞争的第一步。

社会待业人员的求职材料一般包括求职信、个人简历、各种证件、证明求职者专业水平的作品等内容。

应届大学毕业生求职，除提交上述材料外，一般还需提交教育管理部门统一印制的毕业生推荐表。毕业生推荐表是学校发给毕业生填写的并附有院（系）及学生就业指导中心书面意见的推荐表格，是学校正式向用人单位推荐毕业生的书面材料，具有较大的权威性和可靠性。毕业生应认真填写，字迹要工整、清晰、整洁。在此只重点介绍求职信与个人简历的礼仪。

11.1.2 求职信礼仪

求职信是针对特定的招聘单位写的信函。写好求职信是敲开职业大门的重要步骤。在求职信中要集中突出个人特征与求职意向，书写清晰、简明，态度诚恳，用语得当并能有效打动招聘者的心。

1. 求职信的格式

求职信是个人求职意愿的书面反映，没有严格而固定的统一模式，但典型的求职信一般分为三个部分：一是开篇部分，简要说明写信的目的；二是主体部分，重点阐述所具备的谋职资格和工作能力；三是结尾部分，请求对方给予面谈机会。

下面就是一则典型的求职信。

例文　求职信

××经理：

　　您好！长期以来我一直期望能有机会加入贵公司，荣幸地成为贵公司的一员，近日在招聘网站得知贵公司的招聘信息，心里十分高兴。给您写此信的目的是希望应聘贵公司的经理助理职位。

　　两年前我毕业于首都经济贸易大学国际经济与贸易专业，在校期间学习了国际贸易实务、国际商务谈判、国际商法、经贸英语等专业课程。毕业后，就职于太原市一家外贸公司，从事市场助理工作，主要是协助经理制定工作计划、开展一些外联工作及公司文件、档案的管理工作。本人具备一定的管理和策划能力，熟悉各种办公软件的操作，英语熟练，略懂日语。我深信可以胜任贵公司的经理助理一职。个人简历及相关材料一并附上，真诚希望能尽快收到您发给我的面试通知，我的联系电话：××××××××××××。

　　感谢您阅读此信并考虑我的应聘要求！

　　此致

敬礼！

您真诚的朋友：×××
×年×月×日

（1）开头部分。求职信的开头由称谓、问候语、缘由和意愿等组成。

称谓即招聘单位全称或招聘单位主管人员的姓名及其职位。

问候语一般写：你好或您好。

缘由和意愿要根据具体情况来写。通常向某个单位发出的求职信的动因不外乎两种：一是看到用人单位的招聘信息而求职的，可称之为"应征性求职"；二是没有看到招聘单位的招聘信息直接向招聘单位申请的，可称之为"申请性求职"。

在写求职的缘由和意愿时，应征性求职首先说明是在什么地方看到了该单位的招聘广告，然后说出对该工作的兴趣，并肯定能满足招聘广告中提出的各项要求。例如："本人看到贵公司在2009年3月1日《××晚报》上刊登的招聘广告，并对英语翻译一职其感兴趣。我曾赴美留学3年，有较强的听、说、读、写能力，并能熟练运用中、英文电脑工作，相信自己能够为贵公司做好这项工作。"

申请性求职信，开头可直接写这封求职信的具体目的，表明你想寻找什么类型的工作和自己所具备的从事这项工作的知识和能力。

常见的求职信的开头方法有以下三种：一是赞扬招聘单位近期取得的成就或发生的重大变化，表明自己渴望加盟的愿望；二是表述自己的特长和能力；三是先说明招聘单位要求有哪些技能，然后陈述自己的工作能力，表明你有足够的能力做好此项工作。

（2）主体部分。求职信的主体部分要概述自身所具有的对目标工作有用的知识和技能，主要包括求职资格、工作经验、相关社会活动经历和个人素质等内容。

（3）结尾部分。结尾部分主要是请求招聘单位做出进一步的反应，给予面谈的机会。写作口气要自然，不可强人所难。例如，你可以建议如何进一步联络，留下可以随时联系的电话或地址。当然如果能对阅信者表示感谢，效果会更好。现在许多公司招聘任务是十分繁重的，招聘者每天要阅读大量的简历，一句关切的问候会给人留下很深的印象。

2. 撰写求职信的礼仪

（1）书写规范。一要字迹清晰；二要内容正确；三要格式标准；四要通篇整洁。

（2）言简意赅。求职信其实是一种自我介绍信，求职时要把重点放在自我介绍和推荐上，与此无关的话题越少越好。在求职信中要重点突出背景材料中与未来雇主最有关系的内容。通常，招聘者对与其企业有关的信息是最敏感的，所以要把自己与企业和职位之间最重要的信息表达清楚。也就是说，求职信要短，但一定要引人入胜，吸引招聘者继续看下去。

（3）谦恭有礼。从求职信中看到的不只是一个人的经历，还有品格。求职信按规矩要采用书面语言，字里行间要体现自谦与敬人。一份好的求职信不仅能体现求职者清晰的思路和良好的表达能力，还能考察求职者的性格特征和职业化程度。所以，一定要注意措辞和语言，写完之后要通读几遍，精雕细琢，切忌有错字、别字、病句及文理欠通顺的现象发生。否则，就可能使求职信"黯然无光"或带来更为负面的影响。

11.1.3 个人简历礼仪

个人简历主要是简要介绍自己以往学习、生活、工作的基本情况，是求职者自我评价和认定的主要材料。

个人简历有表格式和行文式两种形式。这两种形式的简历，在内容上都是自己的基本情况和以往的经历，都应注意时间上的衔接，一般不要出现时间上的空当。表格式简历一般只要依据表格内容依次填写即可。时间上要依照先后顺序，不可轻易颠倒。行文式简历是以行文形式介绍自己，可以更为详细地介绍个人情况。

简历是求职者的脸面，文如其人，招聘单位通常会以简历为窗口判断是否向求职者发出面试通知。一份简历的成功不仅取决于你说了什么，而且取决于你怎么说。与众不同的简历是获得面试的一种有效方法。

第 11 章 商务求职礼仪

知识拓展 11-1

撰写个人简历技巧

1. 个人简历中，短句永远比长句有效。
2. 简历越完整，面试概率越高。
3. 定制多份简历，可提高跳槽成功率。
4. 大方得体的求职信会引起招聘单位的注意。
5. 经常更新简历，能让招聘单位或猎头更容易找到你。
6. 标准简历能更快更安全地到达面试官手里。
7. 清晰简明的自我评价会俘虏招聘经理的心。
8. 及时更新联系方式，好机会才不会错过。

1. 个人简历的格式

个人简历一般可分以下三个部分来写。

（1）介绍个人概况。这个部分要求把自己的基本情况做一个概括性的介绍。一般用明了的格式、简洁的语言说明个人的情况，主要内容包括姓名、性别、民族、政治面貌、籍贯、学历、通信地址、联系方式及求学和工作经历等。

（2）说明本人求职目标，陈述求职资格和工作能力。求职目标，即求职者所希望谋求的工作岗位，此项可用一句简短、清晰的话来说明。求职目标要充分地表明你在该项目方面的优势和专长，尽可能把选择放到一个具体的部门，以免降低录用的机会。

求职资格和工作能力是个人简历中的重要部分，具有相当的说服力。因此陈述的语气要积极、坚定、有力，列举的事例要有一定的说服力，不要让人产生疑问。这部分包括学历、工作经历及相关的资料信息。

如果是应届毕业生，受教育的经历就是主要优势。首先，按顺序列出初中至最后学历每一阶段的起止日期、学校名称、所学专业、各阶段证明人。某阶段如担任学生干部职务，可一并列出。其次，列明所参加的与求职目标相关的各种教育和训练及取得的成绩。最后，要写明在上学期间所取得的各项奖励和荣誉。除此之外，上学期间实习和兼职打工的经历也要一一写明。在校期间，参加组织的各项社会活动，对于一个学生来讲，无疑是一笔相当丰厚的财产。它可以表明你的组织能力、交际能力、创造能力等综合素质。写好这项内容，充分得体地表现自己，会为求职的成功助一臂之力。

如果是再就业，工作经历则是谋职的主要优势，对工作经历的陈述要作为重点。陈述工作经历一定要真实全面，按时间顺序把每一阶段的工作情况列出，包括工作单位、工作起止时间、工作部门、具体的工作岗位、取得的工作成绩等内容。填写时需要注意以下几方面事项。

①工作单位。一般情况下应翔实填写，如果不方便透露可标明"个人资料敬请保密"，仅说明目前工作单位性质，如"省级中学"、"广告公司"等。

② 工作部门。要说明具体的工作性质、职责和职务，不要过于笼统，如"市场营销部"就不如"推销员"给人的印象清晰明了。不要过分把你的工作说得比实际更重要，以免有

浮夸之嫌。

③ 工作成绩。在工作中取得的任何成就都很重要，因为这是展示个人能力的重要筹码，用人单位看得最多的也是这一部分。表述时在修辞方面要多用职业化的动词开头，如"节省了开支"、"增加了收益"、"设计了新产品"、"拓展了市场"等。如果有其他专长，就应当说明这个专长对目标工作的作用，也可以增加获取工作的机会。如英语水平，可以填通过四级还是六级，实际运用能力如何；计算机操作技能，可以填写掌握了何种软件和操作系统，取得了哪个等级；其他如写作能力、书画特长、公关社交等专长均可简略说明。

(3) 附参考性资料。为增加简历的真实性，可在结尾附上能够帮助谋职成功的相关证件和资料，如毕业证、各种奖励证书、外语水平证书、各种技能等级证书、职业资格证、科研成果证明、专利证书、设计作品、发表的文章、主要社会活动兼职聘任书，以及专家、教授、权威人士、原单位领导的推荐信等。

2. 个人简历的注意事项

简历看上去要让人感到简单、愉悦。招聘者面对众多的简历是不可能都仔细阅读的。你的简历内容最好简洁、易懂，语言尽量不要过于口语化。一般而言，白纸黑字应该是个人简历的最佳形式。打印排版时，注意间隔及字体的常规性，同时注意语法、标点及措辞，避免错别字的出现。

案例 11-1

大学生活就要结束了，作为商务系的"才子"，方建对那些已经开始着手准备找工作的同学不屑一顾：最后的才是最好的！在班上大部分同学签了就业协议之后，方建才开始行动。他花了三个晚上，写了一份三页的求职信和一份四页的个人简历，经过润色，词句工整，读起来朗朗上口，颇有《少年中国说》的气势。然后，又用整整一天的时间，把求职信和简历进行了精美的设计，最后"不惜血本"用彩色打印机印了20份，用方建的话说："这材料，洋洋洒洒万言，让人看了就不想放下。"可事与愿违的是，20份"精美"的求职材料都寄给了那些他认为比较中意的企业，竟然没有一家企业和他联系。

一份含糊笼统、毫无针对性的简历会使求职者失去很多机会。招聘者希望在你的简历中看到你的经历，进一步来考察你的经验、能力和发展潜力，找到真正的闪光点。在简历中应仔细列出自己的工作经历，在这些经历中积累了什么经验，有什么样的优势，挑选出自己与他人的不同之处，以突出自己特有的优势。招聘者关心主要经历的目的是考察求职者能否胜任拟聘职位，因此，无论是经历还是自我评价，一定要抓住所应聘的职位来写，招聘者只对和招聘职位相关的信息感兴趣。如果你有多个目标，最好写上多份不同的简历，每一份针对不同招聘单位的特点和要求，突出相应的重点。

案例 11-2

市场营销专业的小陈，很早就想加盟惠普公司。他在投寄简历之前，连续一周在中关村几个电子市场销售惠普打印机的摊位前观察，专门询问那些不买惠普打印机人的原因。一周后，他做了个详细的分析报告：调查中有多少人不买惠普打印机？他们的年龄、性别、职业等情况如何？他们认为惠普打印机需要有哪些改进的地方？最后，在长达几页纸的调查报告后面，他标注了一句话：如果想知道详细情况，请与我联系。应聘惠普（中国）有限公司的简历堆积如山，小陈的简历却脱颖而出。他凭着自己对招聘企业的关注而达到了面试的目的，从而迈出了应聘的第一步。

11.1.4 电话求职礼仪

目前，很多时候求职前需要进行电话联系。能不能在求职电话中树立一个良好形象将影响求职者能否进入随后的笔试与面试，因而，打求职电话一定要注意礼仪、技巧。要想在电话中给招聘单位留下良好的第一印象，应做到彬彬有礼、思维敏捷、谈吐清楚、表达准确。具体而言，打求职电话要注意以下几个礼仪规范。

1. 选择通话的时间

求职者应根据受话人的工作时间、生活习惯选好打电话的时间。比如，白天宜在早晨8点以后，节假日应在9点以后，晚间则应在22点以前，中午12点到下午2点之间不要打电话，以免打扰受话人休息。给单位打电话时，应避开刚上班或快下班两个时间。如果在上班后半小时内打求职电话，效果最为理想，这有利于强化记忆和印象。

2. 准备通话的要点

在电话中应该说些什么，一次电话该打多久，打电话前应有"腹稿"，如果怕有遗漏，可以事先拟出通话要点，理顺说话思路，备齐与通话内容有关的资料。电话拨通后，应先向对方问一声"您好"，接着问"您是某某单位吗"，得到明确答复后，再说明自己的身份和意图。接着要用简短的话语描述自己的特长和擅长的技能，扼要地介绍自己的经验，并询问对方是否需要"我这样的员工"。打电话的时间宜短不宜长，每次通话最好在3～5分钟之内。

3. 讲究通话的方式

通话中，不仅要用"您好"、"请"、"谢谢"等礼貌用语，而且要控制语气语调。要态度谦虚，声调温和且富有表现力，语言简洁，口齿清晰。嘴要对着话筒，说话音量不要太大，也不要太小，咬字要清楚，语速比平时略慢一些，语气要自然。当对方不够热情时，打电话时更要注意语气和声调。

4. 倾听电话的内容

打电话时要认真倾听对方讲话，重要内容要边听边记。同时，还要礼貌地呼应对方，适度附和、重复对方话中的要点，要让对方感到你在认真听他讲话，但也不要轻易打断对方讲话。通话完毕要礼貌地说"再见"，切不可突然挂断电话。

11.2 面试礼仪

11.2.1 面试前礼仪

1. 衣着服饰得体

求职者的着装也是给人第一印象的重要内容。着装应尊重社会规范，符合大众的审美观，不要奇装异服。

选择服装的关键是看职位的要求，应聘单位为银行、政府部门时，穿着应侧重传统正规，男士可穿西装、打领带，皮鞋一定要擦亮；女士可穿套裙、淡妆，饰物少而精。应聘公关、时尚杂志、广告公司等单位，则可适当地在服装上加些流行元素，如男士的花格衬衫、鲜艳的领带、适当的饰物等；女士则可适当时尚一些。

在求职面试时男士不应留长发，应修面，可带上公文包或皮夹以随身携带个人资料。

总之，在面试过程中，要留心自己的一举一动，因为不仅衣着、回答，还有身体语言，包括面部表情、姿势、仪态等，都会受到对方的仔细观察，这些决定着你面试的成败。

2. 准时到达

守时是职业道德的一个基本要求，是一个人良好素质修养的表现。所以，面试时一定要准时守信，不仅说明自己的诚意，也是对面试官的尊重。

面试之前一定要知道面试的具体时间、地点，熟悉交通路线甚至事先搞清楚洗手间的位置，了解路途所需要的时间，预计你要到达的时间，以便准时到达。要考虑到途中塞车或迷路等意外情况，可提前 20 分钟或半小时到达。如果一切顺利，则可利用这段时间先熟悉一下环境，稳定情绪，检查仪表，调整心态，做一些简单的准备。如果确有特殊情况不能按时到达，应事先打电话告知面试官，以免对方久等。招聘者是允许迟到的，面试时，也不要因为招聘者的迟到影响情绪从而流于外表。面试也是一种人际磨合能力的考察。得体大方的表现，自然有利于面试的成功。

3. 耐心等候

进入公司前台，要把访问的主题、访问者的名字和自己的名字报上，然后在等候室耐心等候，并保持安静及正确的坐姿。如已准备了公司的介绍材料，则应仔细阅读了解情况。等候时间越久，越要沉稳，不可露出焦急不耐烦的神态，也不要与别的求职者聊天。对接待人员的询问，应礼貌回答，但不要贸然与之闲聊，除非对方在主动问话，以免妨碍他人工作。接待员或秘书的好评也许不能起决定性的作用，但是一个"目中无人、缺乏礼貌"的评价将造成一定的影响。

4. 精心准备

在接到进入面试官办公室通知后，还应再做一些必要的准备工作，如稳定情绪，整理妆容。如果携带物品太多，与面试无关的物品可以委托他人代管，最好不要带进面试办公室。如果随身携带太多物品，会给人留下拖泥带水的感觉，特别应注意将手机调成静音。

11.2.2 面试中的礼仪

1. 敲门礼仪

敲门时应将食指弯曲后敲门,这样发出的声音大小适宜,有一定的穿透力。敲门要有节奏,一般规律是三下一停顿,约停数秒后,对方没有回答,稍加力度继续敲,只有对方请敲门者进门后方能进入。

2. 握手礼仪

面试时若与对方握手,要有感染力。要在面试官的手朝你伸过来之后立即握住它。其正确的方法是:态度要诚恳,双眼直视对方;自信地介绍自己;要使自己的整个手臂呈L形(90°)并有力地摇两下,再把手自然地放下。专业化的握手能创造出平等、彼此信任的商业氛围。你的自信也会使人感到你能够胜任而且愿意做任何工作,这是创造好的第一印象的最佳途径。

3. 距离礼仪

面试时,求职者和面试官必须保持一定的距离,留有适当的空间。如果求职者人多,招聘单位一般会预先布置好面谈室,把求职者坐的位置固定好。进入面试室后,待有人请你坐下时再就座。如果求职者少,面试官也许会让你同坐在一张沙发上,这时,你就应该界定距离,太近不好,太远也不好。太近容易和面试官产生肌肤接触,这是失礼的行为。太远则会使面试官产生一种疏远的感觉,这就会影响沟通效果。

4. 仪态礼仪

挺直腰身坐在椅子上,要自然、放松。此外,若特地为面试而买了新衣服,则最好先穿一两次。面试时间太长的话,可在适当的时候换个姿势。

> **知识拓展 11-2**
>
> **面试就座三大纪律和八项注意**
>
> 三大纪律:
>
> 客随主便,和面试官握手后,求职者应在对方指定的座位就座,不要自作主张地挑张椅子坐下。一般情况下,面试官会指定座位,然后说"请坐"。求职者应先说"谢谢",等面试官落座后再坐下。左进左出,正式场合一定要从左侧走向自己的座位,从左侧离开自己的座位。无声无息,不论是落座还是放东西、调整姿势,都不要着急,也不要发出太大的声音。
>
> 落座后八项注意:
>
> 不要坐满椅子,只坐到 2/3;两脚自然落地,女士双腿双脚并拢,男士双腿可以张开,但不要超过肩宽;双手不要抱胸,不要乱摆,自然地放在膝盖上;挺胸抬头,上身不论何时都要保持端正,不要前后左右摇摆,不要靠椅背;头不要乱晃,脚不要乱动;手的动作要自然,不要拿手指指点点,不要不安地抓裙子或裤子,不要摆弄头发和胡子,不要做出摸脸掩口等动作;尽量正面平视面试官,身体要随着视线角度调整,调整动作要轻微,倾听对方说话时身体可微微前倾,表示关注;除非必要,否则不要改变坐姿,频频改变坐姿,会给人"坐立难安"的印象。

5. 目光礼仪

回答时主动与面试官进行亲切有神的目光交流。合乎礼仪的目光交流，应介于扫视和凝视之间。双方目光相遇，对视瞬间，持续2~3秒，期间经常交换一个信号。眼神应坦然自信。要适当地望着对方的眼睛，尤其是面试官在向你发问时。在你跟对方说"我希望可以为贵公司服务"这一类的话时，若希望面试官给你一个肯定的正面答复，不妨面带诚恳的微笑着正视面试官。

6. 名片礼仪

如果能够拿到面试官的名片，对求职者来说将是一件极其有利的事。很多人事经理习惯将名片放在桌面上，求职者进入房间后，应留意看面试官身前的桌子，也许会有名片盒或单张名片摆放。如果有，可以看着桌子，再以询问的眼神看向面试官，这时面试官就会主动递上名片。接名片的时候要用双手，确认一下对方的姓名和职位，再收入名片夹。不是所有面试官都有递名片的习惯。如果对方没有递出名片的意思，立刻调整你的眼神，变成向面试官问好的姿态。

11.2.3 面试中的应答

1. 慎选语言

语言是求职者的第二张名片，客观地反映一个人的文化素质和内涵修养。面试时对语言和用词应慎重选择，每一个词甚至每一个字都应有所挑选。

标准的普通话可以最大限度地减少交流障碍。如果求职者的普通话并不好，就要用语速弥补这项不足，务必让对方听清楚，理解你的意思。

在中文中夹带英文有炫耀的嫌疑，更有一个致命的麻烦：万一面试官不会英文，他就根本无法理解你的意思！如果面试官想要了解你的语言能力，他们会主动与你用外语交谈。

2. 仔细倾听

求职者必须要让面试官先开口发问。面试过程中，要注意倾听面试官的题目及其要求，然后才能针对问题的核心做最正确完善的回答，以便和面试官取得共识，获得较高的评价。

3. 理性应答

求职面试的核心内容就是应答，求职者必须认真地把握自己的语言和谈吐。回答问题时不要太简单，将用词局限在一两个字上。

面对提出的较为苛刻的问题，甚至这些问题和招聘没有什么关系时，应委婉地拒绝，这关系你的修养问题。作为求职者，面对面试官的咄咄逼人，无论如何不要被"激怒"，如果因为面试官的某些提问过于尖锐、不友好或欺人太甚而激起你的怒火，你就已经输掉此次面试了。

4. 用心思考

回答问题之前要思考几秒钟，也能给面试官留下一个"深思熟虑"的印象。

一般来说，招聘单位并不希望录用只能接事照办、老实听话、工作呆板、遇事无措、缺乏主动性、缺乏创新精神、缺乏思考能力的员工。因此，求职者应培养自己闪光的灵气，善于思考问题，积极主动，把握机会，将自己的观点、想法及时提供给招聘单位，以充分展示自己某些方面的才能，赢得面试官的重视。

5. 诚实坦率

面试时，面试官要了解的不只是你所学的课程和学习成绩，更主要的是要了解你的性格特征、可塑性及可待开发的潜力。面试官没有问到的问题不要主动谈及，但可以简单地介绍一下自己，并要饱含热情、诚实而有礼貌地谈自己最好的技术和最精通的领域，语气要肯定并积极。任何人都不可能是万事通，在面试中遇到实在不会回答的问题，就应坦诚地回答："这个问题我没有思考过，不会回答。"这样反倒给面试官留下诚实、坦率的好印象。

6. 察言观色

面试中要多谈对方，少谈自己。要从对方入题，引起对方的好感，使对方感到你能尊重、关心公司的需要，愿为公司尽绵薄之力。要随时注意对方的反应，你应特别注意对方所透露的一些重要信号，如身体前倾（表示对你的说话有兴趣）、打呵欠或目光无神（表示他的厌烦）、整理文件或站起来（表示他希望尽快结束对你的面试）。假如对方对你或你的讲话有兴趣，那么表明你表现出色，可以继续下去；假如对方表现不耐烦，你可以停下来征求对方的意思："您是希望我继续讲呢，还是想听听我在某某方面的技能？"

实际上，无论是面试前或面试中，求职者都应主动与对方交谈、致意；也可用幽默的话语打破沉闷，给面试官留下热情、健谈、积极的良好印象。

案例 11-3

> 小李刚大学毕业，十分健谈。一次到一家单位求职，他和这家单位的人事处长侃侃而谈了好半天，等到临结束时，人事处长对他说了句："很抱歉，我们这儿没有空缺了，你到别的单位再去看看吧。"小李很纳闷，对自己刚才"指点江山、激扬文字"的表现自我感觉良好，为什么人事处长并不想录用我呢？

7. 巧妙提问

面试中求职者提问不但是应当的，而且是必需的，但要对提问做好足够的准备，以免轮到提问时不知道怎么说。很多面试官希望求职者提问题，关键是看求职者提什么问题。如果求职者涉及的大多是关于薪水、报酬等问题，面试官有可能不高兴。如果求职者提的问题侧重于工作，侧重于求职本身，面试官会有意无意地向求职者透露一些信息。注意，在提问时要遵守交谈的原则，如不要打断对方的说话而提问。事实上，一个好的提问，胜过简历中的无数笔墨，会令面试官刮目相看，增加你受聘的机会。

8. 慎谈薪金

薪金问题，一直是个既敏感又实际的问题，在面试应答中常被提及。在面试时，不论是否被明确地摆上桌面，都要掌握好以下三个环节：一是摸清情况。求职者和面试官面谈时，可事先了解行业的一般待遇及前任工资收入。二是选择时机。求职者不宜在刚与面试官见面时谈待遇问题，而应掌握"火候"。最好等到面试官表示出合作意向时，再谈论薪水问题。三是留有余地。当面试官有意聘用求职者时，他可能会突然提问："你希望的月薪是多少？"此时，求职者可以根据自己掌握的有关情况，说出自己能接受的最低待遇和希望获得的最高月薪。商谈薪水要坚定而灵活，如果达到或接近期望的目标就可以了。上岗后干得出色，招聘单位自然会给你加薪。

11.2.4　求职的后续礼仪

1．致谢

为了加深招聘者对求职者的印象，增加求职成功的可能性，面试后的两三天内，求职者最好给招聘者打个电话或给某个具体负责人写一封短信表示感谢，感谢他为你所花费的精力和时间。感谢电话要简短，最好不要超过 3 分钟。感谢信要简洁，最好不超过一页纸。感谢信的开头应提及自己的姓名及简单情况及面试的时间，并对招聘者表示感谢。感谢信的中间部分要重申对公司、应聘职位的兴趣，增加一些对求职成功有用的新内容，尽量修正自己可能留给招聘者的不良印象。感谢信的结尾可以表示自己能符合公司要求的信心，主动提供更多的材料，或表示能有机会为公司的发展壮大做贡献的决心。

2．不要过早打听结果

在一般情况下，每次面试结束后，招聘主管人员都要进行讨论和投票，然后送人力资源管理部门汇总，最后确定录用人选，这个阶段可能需要三五天的时间。求职者在这段时间内一定要耐心等候，不要过早打听面试结果。

3．适时查询结果

一般来说，如果求职者在面试两周后，或者在面试官许诺的时间到来时还没有收到对方的答复，就应该写信或打电话给招聘单位，询问面试结果。如果得到落选的信息，也不要惊慌失措，而应虚心地向面试官请教你有哪些欠缺，以便以后改进。如果你在电话中听出自己有希望中选，但最后尚未决定，你一定要在近期再打一次电话查明落实。每次打电话后，你还应该寄封信，哪怕他们已经暗示你落选了。这样做的原因：一是觉得有必要重新强调一下自己的优点；二是你又发现了一些新的理由、成绩或经验，有必要让他们知道，也许他们会重新考虑你。

求职中不可能个个都是成功者，万一在竞争中失败了，千万不要气馁，这一次失败了，还有下一次，就业机会不止一个，关键是必须总结经验教训，找出失败的原因，并针对这些不足重新做好准备，以求"东山再起"。

📖 案例 11-4

张芳刚大学毕业，就有一家心仪已久的外资公司通知她去面试。那家公司总经理是个叫约翰的美国人，和蔼可亲。在一番亲切交谈后，他很愉快地给了张芳一张名片，张芳恭敬地收下了。近半小时的面谈，给张芳留下了深刻的印象。接下去的日子便是漫长的等待，张芳天天在电话边上守着。一天、两天、一个星期、两个星期过去了，一点消息都没有，而且张芳在等待中也放弃了其他一些机会。无奈中，张芳又翻阅招聘广告，但那些招聘单位她都不满意。这时候她才发觉自己是很在乎那份工作的。于是她找到总经理约翰的名片，按照上面的地址写了一封信，感谢总经理给了她面试的机会，并期望得到进一步通知。当白色的信封投入绿色邮筒的时候，她感觉心里一阵轻松。第三天，她接到了约翰先生的电话。约翰先生在电话中告诉她："You are employed. Congratulation!"（祝贺你被录用了！）张芳高兴得禁不住跳了起来！

上班后再次见到约翰先生，张芳问他："为什么会录用我？"他笑着说："因为你的那封信让我知道你是一个有礼貌的人。而在近百名求职者中，你是唯一写了感谢信的人，虽然来得有点迟。"

知识测试与技能训练

1. 知识测试

（1）书面求职材料包括哪些？
（2）求职信的格式是什么？
（3）如何制作个人简历？
（4）如何打求职电话？
（5）面试前的礼仪准备有哪些？
（6）面试中的礼仪包括什么？
（7）求职后续的礼仪包括哪些？

2. 技能训练

项目1　撰写个人简历

情景设定：假设有一家单位发布招聘信息，要招聘一位营销经理助理。现在，让同学们用15分钟的时间撰写一份个人简历。

训练目标：口头与文字表达能力，信息整合能力，公关礼仪意识。

训练方案：随机抽选几位同学上台就求职简历做自我介绍，然后由老师引导全班同学分析总结这几位同学求职简历的优缺点及需要改进完善的方面。

测评要点：表述逻辑条理，用语规范不俗；普通话标准规范，声音洪亮清晰；举止优雅端庄，表情自然亲和，礼仪规范应景，引起共鸣。

项目2　案例分析

（1）身为某外资企业市场总监的赵先生，提起八年前的第一次面试，还让他记忆犹新。当时的就业压力并不大，但赵先生还是早早地为面试做好了充分的准备。无论是求职信、个人简历，还是自己的着装，都请教过很多人，可以说很完美。并且，他事先也做了充分的心理调节，所以心态上也很放松。面试的时候，无论是说自己的经历，还是谈技术，从面试官的表情来看，对他还是非常满意的。40分钟的面试就要接近尾声了。突然面试官问："赵先生，我看您事先做了很充分的准备，说明你对我们公司和这份工作很重视。那你知道我们公司是干什么的吗？""干什么的？"赵先生一下子就懵了，对呀，干什么的我还真没注意过！半晌，赵先生一脸尴尬地说："对不起，这一点我还没来得及进行足够的关注……"面试官手一挥："好了，赵先生，你可以走了。"

分析思考：赵先生为那场面试都做了哪些必要的准备？漏掉了什么？求职面试前应该做好哪些必要的准备，才能提高面试成功的概率？

（2）一位毕业于某名牌大学、各方面都很优秀的大学毕业生前去面试，用人单位请他首先介绍自己的简历。这位大学生没有重点地介绍自己的情况，而是以"我毕业于某某大学"开头，然后详细介绍学校的情况。他的目的是想让用人单位知道自己的学校是如何的优秀，毕业于一流大学的学生当然也是很优秀的。可是用人单位最后并没有录用这位大学生。

分析思考：该毕业生面试失败的原因是什么？他在个人礼仪方面有哪些不妥之处？

第 12 章

涉外商务礼仪

学习目标

了解涉外商务礼仪的含义；掌握涉外商务礼仪的原则及基本要求；熟悉日本、韩国等国家的习俗和礼仪。

任务驱动

1. 小张将要参与接待一个外国代表团。这几天，她一直在琢磨陪同外宾时如何坐车；领导会见时，客人坐哪边；开宴会时主人和客人位置怎么排等问题。外事方面的行家告诉她，这些事情均属涉外礼仪范畴，马虎不得。请你为小张讲述这方面的礼仪常识。

2. 彼得是一个年轻的小伙子，被美国总公司派来上海已经有半年。一次，他应邀到一位中国同事家中做客。席间，同事的妈妈对彼得很热情，不停地问他"今年多大了"、"有没有女朋友"、"家里还有什么人"。彼得被问得十分尴尬，吃了饭便匆匆告辞。彼得为什么匆匆离开？在和外国人打交道时，最好选择哪些话题？

12.1 涉外商务礼仪的概念和原则

12.1.1 涉外商务礼仪的概念

涉外商务礼仪是商务人员在对外交往中，用以维护自身形象、企业形象和本国形象，向交往对象表示尊敬与友好的约定俗成的习惯做法，其基本内容是遵守国际交往惯例。所谓国际惯例，是指参加国际交往时必须认真了解并遵守的常规通行的做法。随着我国对外商务交往活动的日益增多，涉外商务礼仪越来越重要。

12.1.2 涉外商务礼仪的原则

涉外商务礼仪的原则是指商务人士在接触本国以外的人员时，应当遵守并应用有关国际交往惯例的基本原则。它既是对国际礼仪的高度概括，也是在国际交往活动中应遵循的基本准则。凡从事涉外商务工作的人员不仅有必要详细了解与掌握，而且还必须在实际工作中认真地遵守和应用，以便更好地与外国朋友进行沟通和交流。

1. 个人形象

个人形象指的是一个人在人际交往中留给他人的总印象，以及由此而使他人对其所形成的总的评价和总的看法。个人形象原则是指在国际商务交往中，商务人士必须意识到，自己在外国人眼里代表自己的国家、自己的民族、自己所在的企业，应对其个人形象倍加关注，遵照国际礼仪规范，以得体的方式塑造、维护自己的个人形象。根据常规，要维护好个人形象，重点要注意仪容、仪表、仪态、服饰、谈吐及待人接物六个环节的内容。

2. 不卑不亢

不卑不亢是涉外商务礼仪的一项基本原则，是事关国格、人格的大是非问题。其基本要求是：在参与国际商务交往时，一方面，商务人员应努力做到"不卑"，以自尊、自爱和自信为基础，在外国人面前表现出从容得体、堂堂正正、落落大方的风度；另一方面，商务人员又要努力做到"不亢"，虚心学习他国长处，尊重他国风俗习惯，坚持自立、自强的精神面貌而又不高傲自大、放肆嚣张、盛气凌人、自以为是、目空一切、颐指气使。

同时，商务人员还应注意对任何交往对象都要一视同仁、一律平等，给予同等的尊重与友好，不要因大国小国、强国弱国或富国穷国而亲疏有别，或对大人物和普通人厚此薄彼。

3. 求同存异

世界各国的礼仪与习俗存在着一定程度的差异性，国际交往礼仪应该遵守的最基本原则是求同存异。"求同"是指要遵守有关礼仪的国际惯例，要重视礼仪的"共性"。这是涉外交往中的一种胸怀、一种见识，也是促使交往成功的基本保证。"存异"是不要否定他国的礼仪习俗，不可完全忽略礼仪的"个性"，对他国礼仪习俗有所了解，并予尊重。例如，在世界各国，人们往往使用不同的见面礼节。其中较为常见的，就有中国人的拱手礼，日本人的鞠躬礼，韩国人的跪拜礼，泰国人的合十礼，阿拉伯人的按胸礼，以及欧美人的吻面礼、吻手礼和拥抱礼。它们各有其讲究，都属于礼仪的"个性"。与此同时，握手作为见面礼节，则可以说是通行于世界各国的，与任何国家的人士打交道，以握手这一"共性"礼仪作为见面礼节，都是适用的。所以在涉外交往中采用握手礼，就是"遵守惯例"。

4. 入乡随俗

世界上各个国家和民族在其长期的历史发展过程中，都形成了各自的文化、风俗和习惯。在对外交往中我们应注意尊重他国的习俗，增进中外双方的理解和沟通。同时，在国际交往中当自己作为东道主时，讲究"主随客便"；而当自己作为客人时，要讲究"客随主便"，这也是贯彻"入乡随俗"尊重对方的具体体现。

案例 12-1

在利雅得，一美国商人向一阿拉伯的官员推销货物。这个美国人舒舒服服地靠在椅子上，跷起二郎腿，鞋底朝外——这在当地是侮辱对方的姿势。他把文件递给那个阿拉伯人时用的是左手——阿拉伯人吃饭用右手，如厕用左手，左手在穆斯林看来是不洁净的。他拒绝喝阿拉伯人的咖啡——这是对主人的好客不领情。结果这份价值 1000 万美元的合同落到了一个了解并尊重阿拉伯习俗的韩国人手中。

在涉外交往中，做到"入乡随俗"，最重要的是要注意到两个问题：一是必须充分地了解与交往对象相关的习俗，必须认真做好"入境问禁，入乡问俗，入门问讳"；二是必须无条件地对交往对象所特有的习俗加以尊重。在国际交往中，对于其他国家所特有的习俗，不能少见多怪、妄加非议。正确的态度应当是无条件地、认真地对其予以尊重。

知识拓展 12-1

相同的手势不同的含义

在中国，人们常用大拇指表示夸奖之意，用小拇指表示蔑视之意；日本人则用大拇指表示"老爷子"，用小拇指表示"情人"；而在英国，跷起大拇指则是要求顺路搭车的意思。欧洲人坐着和人交谈时，常常是双腿交叉在一起，而在泰国会见客人时摆出这个姿势，则是一种冒犯。中国和东南亚一些国家有一条规矩，客人进入主人房间要脱帽，可是到了墨西哥，也照这样办的话，将被认为怀有恶意，因为按当地习惯，只有找仇人时才这样做。美国人常将食指和大拇指搭成圈儿，其他三个指头伸直，表示"OK"，是"好"、"同意"的意思，然而法国南部种植葡萄的农工在向客人斟献葡萄酒时，如看到这种手势，则认为是"次等品"的意思。这个手势同样也不能用在德国，因为该手势在德国通常表示"笨蛋"的意思，而在马耳他、希腊等地，这种手势则被认为是恶毒的骂人话。因此，对于当地的风俗习惯若不注意，常常会使当地人误以为对他们不尊重而招来不快。

案例 12-2

一家生意兴隆的国际电讯公司在泰国曼谷为分公司选址，看中了一处房价适中、交通方便、游人众多的地段，而这栋楼的对面，竖着一尊并不十分高大，但却非常显眼的如来佛像。有好心人警告公司经理说，如果公司在此开业，生意会很糟糕的。但公司经理非常自信，认为这不可能，因为公司在远东地区设的几家公司业务开展得都很红火。所以，公司经理没听劝阻，就在这里如期开业了。一年来，这家公司果然生意清淡，几乎没有做成一桩像样的大买卖。公司经理终于面对现实，不得不搬迁了公司地址，生意才明显地好起来。经理本人对此始终大感不解，到处打听原因，得到的解释是：业务不景气的根源在于公司大楼的高度超过了对面的如来佛像，客观上造成了公司高于佛祖之上的现象，这在一个信仰佛教的国度是严重犯忌的。公司没有尊重当地人对佛像的信仰和敬畏，自然造成当地人的不快乃至愤怒，当然也就不愿与这样的公司往来做生意了。

5. 尊重隐私

所谓隐私，是指一个人由于个人尊严和其他某方面因素的考虑，不愿意公开、不希望别人了解或打听的个人秘密、私人事宜。在国际交往中，普遍讲究尊重个人隐私，在谈话中，凡是涉及个人隐私的问题应主动、有意识地回避。一般而言，个人收入、年龄、婚姻、身体健康状况、家庭住址、个人经历、信仰政见、所忙何事等都被认为是个人隐私。要尊重外国友人的个人隐私，首先就必须自觉地避免在与对方交谈时主动涉及这八个方面的问题。

（1）收入支出。个人收入的多寡一般被外国人视为自己的脸面，非常忌讳他人进行直接或间接地打听。除去工薪收入之外，那些可以反映个人经济状况的问题，如纳税数额、银行存款、股票收益、私宅面积、汽车型号、服饰品牌、娱乐方式、度假地点等，因与个人收入相关都不宜提及。

（2）年龄大小。外国人普遍将自己的年龄当做"核心机密"，轻易不会告之于人。这主要是因为，外国人一般都希望自己永远年轻，而对于"老"字则讳莫如深。中国人听起来非常顺耳的"老人家"、"老先生"、"老夫人"这一类尊称，在外国人听起来却有如诅咒谩骂一般，他们不愿别人对自己做不必要的搀扶、照顾，不喜欢人家恭维自己的年龄等。特别是外国女士，最不希望外人了解自己的实际年龄。所以在国外，有这么一种说法：一位真正的绅士，应当永远"记住女士的生日，忘却女士的年龄"。

（3）身体健康。中国人相遇时，常会问候对方："身体好吗？"要是确知对方一度欠安，见面时常会问对方"病好了没有"、"吃过些什么药"或向对方推荐名医、偏方。可是在国外，人们在闲聊时一般都是"讳疾忌医"，非常反感其他人对自己的健康状况关注过多。因为在市场经济的条件下，每个人的身体健康都被看做他的重要"资本"。

案例12-3

中方某公司代表与美方某公司代表就业务合作问题进行洽谈，张先生见美方代表史密斯先生脸色不大好，像是生病了。于是在休息期间，张先生非常关切地问候史密斯先生："您脸色怎么不大好？"史密斯先生回答最近比较累，晚上经常熬夜。"您是不是胃不好？吸收不好，脸色就不好。"史密斯先生回答我胃还行，比较能吃。"那您的肝呢？……"

（4）恋爱婚姻。中国人习惯对于亲友的恋爱、婚姻、家庭生活牵挂在心，但绝大多数外国人对此不以为然。比如"有没有恋人"、"两个人怎么结识的"、"结婚了没有"、"有没有孩子"等问题，会让外国人很难堪。在一些国家里，跟异性谈论此类问题，极有可能被对方视为无聊之至，甚至还会因此被对方控告为"性骚扰"，从而吃上官司。

（5）家庭住址。在中国人的人际交往之中，对于自己的家庭住址、私宅电话号码等，人们一般都会有问必答，甚至于还会主动地告诉别人。而在国外，通行的做法却恰好与我国相反，在他们常用的名片上，此项内容也难得一见。外国人大多视自己的私人居所为私生活领地，非常忌讳别人无端干扰其宁静。在一般情况下，除非知己和至交，他们一般都不大可能邀请外人前往其居所做客。

（6）个人经历。初次会面时，中国人之间往往喜欢打听一下交往对象"是哪里的人"、"哪一所学校毕业的"、"以前干过什么"。总之，是想了解一下对方的"出处"，打探一下对方的"背景"。然而外国人却大多将这些内容看做"商业秘密"，并且坚决主张"英雄莫问出处"，反对询问交往对象的既往经历。

（7）信仰政见。在国际交往中，由于人们所处国度的社会制度、政治体系和意识形态多有不同，所以要真正实现交往的顺利、合作的成功，就必须不以社会制度画线，抛弃政治见解的不同，超越意识形态的差异，处处以友谊为重，以信任为重。如果动不动就对交往对象的宗教信仰、政治见解评头论足，甚至横加责难、非议，或将自己的观点、见解强加于人都是对交往对象不友好、不尊重的表现。最为明智的做法，就是在涉外交往中对此避而不谈。

（8）所忙何事。在我国，熟人见面之际，免不了要相互询问一下对方"忙什么呢"、"怎么好久没见到你"。但是，外国人对于这一类的问题却极为忌讳，认为向别人探听与此相关的问题的人，不是好奇心过盛，不懂得尊重别人，就是别有用心，或者具有天生的"窥视欲"。

6. 信守约定

信守约定的原则是指在一切国际交往中，都应当严格遵守并履行自己的所有承诺。国际交往中，信誉就是形象，信誉就是生命。在涉外交往中，真正做到"信守约定"应包括两个方面：一是谨慎许诺。一切从自己的实际能力及客观可能性出发，即使对于必须做出的承诺或约定，也必须慎重，要考虑周全。二是信守承诺。一旦许下承诺就一定要兑现，真正做到"言必行，行必果"，这样才会赢得交往对象的好感与信任。万一由于难以抗拒的因素，致使自己单方面失约，或有约难行，需要尽早向有关各方进行通报，如实地解释，还要郑重其事地为此事向对方致以歉意，并且主动地负担按照规定和惯例而给对方所造成的某些物质方面的损失。

7. 热情适度

"热情适度"是要求人们在参与国际交往，直接同外国人打交道时，不仅待人要热情而友好，更为重要的是要把握好待人热情友好的具体分寸，关键是要掌握好以下四个方面的"度"。

（1）关心有度。不宜对外国友人表现得过于关心。大多数外国人都强调个性独立、绝对自由，过分的关心会让人感觉碍手碍脚、多管闲事。

（2）批评有度。在一般情况下，对待外国友人的所作所为，只要其不触犯我国法律，不有悖于伦理道德，没有侮辱我方的国格人格，不危及人身安全，就没有必要去评判其是非对错，尤其是不宜当面对对方进行批评指正，或加以干预。

（3）距离有度。与外国人进行交往应酬时，应当视双方关系的不同，而与对方保持与双方关系相适应的适度的空间距离。

知识拓展 12-2

距离礼仪

根据惯例，在涉外交往中，人与人之间的正常距离大致可以划分为四种，它们各自适用不同的情况。

1. 亲密距离。其距离在小于 0.5 米之内。它仅适用于家人、恋人与挚交。
2. 社交距离。其距离为大于 0.5 米，小于 1.5 米。它适合于一般性的交际应酬。
3. 礼仪距离。其距离为大于 1.5 米，小于 3 米。它适用于会议、演讲、庆典、仪式及接见，意在向交往对象表示敬意。
4. 公共距离。其距离在 3 米开外。它适用于在公共场所同陌生人相处。

（4）举止有度。与外国人相处之际，务必要对自己的举止动作多多检点。要在涉外交往中真正做到"举止有度"，最重要的是要注意以下两个方面问题：一是勿随便采用某些意在显示热情的动作；二是勿采取不文明、不礼貌的动作。例如，在国内，朋友相见时，彼此拍拍肩膀；长辈遇见孩子时，抚摸一下对方的头顶或脸蛋；两名同性在街上携手而行，都是常见的亲热之举。可是，外国人却绝对接受不了这一套。

案例 12-4

一位外国朋友不知道中国人的"哪里！哪里！"是自谦词。一次他参加一对年轻华侨的婚礼时，很有礼貌地赞美新娘非常漂亮，一旁的新郎代新娘说了声："哪里！哪里！"不料，这位朋友却吓了一大跳！想不到笼统地赞美，中国人还不过瘾，还需举例说明，于是便用生硬的中国话说："头发、眉毛、眼睛、耳朵、鼻子、嘴都漂亮！"结果引起全场哄堂大笑。

8. 谦虚适当

谦虚适当原则是指在国际交往中涉及自我评价时，虽然不应自吹自擂、自我标榜，但也绝对没有必要妄自菲薄、自我贬低、自轻自贱，过度地对外国人谦虚、客套。如果确有必要，在实事求是的前提下，要敢于并且善于对自己进行正面的评价或肯定。

知识拓展 12-3

注意谦虚适当的场合

同不了解中国国情的外国人接触时，特别要注意以下几个注意谦虚适当的场合。

一是当外国友人赞美自己的相貌、衣饰、手艺时，一定要记住落落大方地道上一声"谢谢"，没有必要因此而羞羞答答或客气谦虚。

二是当外国友人称道自己的工作、技术或服务时，同样要大大方方予以认可，千万不要极力对此进行不必要的否认。

三是在涉外交往中，当介绍自我情况时，要敢于并且善于实话实说。

四是当自己同外国友人进行交往应酬时，一旦涉及自己正在忙什么、干什么的时候，无论如何都不要脱口而出，说自己是"瞎忙"、"混日子"、"什么正经事都没有干"。那样的话，有可能被对方看做不务正业之人。

> 五是当自己身为东道主、设宴款待外国友人时，在上菜肴的过程中，有意识地说明"这是本地最有特色的菜"，"这是这家菜馆烧得最拿手的菜"，"这是我们为你特意精心准备的菜"。只有如此，才会令对方感到备受我方的重视。
>
> 六是当向外国友人赠送礼品时，既要说明其寓意、特点与用途，也要说明它是为对方精心选择的。不要画蛇添足地说"这件礼品不像样子"、"实在拿不出手"等类似的话，这种过谦的说法，无疑会大大地降低礼品的分量。

9. 女士优先

女士优先的原则是指在一切社交场合，每一名成年男子，都有义务主动自觉地以自己的实际行动去尊重妇女、照顾妇女、体谅妇女、关心妇女、保护妇女，并且还要想方设法、尽心竭力地去为妇女排忧解难，只有这样，才会被视为具有绅士风度。倘若因为男士的不慎，而使妇女陷于尴尬、困难的处境，便意味着男士的失职。

"女士优先"起源于欧洲，是传统欧洲礼仪的基础，后来成为国际社会公认的重要礼仪原则。强调"女士优先"原则的主要源于对母亲的尊敬和感恩。

10. 以右为尊

国际交往中普遍的礼仪原则是所谓的"以右为尊"。在各类国际交往中，大到外交活动、商务往来，小到私人交往、社交应酬，凡是需要确定并排列具体的主次尊卑位置时，都应遵循以右为尊的原则。在并排站立、行走或就座的时候，为了对客人表示尊重和友好，主人理应主动居左，而请客人居右；男士应主动居左，而请女士居右；晚辈则应主动居左，请长辈居右。

11. 爱护环境

随着人类社会的不断进步，人们已意识到环境问题与自己生活息息相关。在涉外交往中，商务人士应该严于律己，不可做损坏自然环境的事情，其表现为不可随意吸烟、随地吐痰，不要任意制造噪声，不可虐待动物等。

12. 静观其变

静观其变原则具有双重含义：一方面，它要求人们在难以确定如何行动才好时，应尽可能地避免采取任何行动，免得出丑露怯；另一方面，它又要求人们在不知道到底怎么做才好，而又必须采取行动时，最好先观察其他人的正确做法，然后加以模仿。

课内实训 12-1

一家日本公司和一家美国公司的代表将在夏威夷进行商务洽谈，双方都想表示对对方风俗和文化的尊重。因为日本人着装一般比美国人正统，而且见面鞠躬是日本的传统问候礼节。美国公司的总裁要求其代表团成员穿着三件套西装，并且在会晤时行鞠躬礼，而日本总裁则向他的代表强调美国人很随便，要求着装要随便些，见面时同他们握手就可以了。

可想而知，双方的第一次会面有多么幽默，当穿着夏威夷花衬衫的日本代表伸出手的时候，那些西装笔挺的美国人正准备鞠躬。双方都意识到，尽管彼此的行为方式不同，但都显示出愿与对方合作的诚意，从而使双方的关系更为融洽。

分析思考：为什么尽管双方初次见面的场景十分滑稽，合作却顺利进行？

12.2 部分国家的习俗和礼仪

12.2.1 日本的习俗和礼仪

1．服饰礼仪

当代日本人的服装可以分为传统式服装（和服）和现代式服装两类。日本人在交际应酬中对打扮十分介意，除了某些专门从事茶道、花道的教师等特殊工作的人外，绝大多数日本人在商务交往、政务活动及对外场合中都身着现代式服装，和服只在节日或举行某些仪式时才穿用。和服的特点是：没有什么线条，领口很大，袖子宽短，腰身广阔。穿和服时，一定要穿木屐和草鞋，并配以布袜。妇女穿和服时，还必须腰系彩带，背后加上一个小软托，并且手中打伞。在过去，和服的色彩、图案、款式、面料和穿着方法，都与穿着者的地位、身份有关。日本人穿衣都是右向掩衣襟，而人死下葬时，要左向掩衣襟。

日本人认为衣着不整齐便意味着没有教养，或不尊重交往对象。所以，在与日本人会面时，一般穿着不宜过分随便，特别是不要光脚或穿背心。在正式活动场合，男士一般都西装革履，女士也应郑重其事，梳妆打扮。不修边幅等行为注定会失去对方的信任和应该到手的合同。到日本人家里做客时，进门要先脱下大衣、风衣和鞋子；拜访日本人时，切勿未经主人许可，而自行脱去外衣；参加庆典或仪式时，不论天气多么热，都要穿套装或套裙。

2．餐饮礼仪

日本人自古以来就以大米为主食，他们爱吃鱼，一般不吃肥肉和猪内脏，有的人不吃羊肉和鸭子。

在家中或餐馆内，座位都有等级，一般听从主人的安排即可。进餐时，如果不清楚某种饭菜的吃法，要向主人请教，夹菜时要把自己的筷子掉过头来使用。日本人喜欢在用餐时喝米酒。他们通常会在互相祝酒后才开始用餐，即使客人不想喝，待客者都希望客人会假装喝一小口。日本人设宴时，传统的敬酒方式是在桌子中间放一只装满清水的碗，并在每人面前放一块干净的白纱布，斟酒前，主人先将自己的酒杯在清水中涮一下，杯口朝下在纱布上按一按，使水珠被纱布吸干，再斟满酒双手递给客人。客人饮完后，也同样做，以示主宾之间的友谊和亲密。

日本人容许狼吞虎咽式吃法，这种吃法甚至令其他国家的人都感到惊讶。例如，吃寿司时，日本人习惯赤手拿着寿司浸一浸豉油，然后直接放入口中，他们不会用筷子吃寿司；吃面时，日本人直接从汤碗里把面吸啜入口，且必会发出响声，表示面食很美味，也是对厨师表示赞赏的方式。作为客人就餐时，忌讳只食用一碗饭就说够了，第二碗饭即使是象征性的，也应要求添饭，只吃一碗饭会被认为是象征无缘，需要注意的是，不能把饭盛得过满或带尖。日本人忌讳用餐过程中整理自己的衣服或用手抚摸、整理头发，因为这是不卫生和不礼貌的举止。

茶道是日本人用来修身养性、进行交际而特有的沏茶、品茗的高尚技艺，是一种讲究礼仪、陶冶情操的民间习俗。日本人喝茶不直接把茶叶放进茶杯，而是放到小巧玲珑的茶壶里。倒的时候，用一个小过滤网防止茶叶进入杯里，而且总以半杯为敬，一般不再续茶。

3. 商务交往礼仪

（1）见面礼。在社会交往中，日本人通常都以鞠躬作为见面和分手时的必行之礼。日本人讲究行礼者必须毕恭毕敬，而且在鞠躬的度数、时间的长短、鞠躬的次数等方面还特别讲究。在鞠躬时，手中不许拿东西，头上不得戴帽子，手也不可以放在衣服口袋里。在与外国人接触时，日本人已逐渐习惯用握手代替鞠躬了。但在一般情况下，日本妇女，尤其是日本的乡村妇女，与别人见面时，是只鞠躬不握手的。在行见面礼时，态度必须谦恭地问候交往对象。

（2）称谓。日本人姓名的组合顺序与中国人姓名的组合顺序一样，都是姓在前、名在后。不过，日本人姓名的字数要多些，并且四个字的较多。日本妇女在结婚前随父姓，结婚后随夫姓。称呼日本人时最好使用"先生"、"小姐"、"夫人"，也可以在姓氏后加一个"君"字。只有在正式场合才可以称呼全名。在日本，"先生"的称呼，只用来称呼教师、医生、年长者、上级或有特殊贡献的人。如果对一般人称"先生"，会让他们感到难堪。

（3）递接名片。与日本人谈生意，交换名片是一项绝不可少的仪式。初次见面不带名片，被视为失礼或无诚意交往。互赠名片时，要先行鞠躬礼，并双手递接名片。接到对方名片后，要认真看阅，用点头表示已清楚对方的身份。日本人认为名片是一个人的代表，对待名片就像对待他们本人一样。如果接过名片后，不看而随手放入口袋，便被视为失礼。在交换名片时，忌讳从屁股后兜里掏出或装入，这是对人极不尊敬的举动。如果去参加谈判或其他活动，必须向房间里的每一个人递送名片，并接受他们的名片，不能遗漏任何一个人，这是表示相互友好和尊敬的一种方式。

（4）拜访礼仪。到日本人家里去做客，要预先和主人约定时间，进门前先按门铃通报姓名。如果住宅未安装门铃，绝对不要敲门，而要打开拉门，问一声"对不起，里面有人吗"。进门后要主动脱衣脱帽，解去围巾（注意即使是天气炎热，也不能穿背心或赤脚，否则是失礼的行为），穿上备用的拖鞋，并把带来的礼品送给主人。脱下的鞋要整齐地放好，鞋尖向着你进门的方向，这在日本尤其重要。

在屋内就座时，背对着门坐是有礼貌的表现。只有在主人的劝说下，才可以移向尊贵位置（摆着各种艺术品和装饰品的壁龛前的座位，是专为贵宾准备的）。日本人不习惯让客人参观自己的住房，所以不要提出四处看看的请求。在日本特别忌讳男子进入厨房。上厕所也要征得主人的同意。日本人很讲究清洁，每天都要洗澡，有邀请客人一起去浴室洗澡的习惯。在日本，没有主人给客人敬烟的习俗。客人如果想吸烟，要先征得主人的同意，以示尊重。

告别时，要客人先提出，并向主人表示感谢。回到自己的住所后要打电话给对方，告诉已安全返回，并再次感谢。过一段时间后再遇到主人时，仍不要忘记表达感激之情。

（5）赴宴礼仪。在商务活动中，日本人喜欢邀请客人到饭店或餐馆吃饭，然后到酒吧喝酒。日本商人把招待客户作为影响客户的一个手段。以酒待客时，应由主人或侍者代为斟酒。通常，接受第一杯酒而不接受第二杯不为失礼。一人不喝时，不可把酒杯向下扣放，应等大家喝完才能一齐扣放，否则会被视为不礼貌。在正式宴会上，日本人若有急事会悄然离去而不作正式告别，他们认为作正式告别可能会扰乱宴会气氛，是对其他宾客的不礼貌行为。

案例 12-5

美国一家医药公司准备与日本人谈一笔生意，他们派出一组认为是"最精明的人"来进行谈判。这个小组由一些头脑敏捷的青年人组成，年龄大多二三十岁。结果他们访日三次，均遭挫折，甚至未能让与他们合作的日方部门首脑听一听他们的意见，更不用说讨论他们的打算与洽谈的具体内容了。后来经过美驻日商务总代表齐默尔曼先生的建议，在谈判小组中增补了一名在公司任职 25 年以上的有经验的人员，职位是公司的副总经理。结果日方立刻转变了态度，双方开始了积极的会谈。原来在日本公司中的负责人，都是年龄较大、经验丰富的资深企业家，他们不相信美国公司派来的年轻人有什么实权，更主要的是，他们感到和"毛孩子"谈判有损于他们的尊严，是对他们地位的贬低。

（6）吸烟礼仪。日本人吸烟，从来都是各吸各的，不喜欢互相敬烟。一是因为日本人认为每个人喜欢的香烟品牌、品味都不尽相同，不必强迫别人吸自己喜欢的烟。二是认为香烟是有害身体的。当有他人在场而自己想吸烟时，通常是在征得对方同意后才行事。

（7）馈赠礼品礼仪。送礼物在日本商务交往中也很风行。对日本人来说，送礼作为形式比内容更为重要，所以互赠的礼物不必太贵重（首次会晤，一般赠送商业性礼物），双方礼物价值相当即可。

日本人较重品牌，所以礼品应尽量选"名牌"商品赠之，不要把属于自己公司的东西相赠。日本人在送礼时，考虑到收礼的人可转送给别人，送给日本人的礼物上一般不宜刻字留名，但不送梳子、圆珠笔、火柴等。礼品若确需题字，正确的做法是用毛笔题写。

日本人对中国的绍兴酒、茅台酒非常感兴趣。把书法作品或精美的印章送给日本人，是受欢迎的。中国人喜欢把印章的边缘特意刻成破碎型，以示古老苍劲。如果这样送给日本朋友，对方就会不高兴了，他们认为这种不完整是不吉利的。

日本人很重视礼品的包装，包装要精美大方，包装纸禁用暗灰、黑白等色。因为这些色调表示悲哀，大红也不宜使用。日本人认为，绳结之处有人的灵魂，标志着送礼人的诚意，因此，礼品要包上好几层，再系上一条漂亮的缎带或纸绳。不过，日本人不喜欢在礼品包装上系蝴蝶结。日本人送礼一般不用偶数，这是因为偶数中的"四"在日语中与"死"同音。他们爱送单数，尤其是三、五、七这三个单数。但"九"也要避免，因为在日语中"九"与"苦"发音相同。

接送礼物要双手，不当面打开礼物。当接受礼物后，再一次见到送礼的人时一定会提及礼物的事并表示感谢。

日本人对樱花无比厚爱，而对荷花很反感。樱花是日本的国花；荷花是丧葬活动用的；

菊花在日本是皇室的标志，不要作为礼物送给日本人；盆花和带有泥土的花，则被理解为"扎根"，所以不要送给病人。在探望病人时还要注意不要送山茶花、仙客来花、白色的花和淡黄色的花。水晶是日本的国石。日本人对金色的猫及狐狸和獾极为反感，认为它们是"晦气"、"贪婪"和"狡诈"的化身。一般而言，日本人大都喜欢白色和黄色，不喜欢紫色，认为紫色是悲伤的色调；最忌讳绿色，认为绿色是不祥之色。还有敬重数字"7"这一习俗。他们忌讳三人一起合影，认为中间的人被左右两个人夹着，那是因为站在中间的人有受制于人之嫌，是不幸的预兆。

4. 商务谈判礼仪

（1）谈判方式。日本人坚信"优胜劣汰"的法则，他们不会同情弱者，而尊敬强者。在合作和商务活动中，如果对方不能拿出一套切实可行的方案，他们就认为对方缺乏诚意而拒绝下一步的谈判或合作。在与日本商人打交道的过程中，缺乏耐性和沉稳的性格，冲动而草率的举止都会严重影响双方的合作。在商务谈判中，日本企业的谈判代表的交谈风格一般为含蓄式，即交谈中的语言含有较少明确的信息，但是他们的眼神、手势或面部表情等非语言沟通方式却可能显示出谈判的真实意图。

（2）谈判时间。日本企业对谈判的时间概念有独特的理解，他们似乎把会晤和交谈以谋求共识所用的时间看成一种无限资源。因此，在讨论问题时总喜欢做长时间的思考，尤其是在回答对方提问或要求时似有一种惊人的耐久力，甚至在较长时间处于沉默思考之中。这种把谈判的时间拖延得足够长，往往容易使对方变得急躁而做出原来不该有的让步。但是他们参加谈判入会的时间观念却很强，宁愿早到等候，也不会迟到。通常日本企业倾向于简短的合同格式，喜欢用简单的文字来达成商谈协议，这种协议合同的签订，是建立在相互信任和理解的基础之上的。日本商人忌2月和8月，因为这两个月是营业淡季。

案例 12-6

国内的一家企业前往日本寻找合作伙伴。到了日本之后，通过多方的努力，这家企业终于寻觅到了自己的"意中人"——一家享有国际声望的日本大公司。经过长时间的讨价还价，双方商定，首先草签一个有关双边合作的协议。当时，在中方人士看来，基本上可以算是大功告成了。到了正式草签中日双方合作协议的那一天，由于种种原因，中方人员阴差阳错，抵达签字地点的时间比双方预先正式约定的时间晚了一刻钟。当他们气喘吁吁地跑进签字厅时，日方人员早已衣冠楚楚地排列成一行，正在恭候他们的到来。不过，在中方人员跑进来之后，还没容他们做出任何有关自己迟到原因的解释，日方的全体人员便整整齐齐、规规矩矩地向他们鞠了一个大躬，随后便集体退出了签字厅。

（3）谈判语言。在同日本人谈生意时，日本人讲得最多的就是"hai"，尽管这个词的解释是"是"，但实际上绝不是表示同意，它只是意味着"我在听着你说"。他们有不同意见时也不愿意当即表示反对，使提出者陷入尴尬的境地。同样，日本人也不直截了当地提出建议，他们更多的是把你往他的方向引。因此，商务人员同日本人谈生意时，不要直接指责日本人或直截了当地拒绝日本人。如果你不得不否认某个建议时，要尽量婉转地表达或做出某种暗示，也可以陈述你不能接受的原因，绝对避免使用羞辱、威胁性的语言。

12.2.2 韩国的习俗和礼仪

1. 服饰礼仪

韩服是韩国的传统服装，优雅且有品位，只有在节日和有特殊意义的日子里穿。在韩国从事商务活动，宜穿西服。应酬时，通常穿着西式服装，男性着深色西装套服，女性穿裙装，样式不会太夸张。

女性的传统服装是短上衣和宽长的裙子，看上去很优雅。男性以裤子、短上衣、背心、马甲显出独特的品位。白色为基本色，根据季节、身份、材料和色彩而不同。在韩国，衣着打扮不会过于前卫，而是整洁、庄重、保守的。

2. 餐饮礼仪

韩国人以米饭、冷面为主食。韩国人讲究礼貌，待客热情，见面时，一般用咖啡、不含酒精的饮料或大麦茶招待客人，有时候还加上适量的糖和淡奶。这些茶点客人必须接受。韩国人一般不吃过腻、过油、过甜的东西，而且不吃鸭子、羊肉和肥猪肉。

韩国人的餐桌一般是矮腿小桌，放在地炕上。用餐时，男人盘腿而坐，女人把双腿收拢在一起跪坐，若身着韩服，则需要右膝支立，左腿和地面平行坐下。若是在长辈面前应跪坐在自己的脚板上。无论是谁，绝对不能把双腿伸直或叉开，否则会被认为是不懂礼貌或侮辱人。使用椅子时的坐法和国际礼仪通行。

韩国进餐时讲究食礼。吃饭时应先为老人或长辈盛饭上菜，老人动筷后，其他人才能吃。与年长者同坐时，坐姿要端正。吃饭时不宜边吃边说话。勺子在韩国人的饮食生活中比筷子更重要，它负责盛汤、捞汤里的菜、装饭，不用时要架在饭碗或其他食器上。筷子在不夹菜时，传统的韩国式做法是放在右手方向的桌子上，两根筷子要拢齐，2/3 在桌上，1/3 在桌外，这是为了便于拿起来再用。席间敬酒时，要用右手拿酒瓶，左手托瓶底，然后鞠躬致祝词，最后再倒酒，且要一连三杯。韩国人对"4"非常反感，韩国人在喝茶或喝酒的时候，主人总是以 1、3、5、7 的数字单位来敬酒、敬茶、布菜，并忌讳利用双数停杯罢盏。吃东西时，嘴里响声大作，也是非常丢人的。

3. 商务交往礼仪

（1）见面礼仪。韩国人见面时的传统礼节是鞠躬，晚辈或下级走路时遇到长辈或上级，应先鞠躬问候，再站在一旁，让其先行，以示敬意。男人之间见面打招呼互相鞠躬并握手（鞠躬礼节一般在生意人中不使用）。握手时，如果长辈、上级先伸出手，那么晚辈应先伸出右手握手，再将自己的左手轻放在前者的右手之上，表示对对方的特别尊重。和韩国官员打交道，一般可以握手或轻轻点一下头。女人、儿童一般不与人握手，而使用鞠躬或者点头致意。在韩国，妇女非常尊重男子，双方见面，总是女子先向男子行鞠躬礼，致意问候；男女同坐时，男子一般位于上座，女子位于下座。

韩国人初次见面时，经常交换名片。为了介绍方便，要准备好名片，名片、相关材料，最好使用中韩文对照，但要避免在名片上使用日文。韩国很多人养成了通报姓氏习惯，韩国人的姓名通常有三个字，姓在前、名在后，韩国一半以上居民姓金、李、朴，可称其姓，并与"先生"等敬称联用，如朴先生，若对方有头衔，则最好加上头衔来称呼。

（2）宴请礼仪。在社会集体和宴会中，男女分开进行社交活动，甚至在家里或在餐馆里都是如此。见面之前讲究提前预约，且必须遵守时间，而且即使主人迟到你也不能迟到。

如有人邀请你到其家中吃饭或赴宴，你应带小礼品，并双手奉上。做客时，主人不会让你参观房子的全貌，不能自己到处逛。进入他们的住宅或韩国式饭店时，不要将室外穿的鞋穿到屋里去，要换备用的拖鞋。因而参加社交活动时应穿上干净的袜子，鞋尖朝门外放。

商务交往中，韩国人比较看重感情，只要感到对方有对自己不尊重的一点表现，生意就会失败。韩国人重视业务中的接待，宴请一般是在饭店举行。吃饭时所有的菜一次上齐。饭后邀请客人到歌舞厅娱乐、喝酒、唱歌，一般不能拒绝。设宴招待韩国商人非常有讲究，出席宴会者只能是与商务活动有关系的人，不要携自己的夫人或丈夫出席。宴会上可以谈论商务问题，但不要表示出任何承诺。

（3）馈赠礼仪。韩国人的民族自尊心很强，反对崇洋媚外，倡导使用国货。需要向韩国人赠送礼品时，宜选择鲜花、酒类或工艺品。但是，最好不要送日本货。赠送礼品时，最好用红色或蓝色包装纸，它们代表幸运。礼品不要包装成三角形，若给政府工作人员送礼，切记不要送价格昂贵的礼品。

韩国人用双手接礼物，但不会当着客人的面打开。不宜送外国香烟给韩国友人。酒是送韩国男人最好的礼品，但不能送酒给妇女，除非你说清楚这酒是送给她丈夫的。在赠送韩国人礼品时应注意，韩国男性多喜欢名牌纺织品、领带、打火机、电动剃须刀等，女性喜欢化妆品、提包、手套、围巾类物品和厨房里用的调料。孩子则喜欢食品。如果送钱，应放在信封内。

（4）交谈礼仪。和韩国人交谈，需要对其国家或民族进行称呼时，不要将其称为"南朝鲜"、"南韩"或"朝鲜人"，而宜其分别称为"韩国"或"韩国人"。也不要把"汉城"说成"京城"。在韩国，不宜谈论的话题有政治腐败、经济危机、意识形态、南北分裂、韩美关系、韩日关系、日本之长等。韩国人很爱面子，所以，要尊重韩国商人，不能当面指责他们，不要直接指出他们的错误和缺点，不能使用"不"字来拒绝韩国商人。可以委婉地表示你的不同意见。

安排与韩国人会谈时，一定要把中途吸烟休息考虑在内，因为在韩国吸烟非常普遍，因此这种好意会深受赞赏。需要注意的是，未征得同意前，不能在上级、长辈面前抽烟，不能向其借火或接火。

到韩国进行商务访问尽量避开节日较多的 7 月到 8 月中旬、10 月和 12 月下旬。

（5）文化禁忌。韩国人禁忌颇多。逢年过节相互见面时，不能说不吉利的话，更不能生气、吵架。农历正月头三天不能倒垃圾、扫地，更不能杀鸡宰猪。寒食节忌生火。渔民吃鱼不许翻面，因忌翻船。忌到别人家里剪指甲，否则两家死后结怨。吃饭时忌戴帽子，否则终身受穷。睡觉时忌枕书，否则读书无成。忌杀正月里生的狗，否则三年内必死无疑。照相在韩国受到严格限制，军事设施、机场、水库、地铁、国立博物馆及娱乐场所都是禁止拍照的，在空中和高层建筑拍照也都在被禁之列。按韩国法律规定，韩国人必须尊敬国旗、国歌、国花。每天下午 5 时，电台播放国歌，人人都要向国旗敬礼，行人必须止步。影剧院放映前都要放国歌，观众必须起立。外国人在上述场合如表现过分怠慢，会被认为是对其国家和民族的不敬。

12.2.3　英国的习俗和礼仪

1. 服饰礼仪

英国人十分注重衣着，也讲究以貌取人，因而人们出门时总是衣冠楚楚，但他们又注意节省服饰方面的开销，一套衣服常常穿上七八年。

英国人的仪表整洁、服饰得体和举止有方。穿着要因时而异。在交际应酬中，英国人非常重视绅士和淑女之风度。在参加宴会时，男士要穿燕尾服，头戴高帽，手持文明棍或雨伞；女士穿礼服。在正式的场合，男士穿三件套的西装，女士穿深色套裙或素雅的连衣裙，庄重、肃穆的黑色服装往往是英国人优先的选择。英国最传统的男子服装是苏格兰人的"基尔特"，是由腰至膝的花格短裙，穿着时，还要配上很宽的腰带。英国参加正式的宴会时，忌打带条纹式的领带（因其与英国各学校的制服领带相似）；忌系长衬衫袖口的纽扣；忌浅色皮鞋配深色西服；忌穿着凉鞋。

2. 餐饮礼仪

一般而言，英国人是轻食重饮，主要是因为英国在菜肴上没有多大特色，日常的饮食也没有多大变化，人们大都喜欢喝红茶和威士忌。在英国，大多数家庭是一日四餐：早餐、正餐（午餐）、午茶和晚餐。晚餐只是吃点冷茶，正餐是由家中女主人而不是由厨师来烹饪的。

3. 宴请礼仪

英国的宴请方式多种多样，主要有茶会和宴会，茶会又包括正式茶会和非正式茶会。英国人在席间既不劝菜也不劝酒，全凭客人的兴趣取用。一般要将取用的菜吃光才礼貌，不喝酒的人在侍者斟酒时，将手往杯口一放就行。客人之间告别可相互握手，也可点头示意。如果到别人家做客，晚到 10 分钟最佳。如果只是邀请你共进晚餐和聊天，那么你最好在晚上 10 点至 11 点之间或餐后 1 小时离开。

英国人特别讨厌就餐时谈公事。若请英国人吃饭，必须提前通知，不可临时邀约。去英国人家里做客，最好带点价值较低的礼品，因为花费不多就不会有行贿之嫌。礼品一般有高级巧克力、名酒、鲜花，特别是我国具有民族特色的民间工艺美术品，他们格外欣赏。

在正式的宴会上，一般不准吸烟。进餐吸烟，被视为失礼。在英国，邀请对方午餐、晚餐、到酒吧喝酒或观看戏剧、芭蕾舞等，会被当做送礼的等价。主人提供的饮品，客人饮量以不超过 3 杯为宜。如果感到喝够了，可以将空杯迅速地转动一下，然后交给主人，这表示喝够了，多谢的意思。在握手、干杯或摆放餐具时，无意之中出现类似十字架的图案，认为这是十分晦气的。

4. 商务交往礼仪

（1）交往礼仪。英国人在为人处世上较为谨慎和保守，在待人接物上讲究含蓄和距离。人际交往中崇尚宽容和容忍，在正式场合注重礼节和风度。从总体上讲，英国人性格内向，不善表达，不爱张扬。他们不仅自己如此，而且也乐于看到别人这么做。对待任何新生事物，英国人往往都会持观望的态度。

（2）见面礼仪。英国在欧美国家中被视为是严肃而又有绅士风度的国家，其交往中的繁文缛节较多。英国社会的最大特征在于严格的等级制度。不同的等级，语言不同，连阅读的报纸也有差异。英国的礼俗丰富多彩，彼此第一次认识时，一般都以握手为礼，随便拍打客人被认为是非礼的行为。

（3）称谓礼仪。英国因有世袭头衔，如爵士、公爵、子爵等，所以英国人喜欢别人称呼他们世袭的爵位或荣誉的头衔，特别是那些上年纪的英国人。至少，也要郑重其事地称之为"阁下"或"先生"、"小姐"、"夫人"。若对他们称呼不当，会令英国人相当尴尬和不快。所以不知如何称呼他们时，可看别人如何做，再如法炮制。

（4）馈赠礼仪。在商业交往中，英国也和别的国家一样，有了商业关系后，就会有私下的应酬。不宜送给英国人贵重的礼物，以避贿赂之嫌。也不宜送涉及私生活的服饰、肥皂、香水、带有公司标志与广告的物品。鲜花、威士忌（苏格兰威士忌是很通行的礼品，烈性威士忌则不然）、巧克力、工艺品及音乐会的门票是送给英国人最好的礼物。盆栽植物一般是宴会后派人送去。在接受礼品方面，英国人常常当着客人的面打开礼品，无论礼品价值如何，或是否有用，主人都会给以热情的赞扬表示谢意。送礼的时机应掌握在晚上在上等的饭店用完餐或剧院看完演出后。

（5）时间礼仪。英国人的时间观念很强，他们相处之道是严守时间，遵守诺言。拜会或洽谈生意之前必须先预约，且准时很重要，不得早到或迟到。到英国从事商务活动要避开7月和8月，这段时间工商界人士多休假。商务活动在2～6月、9月中旬至11月进行最宜。圣诞节及复活节前后两周最好勿往。

（6）交谈礼仪。英国人一下班就不谈公事，尤其讨厌吃饭时还讨论工作。同时与英国人谈话，忌谈个人私事，也不要涉及政治、宗教及皇室小道消息，最安全的话题是动物和天气。英国人谈话时彼此之间要保持一米左右的距离，太近了会使他们感觉不舒服。谈话时，若坐着谈话应避免两腿张得过宽，更不能跷二郎腿，若站着谈，不可把手插入衣袋。在英国经商，必须守信用，答应过的事情，必须全力以赴，不折不扣地完成。英国人视夸夸其谈、自吹自擂为缺乏教养的表现。

（7）文化禁忌。在英国，百合花和菊花是死亡的象征。英国人十分宠爱动物，对猫和狗都非常喜欢，但对黑色的猫十分厌恶。英国人在图案方面禁忌甚多，人像、大象、孔雀、猫头鹰等图案，都会令他们大为反感。英国人所反感的色彩是墨绿色。由于宗教的原因，他们非常忌讳"13"这个数字，认为这是个不吉祥的数字。日常生活中尽量避免"13"这个数字，用餐时，忌13人同桌，如果13日又是星期五的话，则认为是双倍的不吉利。

在英国，人们在演说或别的场合伸出右手的食指和中指，手心向外，构成V形手势，表示胜利。不能手背朝外，这种V形手势，是蔑视别人的一种敌意做法。忌讳右手的拇指和食指构成的V形。

与英国人打交道时，忌讳当众打喷嚏，因为他们一向将流感视为大病。如有人打喷嚏，旁人就会说"上帝保佑你"，以示吉祥。特别忌用打火机或火柴为他们点第三支烟。忌讳把鞋子放在桌子上；忌讳在屋子里撑伞；忌讳从梯子下面走过；忌讳动手拍打别人；忌随便将任何英国人都称英国人，一般将英国人称"不列颠人"或具体称为"英格兰人"、"苏格兰人"等。

12.2.4 德国的习俗和礼仪

1. 服饰礼仪

德国人在穿着打扮上的总体风格是庄重、朴素、整洁，他们不太容易接受花哨艳丽或过于前卫的服装。在日常生活中，德国人的衣着较为简朴。男士大多爱穿西装、夹克，并喜欢戴呢帽。女士则大多爱穿翻领长衫和色彩、图案淡雅的长裙。在正式场合，德国人必须穿戴得整整齐齐，男士穿三件套西装，女士穿裙式服装，衣着多为深色。对于服饰品位与自己相近者，德国人往往比较欣赏。

2. 餐饮礼仪

德国人十分讲究饮食。德国人一般胃口较大，最爱吃猪肉制成的各种香肠，最欣赏的饮料是啤酒。德国人饮酒也是世界有名的，他们有个规矩，吃饭时应先喝啤酒，再喝葡萄酒，要是反过来就认为是有损健康的。德国人在用餐时，吃鱼用的刀叉不得用来吃肉或奶酪。食盘中不宜堆积过多的食物，不得用餐巾扇风。忌吃核桃。德国人在宴会上和用餐时，注重以右为上的传统和女士优先的原则。德国人举办大型宴会时，一般提前两周发出请帖，并注明宴会的目的、时间和地点。生日宴会则要在八天至十天前发出请帖。他们用餐讲究餐具的质量和齐备，宴请宾客时，桌上摆满酒杯、盘子等。

在德国人的宴会上，男士要坐在女士和职位较高的男士的左侧，当女士离开饭桌或回来时，男士要站起来，以示礼貌。宴请结束后的两三天要给主人写个便条，表示感谢。应邀到德国人家做客时，可以送些鲜花，千万不能送葡萄酒，因为这样做显得你对主人选酒的品位产生怀疑，这是不礼貌的。送花必须要单数（5朵或7朵均可）。在五彩缤纷的万花丛中，德国人尤其喜欢矢车菊，视它为国花。威士忌酒也可以做礼物，烈性威士忌比低度威士忌受欢迎。

知识拓展 12-4

矢车菊作为德国国花的由来

普鲁士皇帝威廉一世的母亲路易斯王后，在一次内战中被迫离开柏林。逃难途中，车子坏了，她和两个孩子停在路边等待之时，发现路边盛开着蓝色的矢车菊。她就用这种花编成花环，戴在九岁的威廉胸前。后来威廉一世加冕成了德意志皇帝，仍然十分喜爱矢车菊，认为它是吉祥之花。矢车菊也启示人们小心谨慎与虚心学习。

3. 商务交往礼仪

（1）见面礼仪。在德国，人们见面和分别时，一般伸出右手互相短暂握一下。与德国人握手时，要特别注意两点：一是握手时务必要坦然地注视对方；二是握手时间宜稍长一些，晃动的次数宜稍多一些，握手时所用的力量宜稍大一些。如果只是路遇，可只打招呼致意一下，不必停下来握手。朋友之间见面，有时也会先在左脸上然后再在右脸上吻一下或拥抱对方。在重要场合，如接见或大型晚会上，只是主办者和部分来宾握手。作为女士，在人们向她打招呼时站起来则显得更有礼貌，而某位女士向男士打招呼时他就一定要站起来。

（2）交谈礼仪。与德国人交谈时尽量用德语，或携译员同往（商人多半会说一些英语，但使用德语会令对方高兴）。在德国，不得提及年龄、职业、婚姻状况、宗教信仰、政治面貌、个人收入等隐私问题，尤其对女性。对别人购买的东西，即使你喜欢，也不能问价格。遇到别人生病，除伤风感冒或外伤等常见的病外，不能问及病因及病情，否则有好窥视别人秘密之嫌。与德国人一起可以谈论个人的业余爱好，以及足球之类的话题，而不要涉及打垒球、篮球或美式橄榄球。

（3）称谓礼仪。重视称呼是德国人在人际交往中的一个鲜明特点。他们比较看重身份，特别是看重法官、律师、医生、博士、教授一类有社会地位的头衔。如果对方有头衔，在称呼他们时一定要将其头衔加在姓之前。对于一般的德国人，应多以"先生"、"小姐"、"夫人"等称呼相称（但德国人没有被称为"阁下"的习惯）。在亲朋好友之间或同学之间才以"你"相称。对刚相识者不宜直呼其名。

（4）馈赠礼仪。给德国人赠送礼品，须审慎，应尽量选择有民族特色、带文化品位的东西。不要给德国女士送玫瑰、香水和内衣。因为它们都有特殊的意思，玫瑰表示"爱"，香水与内衣表示"亲近"，即使女性之间，也不宜互赠这类物品。在德国还忌讳用刀、剪刀和餐刀、餐叉等西餐餐具送人，因为有"断交"之嫌（在服饰和其他商品包装上也禁用类似符号）。按照德国送礼的习俗，若送剑、餐具给对方，对方则会送一个硬币给你，以免所送的礼物伤害你们之间的友谊。送高质量的物品，即使礼物很小，对方也会喜欢。茶色、黑色、红色和深蓝色是德国人忌讳的颜色。德国人对礼品的包装纸很讲究，但忌用白色、黑色或咖啡色的包装纸装礼品，更不要使用丝带做外包装。

德国人很现实，所以给他们送花时最好不要送具有浪漫意义的玫瑰花。

（5）拜访礼仪。拜访德国商人时，切不可搞"突然袭击式"的登门拜访，都要事先约定并准时赴约。德国的工作时间为每周五天工作日，通常是早晨 9 时至下午 5 时，中间有 1 小时午餐时间。预约时间应在上午 10 点至下午 4 点。商店星期六开业，银行周末都休息。因故改变约会要提前通知对方。如果谈生意时迟到，德国商人对你的不信任和厌恶之情就会溢于言表。拜访时使用英、德文对照的名片。在他人的办公室或家中，没有经邀请或同意，不能自行参观，更不要随意翻动桌上的书籍或室内的物品。

8 月是多数工厂、企业的夏季休息时间。圣诞节和复活节前后两周不要去拜访，慕尼黑及科隆嘉年华会也宜避免。

(6) 文化禁忌。在德国，忌讳 13，要是 13 日碰巧又是个星期五，人们会特别小心谨慎。生日不得提前祝贺。反感四个人交叉握手，或在交际场合进行交叉谈话，因为这两种做法，都被他们看作不礼貌。德国人对纳粹党党徽的图案十分忌讳。德国人忌讳剃光头，否则有可能会被人当做新纳粹分子。

4．商务谈判礼仪

遵纪守法，在德国被视为做人的一种美德。与德国人打交道时，目无法纪的人，会令人敬而远之；相反，对于自觉遵纪守法的人，则会使人非常敬重。在经济往来中，德国人非常讲究信誉。他们虽然在谈判时会斤斤计较，精于讨价还价，但是正式的合同一旦订立，则必定会严格遵守，依约而行。

德国人视浪费为罪恶，讨厌浪费的人，因此，与德国人相处，务必遵守这个习惯，才能跟他们打成一片。

德国商人不愿在谈判桌上浪费时间，所以与其商务交流时宜先熟悉问题，单刀直入。在商务谈判中，德国商人不仅讲效率，而且准备周详（在商谈前做好谈判议程安排），不愿与"临阵磨枪"的对手交往；德国商人的谈判风格是严谨、稳重。在谈判过程中，他们一般强调自己方案的可行性，不大愿意向对手做较大让步，有时显得十分固执，毫无讨价还价的余地。但他们重合同，讲信誉，对合同条文研究得极为仔细与透彻，合同一旦签订，不会理会任何对合同的更改要求。他们的企业技术标准极其精确，对于出售或购买的产品他们都要求最高的质量。

12.2.5 法国的习俗和礼仪

1．服饰礼仪

法国人对于服饰的讲究，是世界闻名的。法国人的着装总是走在时尚、流行的前端。法国的男士和女士穿戴都特别讲究。

在正式场合法国人通常要穿西装、套裙或连衣裙，颜色多为蓝色、灰色或黑色，质地则多为纯毛。出席庆典仪式时一般要穿礼服。男士所穿的多为配以蝴蝶结的燕尾服，或黑色西装套装；女士所穿的多为连衣裙式的单色大礼服或小礼服。对于穿着打扮，法国人认为重在搭配是否得体。在选择发型、手袋、帽子、鞋子、手表、眼镜时，都十分强调要使之与自己的着装协调一致。

2．餐饮礼仪

作为举世皆知的世界三大烹饪王国之一，法国人十分讲究饮食。在西餐之中，法国菜可以说是最讲究的。法国人爱吃面食，面包的种类很多；他们大都爱吃奶酪；在肉食方面，他们爱吃牛肉、猪肉、鸡肉、鱼子酱、鹅肝，不吃肥肉、肝脏之外的动物内脏、无鳞鱼和带刺骨的鱼。法国人特别善饮，他们几乎餐餐喝酒，而且讲究在餐桌上要以不同的酒水搭配不同的菜肴。除酒水之外，法国人平时还爱喝生水和咖啡。

用餐时，两手允许放在餐桌上，但却不许将两肘支在桌子上。在放下刀叉时，他们习惯于将其一半放在碟子上，一半放在餐桌上。在喝酒水时，应先将口中咀嚼物咽下，然后将刀、叉在盘中放成八字形或交叉,再用餐巾纸将嘴唇擦拭干净,然后再喝酒水。在喝酒水时,最文明的方式是头保持平直,再一口口啜饮,不要用嘴唇吸出声音来。喝到底时,杯中总会留一点。在握杯时,应一手抓满杯子,不要在擎杯时跷起小手指或其他手指。除了用手撕面包吃外,其他食物都要使用刀、叉或匙子。食用生菜不用刀去切割,只用叉的边缘去切割。盘中最好不要留下剩余食品。使用餐巾时,应将其平摊在膝盖上,用完餐后略微叠一下就留在桌旁。如要吐出嘴中硬核、鱼刺等时,不要直接吐在手上,而要用叉接好放在盘子边缘。吃东西时,用叉将食物取起放入口中,而不要低头用嘴去接近食物。

3. 宴请礼仪

法国人一般喜欢晚宴会谈。若应邀到对方家里进晚餐,应先叫花店送些花去。进餐时应夸奖菜肴可口,主人会十分高兴。在祝酒时,总是由主人或地位、身份最高者倡议。法国人非常乐于显示自己的烹调技术。被邀请到某人家里做客是难得的,即使已相识很久。所以到法国人家里做客应对每一道菜都表示赞赏。法国人讨厌在饭前喝苏格兰、威士忌和马丁尼酒,他们认为酒会影响人们对菜肴的鉴赏力。

4. 商务交往礼仪

法国人天性浪漫好动,喜欢交际。他们很珍惜人际关系,而这种性格也影响到商业上的交往。在尚未成为朋友之前,法国人是不会跟你成交大宗买卖的。

(1) 见面礼仪。与法国人会面,可由第三者介绍,也可自我介绍。自我介绍应讲清姓名、身份或将自己的名片主动送给对方。

在商务交往中,常用的见面礼是握手,多握几次更好。而在社交场合,亲吻礼和吻手礼则比较流行。法国人使用的亲吻礼,主要是相互之间亲面颊或贴面颊。少女向妇女也常施屈膝礼。男子戴礼帽时,还可施脱帽礼。法国人还有男性互吻的习俗,两位男士见面,一般要当众在对方的脸颊上分别亲一下。男女之间、女子之间见面时,还常以亲面颊来代替相互间的握手。至于吻手礼,则主要限于男士在室内象征性地吻一下已婚女士的手背。施吻手礼时,嘴不应接触到女士的手;也不能吻戴手套的手;不能在公共场合吻手;更不得吻少女的手。法国人的礼节要求把自己的身份都一一列在名片上。

(2) 交谈礼仪。在商务交往中,法国商人坚持要求使用法语。在这点上他们很少让步,除非他们恰好是在国外而且在商业上对你有所求。所以,与法国人交往时若能讲几句法语,就能表达出你对他的国家和民族的尊重,一定会受到对方热情的接待。但是前提是法语特别流畅。因为法国人认为只有自己才能讲标准的法语,听到蹩脚的法语就像有人把他们的国旗踩在脚下那样的反感。所以,如果法语不是特别纯熟,最好讲英语或借助翻译。

法国人爱好社交,善于交际,诙谐幽默且天性浪漫。他们在交往中大都爽朗热情,善于高谈阔论,好开玩笑,讨厌不爱讲话的人,对愁眉苦脸者难以接受。和法国人谈生意时,不要只顾谈生意上的事。除了最后做决定的阶段需要一本正经地只谈生意,在其他时间应多聊聊有关社会新闻或文化等话题,以创造富于情感的气氛,才能有利于商务交往。

法国人极注重个人隐私权,不喜欢提及个人问题,所以与他们谈话要尽量避免谈他的家庭状况,同时也要避免谈及政治和金钱。他们有耸肩膀表示高兴的习惯。他们在同人交谈时，喜欢相互站得近一些，认为这样显得亲切。谈话过程中经常用手势来表达某种意思。法国人特别善调侃，但从不涉及粗俗话题，对庸俗下流的举止极为鄙视。

（3）时间礼仪。法国人干什么事都讲究预约，法国人约会讲究准时。在法国的社会交往中，迟到不会被原谅。在法国，无论是办公室或家中，不速之客推门而入的现象极为少见。所以，在法国，无论男女老少，不管是公司老板还是家庭妇女，人手一本备忘录，上面密密麻麻地记着几月几日几点该去哪儿、办什么事。所以在法国从事商务访问前一定要预约，并一定要守时，否则不会被原谅。

对法国人来说，工作和假日分得很清，工作不能影响假日，但假日可以占用工作时间。商务活动在圣诞节及复活节前后两周不宜进行。7月15日至9月15日为当地人度假期。

（4）馈赠礼仪。除非关系比较融洽，法国人一般不互相送礼。法国人讨厌初次见面就送礼。因此，送礼时应安排在第二次见面时，这样对方将很高兴，认为礼品是对他智慧的赞美。

法国人对礼物十分看重，有其特别的讲究，能激起人们思维和美感的礼物特别受欢迎，宜选具有艺术品位和纪念意义的物品。香槟酒、白兰地、香水、糖果等是送法国人的好礼品。在法国，一些有艺术性和美感的礼品如唱片、画或一些书籍（如传记、历史、评论及名人回忆录等）会很受欢迎。不宜选刀、剑、剪、餐具或带有明显的广告标志的物品。男士向一般关系的女士赠送香水，也是不合适的，因为这意味着求爱。在接受礼品时若不当着送礼者的面打开其包装，则是一种无礼的表现。

（5）文化禁忌。法国人多喜爱蓝色、白色与红色，他们所忌讳的色彩主要是黄色与墨绿色，因为这是第二次世界大战中纳粹军服的颜色。

法国人生活中离不开花，特别是探亲访友、应约赴会时，总要带上一束美丽的鲜花；人们在拜访或参加晚宴时，总是送鲜花给主人。对于菊花、牡丹、红玫瑰、杜鹃、水仙、金盏花和纸花，一般不宜随意送给法国人。在法国（或其他法语区），菊花代表哀伤，只有在葬礼上才送菊花。其他黄色的花，象征夫妻间的不忠贞。在法国，康乃馨被视为不祥的花朵。法国人将鸢尾花作为国花（欧洲人把鸢尾花叫作"百合花"）。法国人忌讳"13"，他们不住13号房间，不在13日这天外出旅行，不坐13号座位，更不准13个人共进晚餐。

5. 商务谈判礼仪

在商务活动中，法国商人特别注重"面子"，与其交往时，如有政府官员出面，会使他们认为有"面子"而更加通情达理，有利于促进商务活动的进行。在商务谈判中，法国商人对双方提交的各方面材料十分重视。他们通常对对方要求较高，而对自己却极少"求全责备"。合同在法国客商眼里极富有"弹性"，所以他们经常会在合同签订后，还一再要求修改它。

如果法国谈判者用英语与你交流，那么，这将是你这一天可能得到的最大让步。

法国人大都着重于依赖自己的力量，很少考虑集体的力量，因此个人的办事权限很大。组织结构单纯，从下级管理职位到上级管理职位只有二三级。因此在从事商谈的时候，也大多由一人承担，而且还负责决策，因此商谈能够迅速进行。

12.2.6 美国的习俗和礼仪

1. 服饰礼仪

美国人不像英国人那样总要衣冠楚楚，公众场合穿各种服装的都有。大多数时候喜欢穿T恤衫、夹克衫、牛仔裤、运动衫、旅游鞋。他们穿着打扮的基本特征是崇尚自然，宽大舒适，比较随意，讲究着装体现个性。在西方率先以简洁朴实的服装取代名牌服装。

商务接待、参加宴会、听音乐会，美国人会穿礼服或套装。如参加重要宴会，应注意请柬上有关服装规定。如果不确定服装的要求，可以先问问其他参加者，以免尴尬。请柬上有些字如"Casual"并不意味着你可以穿牛仔裤，"Semi-formal"也并不表示你可以不打领带，最好问清楚。

美国人非常注意服装的整洁和细节之处。鞋要擦亮。忌讳女性穿黑皮裙，或在男士面前脱下自己的鞋子，或撩动自己裙子的下摆。裙子要盖过丝袜口，女式短裤不能配高跟鞋，否则会被人误以为应召女郎。拜访美国人时，进门一定要脱下帽子和外套，美国人认为这是一种礼貌。忌讳在室内戴着墨镜，穿睡衣、拖鞋会客，或以这身打扮外出。在室内依旧戴着墨镜不摘的人，往往会被人视为"见不得阳光的人"。

案例 12-7

某贸易公司经理王某到美国参加商务谈判，电话预约了对方后，王经理特意准备了一身笔挺的西装，到达约会地点——运动休闲中心后，王经理才发现穿错了衣服。本想和对方一起打打球、跑跑步，拉近距离的同时谈谈正事，却苦于穿了西服、皮鞋而不方便做运动，只能在一边看着，浪费了许多时间。

2. 餐饮礼仪

美国的特色小吃不少，快餐业发展很快，既方便又有营养的三明治成为讲究效率的美国人的主食。美国人的午餐较随便，常吃汉堡包、三明治等。美国人不爱吃肥肉，不吃清蒸和红烧的食品；一般不饮烈性酒，即便要饮，也通常加入冰块再喝。

美国家庭素有把餐桌当成课堂的传统。美国人用餐的戒条主要有不允许进餐时发出声响；不允许替他人取菜；不允许吸烟；不允许向别人劝酒；不允许当众脱衣解带；不允许议论令人作呕之事。

3. 宴请礼仪

美国人请客人吃饭时，先用电话邀约，客人接到邀请要给予回答。当你答应参加对方举办的宴会时，一定要准时赴宴。如果因特殊情况不能准时赴约，一定要打电话通知女主人并说明理由，或者告诉什么时间可以去。去美国人家中做客一般不必备厚礼，最好给女主人带上一些小礼品，如化妆品、儿童玩具、本国特产或酒之类。如果空手赴宴，则表示你将回请。

赴宴时，当女士步入客厅时，男士应该站起来，直到女士找到了位子你才可以坐下。

在宴会上喝酒要适量，始终保持斯文的举止，这是欧美人士共守的礼节。对家中的摆设，主人喜欢听赞赏的语言，而不愿听到询问价格的话。

除非事先言明，一般聚会活动以不带小孩参加为宜。如果聚会性质为野餐，则可带全家参加。宴后三四天应寄一张感谢卡或谢函给主人，以表谢意。美国人还讲究环保，在现代美国人的眼中，这也是一个人有教养的重要内容。外出郊游前，他们自制饮料，尽量少买易拉罐等现成食品，并注意节约用水、用电。

4. 商务交往礼仪

（1）见面礼仪。美国由于其国民来源广而且流动性很强，因此在礼俗上随便的成分很大。美国人以不拘礼节、自由自在著称。美国人通常相见时，一般只点头微笑，打声招呼，而不一定握手。如果关系很熟，可行亲吻礼，女子之间互吻面颊，男女之间由男子吻女子面颊。

初次见面，相互介绍也很简单。一般原则为将卑介绍予尊，将客人介绍给主人，将年轻人介绍给年长者，将下级介绍给上级，将女士介绍给男士。

美国人只在正式场合行握手礼。介绍后握手须简短有力，美国人认为有力的握手代表诚恳坦率。在公共场合，美国女子会主动伸手（其他场合则不一定），女性先伸手，男性才能握女性的手（女性之间一般不互相握手）。若女士无意握手，则男士应点头或鞠躬致意。与女士握手不可太紧。握手前应脱手套，来不及脱应致歉。对于别人的握手、拥抱、吻手、注目、点头等礼节，美国人也以同样方式回礼。告别时也不必握手，挥挥手说声"再见"即可。

美国人不把互赠名片视为礼节，只为便于日后联系时才送名片。送名片给他人时并不期待他人回送名片。按照西方社交礼仪，递送名片应注意到，一个男子去访问一个家庭时，若想送名片，应分别给男、女主人各一张，再给这个家庭中超过 18 岁的妇女一张，但决不在同一个地方留下三张以上名片；一个女子去别人家作客，若想送名片，应给这个家庭中超过 18 岁的妇女每人一张，但不应给男子名片。

（2）称谓礼仪。一般也不爱用"先生"、"太太"、"小姐"、"女士"之类的称呼，对关系较深的人直呼其名（认为这是一种亲切友好的表示），从不以行政职务去称呼别人，只对法官、医生、高级官员、教授、高级神职人员称呼头衔。称呼长者忌用"老"字。他们不是不讲究礼仪，而是反对过分拘泥于礼仪和过分地矫揉造作。不要称呼黑人为"Negro"，它指从非洲贩卖到美国为奴的黑人。跟白人交谈时如此，跟黑人交谈时更要如此。否则，黑人会感到你对他的蔑视。最好用"Black"一词，黑人对这个称呼会坦然接受。

课内实训 12-2

在英国、美国、加拿大、澳大利亚、新西兰等讲英语的国家里，姓名一般由姓和名两个部分组成，通常名字在前，姓氏在后。对于关系密切的，不论辈分，一般可以直接（　　）。
　A. 呼其姓而不称其名　　B. 呼其名而不称其姓　　C. 呼其姓和名

（3）交谈礼仪。美国人习惯于打过招呼即谈正事，不送茶、寒暄。在同别人交谈中喜欢夹带手势，不喜欢被人不礼貌地打断讲话。参加美国人的聚会时，切莫只谈自己最关心、最喜欢的话题。谈论只有自己熟悉的话题，会使其他人难堪，产生反感。每种文化都有自己忌讳的话题。自杀这个话题不受欢迎，不论何时何地都少谈为妙，因为基督徒视自杀为罪恶。

美国人很重视隐私权，忌讳被人问及个人私事。对许多美国人来说，年龄是个非常敏感的问题，特别是对年过30岁的女人来说更是如此。在这个崇尚年轻的文化中，想到变老是很痛苦的。体重同样是最敏感的话题之一。在美国，长得瘦不是错，甚至会让人羡慕，但超重就让人极为难堪，是种罪过。

美国人在日常生活中喜欢开玩笑，但与美国商人交往，涉及生意时说话必须慎重，因为他会认为你的话是算数的。喜欢交谈时与别人保持一定的距离（一般应保持在50厘米以外为宜）。

（4）时间礼仪。美国人时间观念很强，各种活动都按预定的时间开始。进行拜访前应电话联系，确定时间，以免造成别人的不便。在美国，由于犹太人甚多，所以应当注意当地的犹太人节日。圣诞节与复活节前后两周不宜往访。除6~8月去度假外，其余时间宜往访。

（5）馈赠礼仪。美国人也有礼尚往来的习惯。在美国，一般每逢节日、生日、婚礼时，都有送礼的习惯。与美国人交往，有两种场合可通过赠礼来自然地表达祝贺和友情：一是每年的圣诞节期间；二是当你抵达和离开美国的时候。在美国，请客人吃顿饭、喝杯酒，或到别墅去共度周末，被视为较普遍的"赠礼"形式，只要对此表示感谢即可，不必再做其他报答。美国人收到礼物时就会马上打开，当着送礼人的面欣赏礼物，并立即向送礼者道谢。礼品大多是书籍、文具、巧克力糖等不贵重的东西。他们忌讳接受贵重的礼物，一则是美国人不看重礼品自身的价值，二来法律禁止送礼过于贵重。不宜送给美国人的礼品有香烟、香水、内衣、药品以及广告用品。除节假日外，应邀到美国人家中做客甚至吃饭一般不必送礼。

（6）文化禁忌。美国人讲究大人、孩子一律平等。到美国人家中做客，千万不要只顾大人而冷落了孩子，那样会使他们的父母不愉快。同性不能双双起舞，这是美国公认的社交礼仪之一，否则旁人会认为是同性恋者。若是在别人面前脱鞋或赤脚，会被视为不知礼节的野蛮人。只有在卧室里或热恋的男女之间，才能脱下鞋子。女性不可单独喝酒，如果单独喝酒会被视为"正在等男士的女人"；美国人认为在别人面前伸出舌头是一件既不雅观又不礼貌的行为，给人以庸俗、下流的感觉。与美国人一起外出，除非做出说明，一般都是各付各的费用，车费、饭费、小费无不如此。

美国人最讨厌的数字是"13"和"3"，不喜欢星期五。忌讳黑色，认为黑色是肃穆的象征，是丧葬用的色彩。喜爱白色，认为白色是纯洁的象征；偏爱黄色，认为是和谐的象征；喜欢蓝色和红色，认为是吉祥如意的象征。他们喜欢白猫，认为白猫可以给人带来运气。他们讨厌蝙蝠，认为它是吸血鬼和凶神的象征。

5. 商务谈判礼仪

美国商人喜欢边吃边谈，美国商界普遍流行早餐和午餐约会谈判，赴约要准时，恪守信用。晚上一般不谈生意或做重大决定。同美国人约会联系简单，打个电话，对方会很高兴地同意尽快见面。

美国的商业习惯是每一种产品都要投保，非常重视专利与商标，美国工会影响力很大，对美国贸易应找与工会有一定联系的代理商，这样推销工作才有可能做得更好。

美国人在商务谈判前准备充分，且其参与者各司其职，分工明确；在进行商务谈判时，喜欢开门见山，答复明确，不爱拐弯抹角；在谈判中谈锋甚健，不断地发表自己的见解和看法；一旦认为条件适合即迅速做出是否合作的决定，通常在很短的时间内就可以做成一大笔生意。

美国人十分欣赏那些富于进取精神、善于施展策略、精于讨价还价而获取经济利益的人，尤其爱在"棋逢对手"的情况下和对方开展谈判和交易。与美国人谈判，切忌指责客户公司的缺点，或把以前与某人有过摩擦的事作为话题，或贬低有竞争关系的第三方公司等。这是因为美国人谈到第三者时，都会避免损伤第三者的人格。

与美国人做生意，"是"和"否"必须保持清楚，这是一条基本的原则。当无法接受对方提出的条款时，要明白地告诉对方不能接受，而不要含糊其词，使对方存有希望。与其他国家相比，美国的商业活动节奏很快（特别是在纽约），决策也很迅速。中层主管通常有相当的决定权，可以决定一些中型规模的交易。律师满目皆是，营造了一种高度诉讼化的商业气氛。

知识测试与技能训练

1. 知识测试

（1）涉外商务礼仪的原则包括哪些？
（2）什么叫"求同存异"原则？
（3）日本的商务交往礼仪应该注意哪些方面？
（4）韩国的商务交往礼仪应该注意哪些方面？
（5）美国的商务交往礼仪应该注意哪些方面？
（6）英国的商务交往礼仪应该注意哪些方面？
（7）德国的商务交往礼仪应该注意哪些方面？
（8）法国的商务交往礼仪应该注意哪些方面？

2. 技能训练

项目1　谈谈涉外商务礼仪规则

情景设定：请每位同学们准备5分钟的发言，谈谈对涉外商务礼仪规则重要性的认识，激发起学习涉外商务礼仪的兴趣。

训练目标：口头与文字表达能力，信息整合能力，公关礼仪意识。

第12章 涉外商务礼仪

训练方案：随机抽选几位同学上台发言，然后由老师引导全班同学分析总结这几位同学发言过程的优缺点及需要改进完善的方面。

测评要点：表述逻辑条理，用语规范不俗；普通话标准规范，声音洪亮清晰；举止优雅端庄，表情自然亲和，礼仪规范应景，引起共鸣。

项目2 案例分析

（1）一位中国商人路遇一外国客户时，互致问候。中国人问那位外国客户："到哪里去？"

分析思考：这位中国商人的问候正确吗？如果有错，错在哪里？

（2）某企业管理人员田某应韩国某公司之邀参加招商会，会后参加晚宴。由于宴会是跪式的，田某很不习惯，坐了一会儿就开始歪着身子，不经意间又去摸摸袜子，这样的小动作被韩国商人看在眼里。由于多喝了几杯，田某便开始聊起了韩国、朝鲜及抗美援朝战役，宴会的气氛逐渐冷了下来。之后，田某发现原本热情的韩国人变得冷淡了。

分析思考：宴会变得冷淡的原因是什么？

参考文献

[1] 付春雨. 商务礼仪[M]. 苏州：苏州大学出版社，2014.

[2] 刘桦. 商务礼仪[M]. 成都：电子科技大学出版社，2007.

[3] 王颖，王慧. 商务礼仪[M]. 大连：大连理工大学出版社，2007.

[4] 殷杰兰，潘玲. 实用商务礼仪[M]. 海口：南海出版公司，2007.

[5] 杨眉. 现代商务礼仪[M]. 大连：东北财经大学出版社，2006.

[6] 陈姮. 旅游交际礼仪[M]. 大连：大连理工大学出版社，2005.

[7] 吴新红. 商务礼仪[M]. 北京：化学工业出版社，2006.

[8] 东方智. 企业人礼仪必备全书[M]. 北京：当代世界出版社，2005.

[9] 徐克茹. 商务礼仪标准培训[M]. 北京：中国纺织出版社，2010.

[10] 程宝元. 一种商务礼仪实践教学体系的系统化设计研究. 中小企业管理与科技（中旬刊）. 2017.01.

反侵权盗版声明

　　电子工业出版社依法对本作品享有专有出版权。任何未经权利人书面许可，复制、销售或通过信息网络传播本作品的行为；歪曲、篡改、剽窃本作品的行为，均违反《中华人民共和国著作权法》，其行为人应承担相应的民事责任和行政责任，构成犯罪的，将被依法追究刑事责任。

　　为了维护市场秩序，保护权利人的合法权益，我社将依法查处和打击侵权盗版的单位和个人。欢迎社会各界人士积极举报侵权盗版行为，本社将奖励举报有功人员，并保证举报人的信息不被泄露。

举报电话：（010）88254396；（010）88258888
传　　真：（010）88254397
E-mail：　　dbqq@phei.com.cn
通信地址：北京市万寿路173信箱
　　　　　电子工业出版社总编办公室
邮　　编：100036